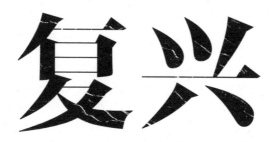

中国式现代化何以行

郭建宁 王富军 主编

天津出版传媒集团

天津人民出版社

图书在版编目（CIP）数据

复兴大道：中国式现代化何以行 / 郭建宁, 王富军
主编. -- 天津：天津人民出版社, 2024.7
ISBN 978-7-201-20480-2

Ⅰ.①复… Ⅱ.①郭… ②王… Ⅲ.①现代化建设—
研究—中国 Ⅳ.①D616

中国国家版本馆CIP数据核字(2024)第095548号

复兴大道：中国式现代化何以行
FUXING DADAO:ZHONGGUO SHI XIANDAIHUA HE YI XING

出　　版	天津人民出版社	
出 版 人	刘锦泉	
地　　址	天津市和平区西康路35号康岳大厦	
邮政编码	300051	
邮购电话	（022）23332469	
电子信箱	reader@tjrmcbs.com	

责任编辑	武建臣	
装帧设计	李　一	

印　　刷	天津新华印务有限公司	
经　　销	新华书店	
开　　本	710毫米×1000毫米　1/16	
印　　张	17.75	
插　　页	2	
字　　数	246千字	
版次印次	2024年7月第1版　2024年7月第1次印刷	
定　　价	78.00元	

编委会

序言

中国式现代化是强国建设、民族复兴的唯一正确道路，是一种全新的人类文明形态。关于中国式现代化的系统阐释和体系建构，是对党领导人民长期实践探索的经验总结，也是对世界现代化理论和实践的重大创新。中国式现代化是当前使用频率极高的主题词、关键词，是学术界普遍关注、深入研究的重大理论前沿问题。很高兴《复兴大道：中国式现代化何以行》作为其中的研究成果之一与读者朋友们见面了，尤其让人欣慰的是本书的主创团队成员都是青年学者，这充分体现了青年学者关于中国式现代化的学术性研究、学理性阐释、创新性思考，难能可贵，令人称道。

现代化起始于西方，是生产力发展到一定阶段的产物。18世纪英国的工业革命，用机器大生产代替了手工小生产，蒸汽机代替了手推磨，大大促进了生产力的发展。所谓的现代化就是从农业国到工业国、从农业社会到工业社会、从农业文明到工业文明的演进转化和由此带来的广泛社会变革。如马克思所言，"历史向世界历史"转变。由于工业化和市场经济，农村屈服于城市，东方从属于西方。1840年的鸦片战争，西方列强用洋枪洋炮轰开了中国的大门，闭关锁国的大清国被动地进入世界史。"睁眼看世界"的中国人发现西方已是工业社会、工业文明，自己还处于农业社会、农业文明。于是就有了此后的"师夷长技以制夷"，变器物；学西方的"君主立宪""民主共和"，变制度；学西方的"科学""民主"，变文化。孙中山有著名的关于现代化的《建国方略》和"振兴中华"的口号，1933年《申报月刊》专门发行了"中国现代化问题"特辑，1935年还有"全盘西化"与"中国本位文化"的论争，等等。从大历史的视角来看，无论是"中学为体，西学为用"，还是"西体中用"，所要探讨和解决的基本问题就是如何认识"传统与现代""中国与世界"，即"古今""中外"，关键就是如何认识现代化。之所以会有"全盘西化"的提法，其根本原因就在于把西方化等同于现代化，陷入了西方化等同于现代化的迷思。

现代化国家和现代化发展有"先发内生"和"后发外生"两种类型，后发外生的现代化国家基本上都要经历"追赶"先发内生的现代化国家的过程，即"跟跑"，属于"追赶型"。就现代化走在前面而言，西方是"先生"，可是如毛泽东所说，"先生"老是侵略"学生"。一代代志士仁人苦苦求索，进行各种尝试，但都以失败告终。探索中国现代化道路的重任，历史地落在了中国共产党身上。新民主主义革命的胜利，中华人民共和国的成立，为实现中国式现代化创造了根本社会条件。

新中国成立之后，面对百废待兴、一穷二白的现状，国家富强、民族复兴的艰巨任务摆在了中国共产党人面前。毛泽东在第一届全国人民代表大会第一次会议开幕词中发出"将我们现在这样一个经济上文化上落后的国家，建设成为一个工业化的具有高度现代文化程度的伟大的国家"的号召。毛泽东的《论十大关系》提出"以苏为戒"，调动一切积极因素，建设社会主义国家，是开始探索中国社会主义现代化道路的代表作。《关于正确处理人民内部矛盾的问题》的最后一节集中讲"中国工业化的道路"。中国共产党逐步形成了关于工业、农业、国防、科技

"四个现代化"的发展战略，新中国建立起独立的比较完整的工业体系和国民经济体系，社会主义革命和建设取得了独创性理论成果和巨大成就。

1978年党的十一届三中全会，中国进入改革开放新时期。中国共产党作出把党和国家工作重心转移到经济建设上来、实行改革开放的历史性决策。邓小平明确提出了"中国式的四个现代化""小康之家""三步走"发展战略、"社会主义市场经济"等一系列关于"中国式现代化"的标识性论断。党的十五大首次提出了"两个一百年"的奋斗目标。中国的现代化发展实现了经济总量跃居世界第二的历史性突破，人民生活达到总体小康、奔向全面小康的历史性跨越。

党的十八大以来，以习近平同志为核心的党中央团结带领全国人民继续前进，成功推进和拓展了中国式现代化。初步构建以根本性质、指导思想、鲜明特色、本质要求、重大原则、战略目标、蕴含"六观"、重大关系、世界意义等为基本内容的中国式现代化理论体系。深入实施一系列重大战略，推进一系列变革性实践，实现一系列突破性进展，取得一系列标志性成果，为中国式现代化提供了更为完善的制度保证、更为坚实的物质基础、更为主动的精神力量。

中国式现代化所蕴含的历史观，在普遍性和特殊性的统一中体现了独立自主性，在历史规律性和人的活动的主体性结合中体现为开拓创新性，在中华民族伟大复兴的征程中凸显了历史主动性。中国式现代化摒弃了西方以资本为中心、两极分化、物质主义、对外掠夺扩张的现代化模式，破解了人类社会发展的诸多难题，改变了世界现代化的版图和格局，创造了人类文明新形态，为人类社会更好发展提供了中国方案。

中国式现代化既有各国现代化的共同特征，更有基于中国国情的中国特色。现代化是共性，中国式是特性。中国式现代化也可谓之现代化中国式，离开"中国特色"就无所谓"中国式"，而离开"共同特征"就无所谓"现代化"。"中国式"是现代化的中国式，"现代化"是中国式的现代化，是中国与中国式现代化的内在统一。中国式现代化"中国特色"的特殊性是体现"共同特征"普遍性的特殊性，中国式现代化"共同特征"的普遍性是具有"中国特色"特殊性的普遍性，是中国式现代化"中国特色"和世界现代化"共同特征"的有机结合。

独特的文化传统、独特的历史命运、独特的基本国情，注定了中国必然走向适合自己特点的发展道路。这就是中国特色社会主义道路，中国式现代化道路。树高千尺也有根，江流万里总有源。源远流长的中华文化、博大精深的中华文明，是中国式现代化的文化根基。中国式现代化赋予中华文明以现代力量，中华文明赋予中国式现代化以深厚底蕴。中国式现代化是中华民族的旧邦新命，必将推动中华文明重焕荣光。

中国式现代化是前无古人的伟大事业，守正才能不迷失方向、不犯颠覆性错误，创新才能把握时代、引领时代。守正初心不改，创新决胜未来。守正创新体现了变与常、传承与发展，不忘本来与开辟未来的有机结合、辩证统一。"守正创新"是与中华文化强调的"老根新芽""旧邦新命""返本开新""固本开新"紧密联系并演进发展而来的，是同党的一切从实际出发，理论联系实际，实事求是，在实践中检验真理的思想路线相连接、相贯通的。坚持守正创新，才能既坚持了老祖宗，又敢于说前人没有说过的新话，敢于干前人没有干过的事情，中国式现代化才能行稳致远。

现代化的中国特色和改革创新相结合，充分体现了中国式现代化的守正创新，守正是基础和前提，创新是动力和方向。要守好中国式现代化的本和源、根和魂，毫不动摇坚持中国式现代化的中国特色、本质要求、重大原则，确保中国式现代化的正确方向。要把创新摆在国家发展全局的突出位置，大力推进改革创新，不断塑造发展新动能新优势，充分激发全社会创造活力。

党的十九大将实现社会主义现代化和中华民族伟大复兴确定为坚持和发展中国特色社会主义的总任务。党的十九届六中全会明确以中国式现代化推进中华民族伟大复兴。党的二十大报告则在阐述中国共产党的"中心任务"时，进一步强调"以中国式现代化全面推进中华民族伟大复兴"。这就表明：中国式现代化是和中华民族伟大复兴紧密相连的，民族复兴是中国式现代化的历史使命，中国式现代化是推进中华民族伟大复兴的强大力量。

当今世界和当代中国都发生了前所未有的深刻变化，面对世所罕见、史所罕见的风险挑战，就必须在统筹世界百年未有之大变局和中华民族伟大复兴的战略全局的"两个大局"中，在以中国式现代化全面推进中华民族伟大复兴的"中心任务"中，主动识变、应变、求变，不断推进和拓展中国式现代化，全面建设社会主义现代化国家，全面建成社会主义现代化强国，全面推进中华民族伟大复兴，牢牢把握强国建设、民族复兴的历史主动。

郭建宁

2023年9月

北京大学马克思主义学院原院长、清华大学马克思主义学院特聘教授

目录

第一章

现代性与现代化
概论

自文艺复兴、宗教改革和启蒙运动不断孕育出颠覆传统的现代性因素，世界逐渐走上了它的现代化之旅。18 世纪，在英国工业革命与法国大革命的促动下，世界各个地区先后经历了从传统农业社会向现代工业社会、从现代工业社会再向现代知识社会转型的现代世界发展大趋势。现代化的中心也从西欧逐渐扩大至北美和东欧，并在第二次世界大战之后拓展到亚非拉地区。

21 世纪以来，世界上大部分国家和地区都体现出某种现代性的特征，经历着某种现代化的过程，自觉或不自觉地、直接或间接地将现代化视为一种发展目标。随着中国式现代化建设取得诸多举世瞩目的成就，对现代性与现代化的认识也需要不断深入。而要读懂中国式现代化的来龙去脉，首先需读懂现代性与现代化的缘起始末。考察现代性的生成与演进、动力与困境，揭示现代性的基本内涵与多元发展的可能性。把握现代化作为概念范畴的基本词义、理论内涵与政策指向，把握现代化作为历史现象的启动源泉与动力机制，把握现代化作为不同国家发展模式的演进过程及现实成效，等等。由此，只有通过固本培元夯实基础，才能更深刻地理解中国式现代化，从而守正创新促进发展，开创中国式现代化的新局面。

一、何为现代性与现代化

作为从中世纪而来并与之相决裂的多层面的历史实践过程的现代性即现代化，现代化过程呈现的新特点即现代性。要理解何为现代化，要先理解何为现代性；而要理解何为现代性，则要先理解何为现代。

（一）现代

现代化（modernization）一词在西方的真正流行始于 20 世纪 60 年代。在英语中，现代化是词根"现代的"（modern）的动名词形式，意为"成为现代的过程"（the process of being modern）。"现代的"另一个名词形式则是现代性传统社会不同的新时代，启蒙运动孕育了现代性之张扬主体性、理性和自由的基本理念；工业革命作为现代性的真正开端，与法国革命一起，标志着现代性的顶峰时刻。

首先，文艺复兴与宗教改革是现代性的革命性起源。现代性的经济标签和政治标签可以说就是资本主义与自由民主。以经济形态出现的资本主义之根在于宗教改革，苦行又劳作的清教徒在经济生产方面成为资产阶级的先驱；以政治形态出现的自由民主之根在于文艺复兴，享乐又自尊的人文主义者在思想政治方面无疑是启蒙运动的先驱。

文艺复兴与宗教改革使个人与世俗成为现代性的关注焦点。在对个人的诉求中，文艺复兴"保持个体的信仰"，宗教改革"以否定教会的方式诉诸福音"；在世俗化浪潮中，人文主义者"以娱乐的方式……保持个体的自尊"，新教徒"以苦行的方式……保持个体的信仰"。[①]

于是，在摆脱教会和主宰自然的过程中，个人逐渐觉醒并宰制着自然与社会秩序，自由平等成为新的时代律令，对自然和科学兴趣日益高涨。霍布斯、洛克、休谟、斯密等思想家在理解人的方式上基本达成了一致。一方面，人是理性的，要求控制和改造自然，通过克服外在自然与自身自然的限制来建立自己的本质；另一方面，人是激情的，作为自然的一部分，依附于自然，人的自然本性与自然权利决定着人的本质。

其次，启蒙运动孕育了现代性的基本观念。启蒙运动是17—18世纪在欧洲发生的思想运动，用理性智识克服宗教迷信，用科学知识克服神话幻想，追求思想和政治的自主性，其基本价值观念是理性、科学与自由。对理性、科学与自由等启蒙精神的追求确立起现代性的行为模式与精神气质。

---

① 汪民安：《现代性》，南京：南京大学出版社，2020年，第121~122页。

就启蒙的理性主义精神而言，理性的怀疑精神解构了宗教信仰的权威化与神圣化，确立了知识观、真理观与人性论上的一元论思维方式，这种思维方式与形式逻辑相适应，坚持同一律。其中，康德的先验逻辑为论证人的自由人格与道德价值的先验必然性提供了依据，而黑格尔和马克思的辩证思维逻辑则为论证资本主义社会的灭亡与共产主义社会的必然提供了方法论工具。

就启蒙的科学观念而言，唯理论贯彻逻辑演绎方法，而经验论则坚持因果归纳法，二者尽管在知识起源与人性本质等问题上存在分歧，却都坚持了反对上帝权威的理性观念。

就启蒙的自由主义思潮而言，个体与民主构成自由主义的核心要义，为现代性提供了个人主义的思想基础、自由平等宽容等价值内容，以及民主法治权力制衡等实现手段。

最后，工业革命与法国革命一同构成了现代性的真正开端。现代性在带来市场经济的工业革命与带来民主政治的法国革命中，获得了自己的经济与政治的双重意义，革命标志着现代性达到了顶峰。经济上的市场式资本主义及政治上的权利式自由主义由此成为现代性的独特标志。

由此，从起源处来把握现代性，可以窥探到经济、政治与思想层面的现代性所具有的不同面貌。

经济层面的现代性表征为市场化的资本主义与机器化的工业主义。现代商业经济摧毁传统封闭自足的庄园经济，现代都市打破了农业社会的宁静，市场上的经济观念通过"看不见的手"而得以合法化，殖民扩张与帝国战争不断涌现。

政治层面的现代性表征为现代民族国家与自由民主政治的兴起。从马基雅维利、霍布斯到洛克逐渐建构起的政治构想摧毁了中世纪的政治神学，社会契约代替宗教权威成为个人及其权利的保障。

思想层面的现代性表征为理性主义与主体哲学。现代性建构了取代中世纪模式标准的新模式标准，这是理性的社会模式与价值系统，其核心是自我理解与自我确证，①以个人自由、理性和主体性为基本原则。与经济现代性相适应，发展主义与进步主义观念日益膨胀。

此外，按照一些理论家的观点，还存在着组织层面的现代性，主要表征为新社会组织系统的建立。这一系统依托于理性观念，强调精心规划与仔细盘算的绩效主义，使社会组织实现了权力与理性的巧妙协调配置。马克斯·韦伯对其进行了细致研究，并指出"国家生活的整个生存，它的政治、技术和经济的状况绝对地、完全地依赖于一个经过特殊训练的组织系统"②。

总之，对现代性的起源有着不同的阐释方式，但仍然存在一定的共识，从这些共识出发，可以看到，现代性不仅包括客观物质层面的现代性过程，还包括现代人主体层面的现代性体验和经由这种体验而表达的现代主义态度，以及现代性过程、现代性体验和现代性态度之间的动态关系。对现代性之起源的把握构成了理解现代性之不同面向的基础。

2.现代性的内涵与多重面向

基于不同学科和不同领域的视角，对现代性的理解也会有所不同，现代性概念的具体解释意义往往又与具体的使用语境相关联。因此，对现代性这一概念只能细致描述而不可精确定义。如此一来，对现代性之内涵的诠释就变成了对现代性之多重面向的描绘。

第一，可以从制度层面来理解现代性，其核心是工业主义、资本主义与民族主义的出现。这在关于现代性的起源部分已经有所提及。

---

① [德]于尔根·哈贝马斯：《现代性的哲学话语》，曹卫东译，南京：译林出版社，2011年，第8页。

② [美]马克斯·韦伯：《新教伦理与资本主义精神》，于晓、陈维纲等译，上海：上海三联书店，1987年，第7页。

现代性涵盖世界观、经济制度到政治制度的整套架构。而现代与传统的根本区别在于制度、文化与生活方式的秩序性转变。

著名的社会学家吉登斯就是从制度角度来诠释现代性的，在他看来，现代性是现代工业社会的新制度结构与行为模式，包括资本主义、工业化、现代监督系统、统一的军事力量。现代世界是"工业化的世界"，现代性则是"在后封建的欧洲所建立而在20世纪以后成为具有世界历史性影响的行为制度与模式"①。

工业革命推动了现代性进程，工业化为现代性提供了物质技术基础与社会形式的表达。工业化与资本主义有着紧密联系，资本主义经济活动依靠工业逻辑而迅速发展。按照吉登斯的定义，早期工业主义的特点在于，无生命物质能源如蒸汽动力、电力在生产和商品流通的过程中的运用；生产和其他经济过程的机械化，但自动化的生产机器仍需人力操纵管理；制造业普遍推广，生产流程被制度化，出现了工厂这种集中生产地点。②

无论如何，工业主义与资本主义无可争辩地构成了现代性的制度标志，工业化的机器性和资本主义的商品性使现代社会具有了与传统社会全然不同的特性。

此外，工业主义对于民族主义的兴起具有重要意义，现代性的个人观念与政治实践促成了民族主义的形成。对现代性与民族主义之关系的解释，可以从不同角度切入。盖尔纳从经济工业主义角度解释民族主义与现代性的关系，民族主义的兴起是"为使文化和整体一致，努力让文化拥有自己的政治屋顶"③，而流动的工业社会打破了封建等级秩序，产生了社会分工要求，具备了形成享有普遍统一

---

① [英]安东尼·吉登斯：《现代性与自我认同：现代晚期的自我与社会》，赵旭东、方文、王铭铭译，北京：生活·读书·新知三联书店，1998年，第16页。

② [英]安东尼·吉登斯：《民族–国家与暴力》，胡宗泽、赵力涛、王铭铭译，北京：生活·读书·新知三联书店，1998年，第172~174页。

③ [英]厄内斯特·盖尔纳：《民族与民族主义》，韩红译，北京：中央编译出版社，2002年，第57~58页。

文化的民族主义共同体的条件。安德森则从文化体系角度解释民族主义与现代性的关系，正是他将民族定义为"一种想象的政治共同体"①。民族主义缘起于旧体系与新体系的力量此消彼长的历史兴衰过程。旧体系的象征是宗教共同体和君主制王朝，阻碍了民族主义的生成；而新体系的象征是"生产体系和生产关系（资本主义）、传播科技（印刷品）和人类语言宿命的多样性"②，孕育了真正的民族主义。

民族主义的形成过程也正是现代性的过程，"民族和民族国家就是对于现代性过程中宗教一统性分裂后的认同补偿"③。

第二，可以从现代生活角度来理解现代性。这要追溯到19世纪法国最著名的现代派诗人波德莱尔。

波德莱尔从现代生活视角定位现代性，他描述自身所处的19世纪现代生活的独特性即"过渡、短暂、偶然"④，而美就蕴含在这种短暂性、过渡性和偶然性中。现代性是与代表永恒不变的过去相区别的短暂过渡的当下的强烈时间意识。波德莱尔不是把现代性理解为区分古代与现代的历史分期标志，而是将其视为一种新的现代意识观念。

波德莱尔通过将古代与现代进行对比来强调现代生活的重要意义，揭示了现代生活的两面性，现代性既带来贫穷和凄惨，创造了人的个性；也带来富裕和幸福，消磨着人的个性。

---

① [美]本尼迪克特·安德森：《想象的共同体——民族主义的起源与散步》，吴叡人译，上海：上海人民出版社，2005年，第5页。

② [美]本尼迪克特·安德森：《想象的共同体——民族主义的起源与散步》，吴叡人译，上海：上海人民出版社，2005年，第51页。

③ 汪民安：《现代性》，南京：南京大学出版社，2020年，第192页。

④ [德]波德莱尔：《波德莱尔美学论文选》，郭宏安译，北京：人民文学出版社，1987年，第483页。

现代生活所表达的现代性特征是在都市中展开的，都市成为现代性发生的空间场域，既是现代性的产物，也是现代性的标志。如果说乡村是一个共同体，那么都市则是一个社会组织，前者是由自然意志主导的礼俗社会，后者则是由理性意志主导的法理社会。①

第三，可以从政治哲学角度来把握现代性。这种现代性在与古代性的对立中被理解为"对前现代政治哲学的彻底变更"②，其典型特征是激进变革的多样性与频繁性。

政治哲学意义上的现代性以对现实与理想之间鸿沟的不满为起点。施特劳斯据此从政治哲学出发认为现代性经历了三次浪潮。③现代性的第一次浪潮以马基雅维利和霍布斯为代表，其特征在于将道德问题和政治问题还原为技术问题，用作为人工产物的文明压倒自然。传统政治哲学"人们应当如何生活"的理想主义变成了"人们事实上是如何生活的"的现实主义。现代性第一次浪潮的产物是自由民主制。现代性的第二次浪潮以卢梭为代表，其结构是设置了自然与市民社会、理性、道德、历史之间不可逾越的鸿沟。卢梭的普遍意志学说激发了康德与德国观念论哲学，康德确立了普遍立法原则和道德律，认为道德理想与政治理想的建立无须考虑人的自然本性，而德国观念论接受并且彻底化了普遍意志的概念及其意蕴。现代性第二次浪潮的产物是共产主义。现代性的第三次浪潮以尼采为代表，其核心是对存在的情操的理解。尼采反对认为历史过程具有进步性、内在意义和

① ［德］滕尼斯：《礼俗社会与法理社会》，严蓓雯译，选自汪民安、陈永国、张云鹏主编：《现代性基本读本》，郑州：河南大学出版社，2005年，第57~69页。

② ［德］列奥·施特劳斯：《现代性的三次浪潮》，选自刘小枫编：《苏格拉底问题与现代性——施特劳斯演讲与论文集：卷二》（增订本），北京：华夏出版社，2016年，第319页。

③ ［德］列奥·施特劳斯：《现代性的三次浪潮》，选自刘小枫编：《苏格拉底问题与现代性——施特劳斯演讲与论文集：卷二》（增订本），北京：华夏出版社，2016年，第319~330页。

内在方向的无根据的信念，认为一切思想原则与行动原则都是历史性的，一切理想都是人类创造性活动和自由筹划的结果。现代性第三次浪潮的产物是法西斯主义。

第四，可以从精神气质的角度来理解现代性。在福柯看来，现代性不是历史时段，而是人的气质、品格、态度，它是"一些人所作的自愿选择，一种思考和感觉的方式，一种行动、行为的方式。它既标志着属性也表现为一种使命，当然，它也有一点在这里，现代性像希腊人叫做气质的东西"①。

舍勒也认为，现代性不仅是知识结构的转变，更意味着人自身精神结构的转变。"现代性不仅是一场社会文化的转变，环境、制度、艺术的基本概念及形式的转变，不仅是所有知识事务的转变，而根本上是人本身的转变，是人的身体、欲动、心灵和精神的内在构造本身的转变。"②

第五，还可以从意识形态角度来理解现代性，意识形态正反映了人们对现代性新世界观的态度，其核心是保守主义、自由主义、社会主义。

法国大革命作为重要的现代性事件，在19世纪中叶催生出三种政治意识形态——保守主义、自由主义、社会主义。

三种意识形态分别代表了对待现代性的不同态度。保守主义对现代性表现出最为强烈的反应，拒斥现代性，反对革新与进步，要求重新夺回政治权力以约束现代性，于是复辟现象在当时的欧洲极为常见。自由主义则拥抱现代性，承认进步的必然，但要求以理性的改革方式来实现幸福。而社会主义也肯定现代性，但主张通过激进的革命方式来与强大的敌对力量作斗争，从而加速历史进程。

三种意识形态对体现人民主权的历史主体的认识也不尽相同。保守主义强调

---

① [法]福柯：《福柯集》，杜小真译，上海：上海远东出版社，1998年，第534页。

② 刘小枫：《现代性社会理论绪论：现代性与现代中国》，上海：上海三联书店，1998年，第19页。

诸如家庭、教会等传统社会集团的重要性，并将这种传统连续的小规模社会集团视为具有政治行动权的历史主体。自由主义则强调自由个人的重要性，认为个体才是政治、经济和文化等权利的最终拥有者。社会主义注重人的社会性，强调全体社会成员才是真正的历史主体。

三种意识形态有一点极为相似，即一方面以不同方式反对国家，另一方面又都需要借助国家来实现自己的政治纲领。对保守主义而言，国家能够保护传统权利来对抗大众的普遍意志。对自由主义来说，国家创造了保障和发展个人权利的基本条件。而对社会主义来说，国家在一定范围内能够履行普遍意志，代表人民利益。

表面上看来，有三种意识形态，保守主义反对法国革命，自由主义反对保守主义，社会主义反对自由主义。而实际上，只有一种意识形态即自由主义，"自由主义意识形态在这三种形式中是作为资本主义世界经济体系的意识形态而存在的"①，三种意识形态实际上只是自由主义这一种意识形态的不同表现形式，而面对愈加显著的资本主义世界经济体系结构危机，问题的关键就是要超越占据统治地位的自由主义意识形态。

此外，现代性同时是一个"内部矛盾重重的悖论系统"②，在这个冲突丛生的系统中，有现代社会与传统社会、现代文化与现代社会、现代技术同现代体验、现代欧洲地区与非现代欧洲地区的冲突。这些现代性冲突将进一步引发现代性危机。现代性危机的暴露催生出不同领域中的反现代性，比如文化领域的现代主义及哲学领域的后现代主义。于是，如何化解现代性冲突、克服现代性危机，便成为现代性研究的重要论题。

---

① [美]伊曼纽尔·沃勒斯坦：《三种还是一种意识形态？——关于现代性的虚假争论》，《马克思主义与现实》，1999年第1期。

② 汪民安：《现代性》，南京：南京大学出版社，2020年，第12页。

总之，现代性是一个极为复杂的概念，存在着经济、政治、思想、组织等多个层面的现代性，可以从制度、现代生活、政治哲学、精神气质、意识形态等维度来把握现代性，从某一层面或某一视角来理解现代性，都不足以全面把握现代性，只有兼顾现代性的多重面向，才能更好地展现现代性的丰富意蕴。

（三）现代化

如果说现代性更侧重于从传统社会向现代社会转变所呈现的性质或状态，那么现代化则更强调这种转变所经历的过程。现代化既是概念范畴，也是历史现象；既是研究对象，也是政策目标；既有质性解读，也有量化界定。如同现代性的复杂性一般，现代化也有着丰富的内涵。

1.现代性与现代化的关系

现代性与现代化作为两个不同的概念范畴，既有区别又有联系。

从因果关系视角出发，可以说明现代化与现代性之间互为因果的联系。一方面，就现代化是现代性的前提和原因而言，科学技术、经济生产、社会转型等现代化过程的推动，产生了作为现代社会属性的现代性。换言之，现代化是使社会获得现代性的历史过程，现代化的完成意味着现代性的最终获得。另一方面，就现代性是现代化的前提和原因而言，现代性是早于现代化出现的概念范畴，现代性作为价值观念前提影响、塑造和驱动着现代化的实际展开过程，比如现代性的理性、平等、竞争等价值观影响着现代化的经济市场化进程，现代性的自由、民主、公平等价值观影响着现代化的政治民主化进程。换言之，作为从中世纪而来并与之相决裂的多层面的历史实践过程的现代性表征为现代化。

现代化与现代性之间的联系还在于，不同的现代化模式都需要面对现代性的双重面貌，在享受现代性带来的进步的同时，也需要承受并尝试解决现代性的诸多问题。

就现代化与现代性的区别来说，首先，现代化是实证范畴，可以用量化指标衡量；现代性是规范范畴，不能被量化。其次，现代化是从经济学和社会学层面讨论的范畴，表明从农业文明进入工业文明过程中在生产力、生产方式、经济增长、社会发展、城市化、信息化、教育普及、知识程度提高等方面的变化。现代性是从哲学层面讨论的范畴，通过对比传统与现代而抽象出现代化过程的本质属性，从思想观念、行为方式、时代精神等方面来把握现代社会的特质。最后，现代性表征的是静态的属性，现代化表征的则是动态的过程。相似的本质属性可以对应多种不同的表现过程。

有人就指出，只有从哲学层面来界定现代性，才能使现代性与现代化两个概念有所区别。并在此基础上提出现代性的自我确证问题，亦即论证现代性的合理性，"为现代性的目的、现代性的原则等提供一套哲学论辩的话语系统"，哲学意义上的现代性是人的现代性，现代性的自我确证就建立在理性的主体性哲学上，主体性及其相关的理性、自由、合理性等概念是贯穿在现代性过程中的一条主线。[1]

2.现代化的历史事实与基本概念

现代化作为表征过程的范畴，"既是时间概念，一般指社会历史从'古代'经'中世纪'到'现代'的历史进程。也是理论概念，表征人类与传统告别、进入科技革命推动的工业社会的实践过程"[2]。因而可以说，现代化不仅是现实中的历史事实，也是理论上的分析概念。作为理论研究之分析范畴的现代化概念只有几十年历史，而作为客观历史运动的现代化过程已经有几百年历史。现代化过程具有世界历史性，现代化概念因而也具有世界历史性。

---

[1] 陈嘉明：《现代性与后现代性十五讲》，北京：北京大学出版社，2006年，第40~43页。

[2] 赵义良：《中国式现代化与中国道路的现代性特征》，《中国社会科学》，2023年第3期。

一方面，现代化指向现实的历史现象。现代是始于16世纪并延续至今的特定历史时代，因而现代化是世界历史的特定发展阶段，是"18世纪工业革命以来人类发展的世界前沿，以及追赶、达到和保持世界前沿的行为和过程"①。这一进程开始的一个标志是，人类具有了改造和征服自然生活环境的能力，人类社会由受自然支配的农业社会转向控制自然的工业社会。

作为一种历史事实，现代化不等于工业化，但工业化确实是现代化的核心；现代化不等于西化、欧化，西欧诚然率先开启了现代化，但现代化不能与西方化和欧洲化直接等同。发展中国家也在积极探索和实践适合自身的发展路径，只是成熟程度不尽相同；现代化也不等于富强化，但现代化的确推动了经济发展；现代化还不能等于创新性与效率化，只是现代化要求创新和效率。

现代化这一世界历史性现象背后蕴含着文明进步的本质，文明的进步是全方位的，既有经济、政治、文化与社会领域的颠覆性变革，也涉及自然的合理保护与人自身的自由全面发展。

现代化过程是从某些先发国家率先展开，逐渐拓展至其他地区，最终波及全球。任何国家和地区的现代化过程都不是封闭运动，而是处在国际的开放性变迁与交往中，没有一个国家能够独立地转向现代社会。

随着全世界各个国家和地区都或主动或被动地卷入现代化世界大潮中，现代化日益成为国家的奋斗目标与政策指向。如果说发达国家的目标是要保持现代化并将其上升到更高水平，那么发展中国家的目标就是要赶超现代化并努力探索适合自己的发展模式。

另一方面，现代化指向研究的理论概念。现代化概念的出现滞后于现代化现象。概念范畴意义上的现代化，其基本词义可以从动词、名词和形容词三个方面

---

① 何传启：《什么是21世纪的现代化》，《理论与现代化》，2016年第4期。

来把握。现代化作为动词时，指向满足现代需要亦即达到世界先进水平的过程。现代化作为名词时，指向满足现代需要亦即达到世界先进水平后的状态。现代化用作形容词时，指向满足现代需要的亦即达到世界先进水平的。①

有学者总结了关于现代化概念的四种定义方式。②

其一，现代化指经济落后的后发国家在西方资本主义崛起后形成的国际关系格局中，借助科技革命，在经济上赶超世界先进水平的历史过程。这是中国共产党和国家领导人关于社会主义现代化方针政策的论述中的现代化概念。

其二，把现代化等同于工业化，将现代化视为从传统农业社会转向现代工业社会的历史过程，把涵盖社会各方面的工业化理解为现代社会变迁的根本动力与核心特征。这侧重的是现代化或工业化的经济属性。

其三，把现代化笼统地理解为科学技术革命引发的人类急剧变动的历史过程，涉及经济、政治、思想文化等人类社会各个层面。换言之，现代化就是社会各个方面通过调整以适应由科技革命带来的变化的过程。这种现代化概念侧重于工业化和经济发展与社会结构之间的关系。

其四，将现代化理解为心理状况、价值观念与生活方式发生转变的过程。这种界定侧重于从社会学、文化人类学、心理学视角考察现代化。

如果说上述四种是对现代化范畴的质性分析，那么下面则是对现代化范畴的量化界定。国外学者英格尔斯提出社会现代化的量化指标。③国内学者则依据国家概览指标体系、世界发展指标体系、世界现代化概览指标体系，建构了由一百个

---

① 资料来源：韦伯斯特在线词典，参见何传启：《什么是21世纪的现代化》，《理论与现代化》，2016年第4期。

② 罗荣渠：《现代化新论：世界与中国的现代化进程》（增订本），北京：商务印书馆，2009年，第9~16页。

③ 孙立平：《社会现代化》，北京：华夏出版社，1988年，第24~25页。

指标组成的世界现代化指标体系。①

无论何种定义方式，关于现代化范畴仍存在一定共识，在时空意义上，现代化开始于欧洲中世纪之后，建立在一定的物质基础上，涵盖经济、政治、文化、生活等各个维度，强调理性与进步。这与人们对现代性的共识基本一致。

当现代化成为对象并被广泛研究时，就形成了不同的现代化理论流派。其中较有影响力的是经典现代化理论、依附理论、世界体系理论、后现代化理论、生态现代化理论、反思性现代化理论、全球化理论、多元现代性理论、第二次现代化理论和综合现代化理论等。②不同理论视野中的现代化具有不同面向和侧重，经济学家、政治学家、社会学家、历史学家在现代化研究中的着眼点不尽相同。

经济学家更为注重现代化蕴含的工业与经济发展维度，因而倾向于把现代化视为从经济不发展转向发展的过程。政治学家注重现代化蕴含的国力增强维度，因而倾向于将现代化视为传统政体转向现代政体，以及政权逐渐合理化、制度化的过程。社会学家注重现代化蕴含的社会有机体分化维度，因而倾向于把现代化视为传统社会转向现代社会及科学知识逐渐运用于生产生活的过程。历史学家注重现代化蕴含的世界统一发展维度，因而倾向于把现代化视为各种历史性传统逐渐适应新客观环境的过程。

总之，现代化是涵盖多个层次、多个阶段的包罗万象的现实历史过程，涉及物质经济发展维度、政治制度发展维度、社会思想发展维度等，在现代化研究中，对现代化进程的纵向历史学研究及对现代化进程的横向社会学研究都是必不可少的，需要分析现代化的过程、特性、动力及对社会各个层面的影响等。

---

① 何传启、刘雷、赵西君：《世界现代化指标体系研究》，《中国科学院院刊》，2020年第11期。

② 何传启：《现代化研究的十种理论》，《理论与现代化》，2016年第1期。

3.现代化的演进过程与动力因素

现代化不是在短时间内一蹴而就的，而是要经历长期性的、阶段性的、非线性的演进过程。现代化过程大致展现为这样一幅图景：18世纪第一次工业革命促进了生产力的高速发展，推动世界各个地区先后经历了从传统农业社会向现代工业社会转型的现代世界发展大趋势，自此，现代化的中心逐渐从西欧扩大至北美和东欧，并在第二次世界大战之后拓展到亚非拉地区。

现代化的演进过程经历了三次发展浪潮：

"从英国工业革命到19世纪中叶是第一次大浪潮，现代化的中心区域在西欧；从19世纪下半叶到20世纪初是第二次大浪潮，现代化的中心区域扩大到北美、东欧，拉美和东亚地区也受到明显影响；第二次世界大战以后出现第三次大浪潮，现代化的变革之风扩大到亚、非、拉美广大地区，但中心在东亚地区。"[①]

据此，可以绘制出下表：

表1　现代世界发展的三次浪潮

三次浪潮	时间	空间（现代化中心区域）	物质技术基础
第一次	英国工业革命到19世纪中叶	经济革命（英国工业革命）与政治革命（1776年北美独立革命和1789年法国大革命）共同推动英国开启，扩散至西欧，早期现代化	煤、铁
第二次	19世纪下半叶到20世纪初期	工业化扩散至北美、东欧，非西方世界开启现代化	电、钢铁
第三次	20世纪下半叶	发达国家向高工业升级，欠发达国家卷入工业化	石油能源、人工合成材料、微电子技术

分析推动现代化发展的三次浪潮，是为了从宏观维度分析现代世界历史的发

① 罗荣渠：《现代化新论：世界与中国的现代化进程》（增订本），北京：商务印书馆，2009年，第6页。

展趋势，揭示现代化矛盾运动过程中涌现的各种发展性危机，批判伴随现代化而产生的无限制的增长追求及西方理性主义原则。

现代化也不是自动进行的，而是在各种因素推动下不断发展的过程。其中，经济因素在整个现代化变革过程中具有根本推动作用，可以说，现代化最为突出的成就是经济领域的革命性突破，但要想充分实现其长远的社会历史效应，还需要有其他领域，比如政治和社会结构方面的转换与调整来加以配合，政治权力与文化传统等因素在现代化过程中也发挥着不同的历史影响。

首先，经济因素是现代化过程中最为根本的动力因素。无论是现代化在个别国家中初始形成的过程，还是现代化在世界范围内全面扩散的过程，经济动力在其中都扮演着至关重要的角色。

英国率先开启现代化进程的历史事实，以及此后各个国家在探索现代化发展道路时普遍把发展科学技术和建立市场经济放在首要位置的现实状况，都证明了经济动力的根本作用。在各种经济发展政策措施中建立起的市场机制推动着科学技术的创新和发展，科学技术创新的成果进一步转化为现实的生产力以推动生产方式不断变革，现代化正是在此基础上向前推进的。基于此，喜马拉雅资本创始人李录就认为，"现代化就是当现代科技与市场经济相结合时所产生的经济无限累进增长的现象"[①]。可以说，市场机制及由其推动的科学技术创新对于现代化发展而言是不可或缺的重要动力。

其次，在从封建主义转向资本主义的现代化发展进程中，国家作为一种组织性的政治力量发挥着关键作用。

从中西对比的角度来看，相似的历史外表之下实际上隐含着不同的历史本质。所谓相似的外表亦即中国当时是中央集权制国家，西欧则主要为新型的君主专制

---

① 李录：《文明、现代化、价值投资与中国》，北京：中信出版社，2020年，第104页。

国家；但不同的本质在于，在中国，当皇权和军事官僚相结合，便形成了一体化的政治权力，巩固而非削弱传统的社会制度结构。而在小国林立的西欧，王权弱小，也不具有军事官僚机器，形成的是包括教权、王权、贵族、新兴市民阶级在内的多层次、多元化的权力等级结构，新兴的民族国家削弱而非强化了传统的社会制度结构。①

15 世纪大航海时代中西方的不同表现，可以清晰地展现政治因素在现代化过程中的作用。不同的政治权力结构使中西方选择了不同的远洋航向，中国的郑和下西洋最终维护和强化了封建大一统皇权与重农抑商的传统经济体制；而西欧的哥伦布和达·伽马航海之行则削弱了封建贵族专制统治并推动着商业资本主义的发展。

最后，如果说西方现代化道路更多体现经济因素对现代化尤其是工业化进程的影响，那么亚非拉等第三国家特别是东亚的崛起，则体现了历史文化传统等非经济因素在开启现代化中所发挥的社会功能。

英国学者曾提出著名的李约瑟难题，即为什么前现代中国没有从内部产生现代化的原动力？为什么现代中国在 19 世纪后期和 20 世纪早期的现代化努力没有成功？中国文化传统在其中分别扮演了什么角色？

对这些问题的回答在于，前现代中国没有从内部产生现代化的原动力是传统社会内部各种因素相互作用的结果；现代中国在 19 世纪后期和 20 世纪早期的现代化努力没有成功，受到包括文化传统在内的前现代各种历史遗产的制约，同时还由于在政治上缺乏巩固的现代化领导。

中华文化传统在中国现代化进程中发挥的作用是多维度的。在清末民初绅商阶层的实业救国活动中表现出的儒家伦理的忧患意识与入世精神，反映了其对现

---

① 罗荣渠主编：《各国现代化比较研究》，西安：陕西人民出版社，1993 年，第 29~30 页。

代化经济发展的积极影响。集权政治所表现出的传统专制主义文化，则反映了其对现代化政治发展的不利作用。事实上，当绅商阶层在传统儒家文化影响下获得更多的经济利益并由此提出政治参与要求时，他们已经日益远离了传统专制主义政治文化，并向现代民主政治思想靠近。

总而言之，正是经济因素与非经济因素之间的互动关系，影响着现代化的演进过程，并产生了各种不同现代化模式之间的差异性。

二、现代化的诸种模式

宏观历史视角下的现代化概念作为一个世界历史性范畴，提供了把握近现代世界发展进程和趋势的参照。从宏观角度来看，现代化进程是人类社会从传统农业社会转向现代工业社会的过程，其一般趋势表现为由具有一元结构的简单封闭社会转向具有多元结构并高度整合的开放复杂社会，基本朝着高生产力、高效能与合理化方向发展。从微观角度来看，当相同的现代生产力在不同国家条件下，作用于具有不同社会结构与文化传统的不同国家和地区时，就会产生差异性的物质生产和交换方式及社会权力结构形式，从而使现代化模式呈现出多样性。

（一）现代化模式的划分

聚焦微观历史视角下的现代化过程，不同国家在不同时代，其现代化的启动源泉、内外部条件、动力机制、道路选择、发展方式、演进过程及现实成效各不相同，既有主动发起，又有被动应对；既有跨越发展，也有循序渐进；既有按图索骥，也有另辟蹊径。由此造就了现代化模式的多元图景。

各种现代化模式之间既有共性，主要体现在现代化启动因素和时间、现代化发展程度等方面。其中也存在着个性，主要聚焦在特定国家和地区经过长期稳定发展而形成的现代化道路范式，涉及现代化的条件、目标、动力、保障、战略等多个维度，于是，发达国家的现代化存在着英国、法国、德国和日本等不同模式，拉美国家的现代化存在着墨西哥和巴西等不同模式；东亚、东南亚国家则有韩国和新加坡等不同模式。

就此而言，对现代化模式的分类，存在多种方式。根据现代化开始时间的前后，可以划分为早生型与后起型现代化。以现代化发展程度为依据，有发达国家和落后国家的现代化。前两种划分方式基本重合，只是划分依据不同。根据典型的现代化国家划分，则存在着英、美、法、德、日等不同代表。依据现代化起源的不同，可以划分为内源型、外源型与内源–外诱混合型。根据社会制度结构划分，有资本主义现代化模式（资本主义私有制+自由市场+分权型或集权型现代化国家机构）、苏式社会主义现代化模式（社会主义公有制+计划指令与有限市场结合+集权型现代国家机构）、混合式现代化模式（混合经济+自由市场+分权型或集权型现代化国家机构）。[1]

其中，以现代化的起源作为划分依据的方式最为经典有效。因为如果把现代化看作社会内部传统性与现代性不断互动并且传统性不断适应现代性新要求的过程，那么基于现代性和传统性之间的关系来划分现代化模式能够很好地展现不同现代化模式之间的联系与区别。[2]所谓传统性，往往指向社会内部长期存在的稳定制定结构与观念模式，传统并非一成不变，其特性恰恰在于可变，这是现代性得以发挥作用的前提。

在一些先发国家，社会中的传统性和现代性能够在很大程度上兼容在一起，现代化发展因素往往是从这种社会内部孕育而成的，这种现代化模式往往表现在

---

[1] 罗荣渠：《现代化新论：世界与中国的现代化进程》（增订本），北京：商务印书馆，2009年，第161~170页。

[2] 罗荣渠主编：《各国现代化比较研究》，西安：陕西人民出版社，1993年，第167页。

少数先发的西方国家，可称之为"内生型现代化"或"内源型现代化"。

在大多数国家，社会中的传统性和现代性不能很好地兼容在一起，而是具有一定的断裂性，其社会内部往往无法自发孕育出现代化的发展因素，因而需要先发的内源型现代化国家采取强制手段从外部施加压力，通过对外部刺激进行回应而逐步开启现代化进程，这种反应最终通常是以国家政策等政治形式来激发的，因而政治因素在这种现代化发展进程中发挥了重要作用。19世纪欧洲大陆国家与20世纪社会主义国家的现代化大都属于这种模式，可称之为"应激型现代化"或"外源型现代化"。

将内源型与外源型两种现代化相混合而探索的新现代化模式，往往被称为"混合型现代化"模式，这在20世纪50年代之后的一些新兴独立国家中较为常见。

表2　内源型现代化模式与外源型现代化模式比较[①]

构成要素	内源型现代化	外源型现代化
现代化动力来源	社会内部（主要是在西方基督教文明传统中孕育），具有较强自我发挥能力	外部移植或引进
工业化投资来源	工业化投资主要来自本国内部积累，本国资产阶级起主导作用	工业化投资主要借用外国资本
市场发育程度	经济生活通过不断扩展的市场来实现自我调节	市场发育不成熟，在经济生活中未形成自动运转机制
政府职能	政府主要保证经济的自由运转	政治权力作为超经济组织力量长期发挥巨大控制与管理作用

---

① 罗荣渠：《现代化新论：世界与中国的现代化进程》（增订本），北京：商务印书馆，2009年，第131~133页。

续表

构成要素	内源型现代化	外源型现代化
现代化过程表现	经济与政治权势的转移非常缓慢，变革引起的社会矛盾动荡逐渐展开，政治变革的速度有限。在现代化过程中形成强有力的经济中坚力量，建立稳定的政治秩序，变革保持较大的连续性	社会矛盾动荡的发生是集中急速大幅度的，经济与政治权势的转移激烈，传统权势集团的反抗强烈，在激烈的社会分裂与敌对斗争中难以形成稳定政治秩序，不容易保持改革的连续性
现代化变革顺序	以工业革命和工业化带动整个社会其他方面的变革	社会、思想、政治层面的变革发生在前，而工业化发生于后
现代化变革手段	相对平稳渐进地推进，对暴力的使用和爆发性突变都是暂时的	启动较慢，但很不平稳，充满爆发性剧烈震荡，暴力成为常见手段
典型模式	英国模式	拉美模式、东亚模式

总之，内源型与外源型这两种现代化进程的差异主要体现在开启社会变迁之决定因素的来源在内还是在外。现代化起源的差异影响着各个国家和地区的政治发展趋势与工业化道路，进而体现为现代化发展模式在启动条件、主导因素和自组织程度等方面的不同。在世界历史与全球化视野下，各种现代化发展进程彼此间相互影响。面对现代化模式的诸种样态，既要选取尽可能多的模式以展现世界现代化的多样性，也要兼顾典型性与代表性。

（二）内源型现代化模式

现代化动力源泉主要是从社会内部孕育而出的现代化模式，一般被称为内源型现代化模式，具有自发性和渐进性，大都是自下而上展开的，主要体现在英国、法国、德国和美国等发达资本主义国家的现代化进程中，而各种内源型现代化发展道路之间也存在一定差异性。

1.英国模式：以工业革命为核心主导

英国现代化模式主要表现为，基于农业资本主义化创造的先进农业生产力，以工业革命为核心，以文化变革为推动力，以政治变革为保障，是经济、政治和文化等各个领域同步变革的发展模式。

英国具有率先开启现代化的特殊历史规定性。首先，农业的资本主义化为现代化提供了先进的农业生产力基础，有利于农村工业和商业市场的生成和发展。历史上著名的圈地运动，就是为了将农民与土地分开，为建立资本主义市场关系创造条件。农业资本主义化的过程也就是原始资本的积累过程。其次，工业革命构成了英国现代化毋庸置疑的主导力量。科技革命带来的技术创新与机器运用、商业资本的形成等因素促进了经济的快速发展。而工业革命不止于一场经济变革，其所带来的影响波及经济、政治、社会结构、意识形态、思想观念等多个领域。再次，文艺复兴、宗教改革与启蒙运动从思想观念维度促进了英国现代化的启动和发展。最后，政治领域议会民主制度与现代政党制度的形成保障了英国现代化的顺利进行。

西欧开启内源型现代化的前提性条件和动力是在长期的历史发展过程中孕育的，几个世纪积累的技术创新与制度创新最终汇聚为18世纪的工业革命与政治革命。总的看来，西欧从15世纪到18世纪的历史进程，在经济领域，表现为商业资本与贸易兴起并向海外殖民扩张，形成了"封建采邑的自足体系与新兴城市自治体并存的经济结构"；在政治领域，表现为王权的兴起、重商主义的出现与中央的集权化，形成了"多层次的等级封建制结构，教权与王权分立的两重权力结构"；在思想领域，表现为文艺复兴、宗教改革与启蒙运动；在国际领域，表现为各个国家相互争夺、优胜劣汰，形成了"众多小国林立的多元国际结构"。最终孕育出的现代化前提条件包括早期城市化、商业化、工业化与世俗化等因素。[①]

东方也曾出现商业贸易、资本主义萌芽、技术创新等，但这些都是在短时间出现的零星因素，无法经受历史危机的考验，没有形成容纳新因素与频繁变革的

---

① 罗荣渠：《现代化新论：世界与中国的现代化进程》（增订本），北京：商务印书馆，2009年，第137页。

特殊机制。而西方不同，它具有能容纳新因素与频繁变革、推动创新的特殊机制。东方社会与西方社会的发展虽然都源自农业生产力，但东方社会发展表现出统一性、连续性与渐进性；而西方社会发展则表现出分散性、多变性及突发性。因而，以英国为代表的早期西方国家率先开启了现代化的征程。

2.法国模式：以政治革命为推动力量

法国现代化模式主要表现为，由政治革命开启现代化进程，实行国家干预下的自由主义经济政策，借助科技进步的力量，推进农业现代化与工业现代化相互促进的过程。

首先，法国具备诸多开启现代化的基本条件。法国在 15 世纪就有了资本主义的萌芽因素，并且在文艺复兴、宗教改革和启蒙运动过程中都率先垂范，有力打击了天主教神学和封建专制制度，为工商业的发展和资产阶级革命的兴起提供了有利条件。

其次，法国和英国虽然都是早期内源型发展的现代资本主义国家，但法国要落后于英国。其主要原因在于，法国是实行旧贵族绝对君主制度的典型国家，内部长期存在着封建专制制度；法国社会内部僧侣、贵族和资产阶级、农民、工人、平民之间的关系复杂、矛盾尖锐；法国的经济改革进行得并不彻底，政治革命又充满了曲折性。因而当英国由经济革命开启现代化进程时，法国则通过另一种政治革命的方式开辟了现代化道路。通过资产阶级在政治领域的动荡来迫使封建统治阶级进行现代化改良。

最后，以政治革命为推动力量的法国现代化模式的特点就在于，以资产阶级政治革命为现代化的动力因素与实现途径，依托科技进步的力量，实行由国家干预的自由主义经济政策，自上而下展开农业现代化与工业现代化的过程。

3.美国模式：基于自身独特条件而展开

美国现代化是农业、工业、商业及政治通向现代化的过程。独立战争和南北统一战争为美国现代化扫清了发展障碍。美国与英国不同之处在于它是在移民基础上建立而没有经历封建社会的国家，因而既接受了英国现代化的先进因素，又避免了过多地被保守势力干扰。美国内部的独特地理环境与包容的文化氛围为现代化发展创造了机遇。

首先，美国现代化的基本条件是多方面的，诸种因素共同造就了美国包容、务实、创业与激情的独特现代民族精神。其一，欧洲移民为北美提供了现代化所需的各种条件，也弥补了劳动力资源的短缺。其二，美国具有得天独厚的地理条件。北美人口较为稀少但具有辽阔、肥沃的土地，水利资源丰厚并且分布十分广泛。其三，美国较少受到保守主义限制。美国没有经历封建制度而是由农奴制直接进入资本主义的，因此其不存在封建保守的专制制度的影响，在美国独立战争胜利后直接建立起了民主共和国的政体形式。其四，各种世界历史性事件促成的国际格局的变化为美国的发展创造着机遇，比如当英国与法国忙于彼此之间的战争时，美国得以较稳定地展开自己的现代化建设。

马克思曾经论述过欧洲移民对于北美现代化发展的重要作用。"正是欧洲移民，使北美能够进行大规模的农业生产，这种农业生产的竞争震撼着欧洲大小土地所有制的根基。此外，这种移民还使美国能够以巨大的力量和规模开发其丰富的工业资源，以至于很快就会摧毁西欧特别是英国迄今为止的工业垄断地位。这两种情况反过来对美国本身也起着革命作用。作为整个政治制度基础的农场主的中小土地所有制，正逐渐被大农场的竞争所征服；同时，在各工业区，人数众多的无产阶级和神话般的资本积聚第一次发展起来了。"①

其次，美国的内源型现代化模式具有独特性。独立战争是美国现代化的起始，美国实现了真正的独立并建立了民主共和国。以废除奴隶制为前提的南北统一战

---

① 《马克思恩格斯文集》（第二卷），北京：人民出版社，2009年，第7~8页。

争，消除了阻碍美国资本主义发展的最后障碍。自此，美国走上了独立自主的工业化道路，较早地建构了完备的工业体系。政府虽然没有直接参与到经济建设过程中，但积极发挥了自身的经济职能，通过政府的适当干预推动改革，发展了与欧洲、亚洲和南美等地区的贸易关系。

最后，美国现代化模式有助于反思殖民统治与殖民地国家现代化发展的关系，这关系到中国与美国发展道路的对比问题。中国与美国的一个相似点是都曾经历过殖民统治，但不同之处在于美国只是一个国家即英国的殖民地，而中国遭受着帝国主义国家的侵略、剥削与殖民。就美国而言，殖民统治不是现代化发展的障碍，反而为美国创造了发展机遇，美国的现代化并非只受益于英国带来的现代化因素，而是凭借自己地广人稀的优势与独立战争和南北统一战争带来的统一稳定快速实现现代化。就中国而言，诸多帝国主义国家共同剥削和侵略中国，殖民统治带来的只有掠夺而非建设。并且中国虽地广但人多，社会矛盾复杂，人民群众反抗意识强烈。没有一个稳定统一的殖民统治秩序，不利于资本主义现代因素的传播。

4.德国模式：内源与外诱相混合

内源型现代化模式并非封闭运动，而是处在国际的开放性变迁与交往中，没有一个国家能够独立地转向现代社会。德国现代化模式就是内源与外诱相混合的典型。

首先，德国不具备现代化的先决条件，其现代化道路属于后发国家的工业化道路。德国的市场经济发展远远晚于英法，长期的专制统治格局使德国保守势力强大，新生的资产阶级也极度软弱，且德国缺乏英法的地理环境与美国的发展机遇，其内部的社会转型不易发生。因此，作为后发国家的德国，当面对世界现代化浪潮时，只能主要依靠国家的力量，通过国家的全面干预来发展民间的工商业，在此过程中，德国的民族意识不断觉醒。

其次，德国现代化模式主要是通过国家政权力量实行自上而下的改革来建构的。德国早期现代化建设的主导力量是传统保守的王朝势力而非新生的资产阶级。此后，强大的国家政体力量始终在德国现代化过程中发挥重要作用，推动着德国的经济发展与社会整合。在经济方面，德国以实行农业改革废除农奴制为开端，采取了一系列促进民族工商业发展的措施。

正如恩格斯所说："比1866年的重大历史事件意义重大得多的，是从1848年起在德国开始的工商业、铁路、电报和海洋航运业的兴旺。尽管这些进步还赶不上英国以至法国在同一时期所取得的进步，但它们对于德国来说却是空前未有的，它们在20年中带来的成果比以前整整一个世纪还要多。只有到这时，德国才真正地、不可逆转地被卷入了世界贸易。"[①]

在政治方面，直到19世纪70年代，德国才实现真正的国家统一，自此逐渐实现了立宪民主化，这为现代化提供了有利条件。与此同时，德国也是一个善于学习的国家，充分借鉴英、美、法等先发国家的现代化经验，以探索适合自己的快速实现现代化的途径。

最后，德国的现代化道路对于后发国家走向现代化具有借鉴性。强大中央集权对德国现代化过程的影响是双重的，政府的干预虽然能够在一定程度上促进经济的发展，提升企业的管理水平，但其能力终究是有限的，民族垄断行业的存在不利于国际贸易交往与外资引入。"半专制的君主权力、容克贵族的政治特权、军国主义等旧传统留下了极大隐患，以至于发展到法西斯专政，使现代化遭受极大挫折。"[②]二战的爆发就是最有力的证明。

可以说，德国现代化模式的历史教训就在于，警惕封建专制主义势力的残余

---

① 《马克思恩格斯文集》（第二卷），北京：人民出版社，2009年，第207页。

② 杜艳华、董慧：《中国特色社会主义现代化模式研究》，上海：学林出版社，2008年，第89页。

因素，使政治现代化能够与经济现代化同步发展。中国也是典型的后发国家，中国要开启现代化，必须首先实现民族解放和国家独立，才能逐步走上自主的现代化道路。

（三）外源型现代化模式

与率先开启现代化征程的欧美先发国家不同，拉美、东亚、苏联等国家和地区的现代化源泉并非内生，而是来自西方冲击，一般将其称为外源型现代化模式，这种现代化模式主要是自上而下进行的。走外源型现代化道路的国家虽然背景较为相似，但各国的具体发展不尽相同。

1.拉美现代化模式

拉美现代化模式的特点在于，在经济上经历了以农业带动经济增长的自由主义模式，到发展进口替代工业的进口替代模式，再到以偿付外债为目的的出口导向型新自由主义模式。在政治上效仿西方走政治多元化道路，但往往是一党长期执政或军事独裁统治，没有形成真正的民主政治。在意识形态上强调多元、开放、包容，使得拉美文化呈现复杂多样性。

虽然拉美在20世纪逐步实现了民族解放与社会变革，走向了独立自主的现代化发展道路，但拉美的现代化始终较为落后，究其原因，首先就是政治现代化的滞后。由于拉美实现独立主要依赖的是大地主组织的军队，因而当拉美实现独立后，所谓的共和国国家便成为军事独裁者与大地主进行阶级统治的工具，不利于民主政治的良性发展。其中以墨西哥的"考迪罗主义和大地产制度、军事独裁和大地主阶级的统治"[1]最为典型。其次拉美的文化现代化也较为滞后。拉美文化虽然具有多样性，但其中西班牙和葡萄牙的文化传统占据着较高的社会地位，而天主教文化强调绝对主义和大一统精神，当其与大地产制度相结合，并不利于私有

---

[1] 杜艳华、董慧：《中国特色社会主义现代化模式研究》，上海：学林出版社，2008年，第94页。

观念的形成及私有财产制度的建立。最后，殖民统治的限制与统治阶层的失误也是限制拉美现代化发展的重要因素。长期的殖民统治使拉美始终位于国际经济贸易的边缘，阻碍了拉美的现代化进程。并且由军事独裁者、天主教会和大地主组成的统治阶级罔顾国家和人民的利益，为了维护自己的私人利益与统治特权，而采取了一系列不利于拉美民族经济发展的措施。

拉美现代化模式带来的经验教训在于，一方面，民族主义能够成为殖民地国家的现代化动力，但如果极端化为闭关自守，则并不利于现代化的长远发展。因为无论是先进国家还是落后国家的现代化进程，都始终与整个世界联系在一起，现代化与全球化彼此间是一种同步互动关系。另一方面，文化自信能够成为落后国家的现代化动力，如果盲目自信就会产生文化惰性，不利于现代化的长远发展。一般而言，土地肥沃并且资源丰富的地区容易产生这种惰性，因而不会主动开启现代化进程，但在世界现代化大潮中，必然会在外部刺激下走向现代化之路。

2.东亚现代化模式

东亚这一概念的形成兼具地理、历史与文化等因素，大概在19世纪中叶，东亚地区开始了现代化的探索。

在东亚现代化的伊始，中国和日本都算得上先行国家，但中日两国有着不同走向，在中国步履蹒跚之时，日本则捷足先登，走上了民族主义、家族主义和反个人主义的资本主义现代化道路，开始了侵略扩张并在二战中遭遇重挫。东亚地区其他国家大部分沦为殖民地或半殖民地，发展缓慢。

日本之所以与中国有不同境遇，首先就在于两国早期现代化条件的差异。从制度结构角度来看，早期日本的封建社会结构具有宽松性。商业较为活跃，商人的活动空间较广、社会地位较高。与之相对比，中国的封建制度尤为坚固，不易撼动。从权利结构角度来看，早期日本的社会权力结构具有多元性。日本天皇只是徒有虚名，并不掌握实权，真正的权力由幕府将军掌控，处于较低阶层的手工业者与中下级武士反对幕府统治。从封建统治阶级中分化出的武士阶层，是推动明治维新的重要因素。与之相对比，中国的统治阶层故步自封，缺乏危机感及改革自身或向西方学习的意识。从文化角度来看，早期日本的文化具有多元性。近代日本积极引进儒学，并与其内部原有的佛教和神道文化相结合，建立了与自身国情相符合的多元文化结构。与之相对比，中国的儒家文化占据着统治地位，在儒家仁爱中庸思想的影响下，中华民族信守友好互助精神，没有形成扩张和掠夺的传统。

从这些历史条件出发，日本早期的现代化模式呈现一定的独特性。在经济上基于半封建农业基础积极发展工商业和资本主义。采取国家政权保护官办企业及大封建家族官商经营的模式。在政治上重建以天皇权威为核心的中央集权制国家，实行三权分立制度，1890年召开的第一届国会成为日本政治现代化的重要标志。在外交上采取灵活外交政策，对中国和朝鲜发动侵略战争，以此补充自身现代化资源的不足并获得与欧美相对平等的地位。在军事上积极学习西方，实行义务兵制度，取消武士独占军人身份的特权，建立常备军和武装警察。此外，日本还特别注重发展教育，尤其是中等教育与高等教育。

总的来说，日本的现代化过程是本土化与西方化的有机融合，现代化的最初启动者不是新型的资产阶级或民主势力，而是从明治政府中分化出的武士阶层，武士维新势力在恢复天皇权威的条件开始实施改革。日本虽然在二战中遭受重大挫折，但是在二战后凭借自身优势和西方国家尤其是美国的援助，又再度崛起，成为高工业化国家。

20世纪60年代之后，东亚地区又出现了一批新兴工业化国家或地区，尤以"亚洲四小龙"最为突出。东亚现代化模式的典型特征在于，在经济上，东亚由于自身的地域限制，人地关系十分紧张，国内市场过于狭小，因而极度依赖国际市场，所以东亚经济现代化"被称为出口替代发展战略，又称为出口导向或外向型经济发展模式"①。在政治上，东亚地区实行高度集权的权威主义政治制度，充分发挥政府在市场经济机制中的主导作用，以政治稳定保障经济现代化的顺利进行。在文化上，东亚地区利用儒家文化中的权威主义、秩序主义、集体主义及敬业主义的现代性因素积极推进现代化。同时东亚地区注重发展教育及开发人力资源，提高人口素质。

这种现代化发展模式的最大弊端就在于，政治上的高度集权容易引发官商勾结和腐败垄断等问题；政府、企业与银行之间缺乏有效监督与市场调节作用，成为引发"泡沫经济"的重要原因。这启示我们在中国式现代化道路的探索过程中需要坚持正风肃纪、反腐倡廉，以高质量的监督提供坚实保障。

3.苏联现代化模式

苏联是历史上第一个社会主义国家，其现代化道路展现了社会主义现代化模式的最早形态。这一模式可以概括为，在坚持国有化、集体化与工业化原则和计划经济体制的基础上，走国家控制下的赶超型现代化模式。

苏联现代化的发展深受其历史文化传统的影响。自彼得一世改革起，俄国开始了现代化的探索。但直至19世纪末到20世纪初，俄国的现代化水平仍然远落后于西方先进国家。其改革的速度和规模远远落后于西方的先进国家。在俄国社会中，专制主义体制、地主土地所有制及农民村社等落后保守的传统因素仍然被保留，进一步阻碍着国家的现代化发展。不久，俄国就在十月革命中实现了现代化模式的转型，建立起苏维埃国家，1922年之后，这个国家被称作苏联。

在苏联现代化探索过程中发挥重要影响的历史传统主要包括，受拜占庭影响而形成的具有军事统治特性的君主专制集权传统，受蒙古统治影响而形成的以发展军备和实行军事统治为特征的国民经济军事化与领土扩张传统，以及俄国自身

① 杜艳华、董慧：《中国特色社会主义现代化模式研究》，上海：学林出版社，2008年，第107页。

历史中遗留的以集体主义与平均主义为表现的价值观传统。于是，在苏联，上层贯彻专制主义与扩张主义，下层坚持集体主义与平均主义，后者有力地支撑起前者。①

苏联现代化模式的特点在于，在经济领域，苏联排斥开放，关起门来搞创新，坚持计划经济与市场经济的严格对立，排斥市场经济，建立起了独立于资本主义世界市场的封闭僵化的经济发展模式，这种独立封闭的计划经济模式构成苏联现代化模式的基础。苏联现代化模式的最大特点就在于，实现了国家财富的彻底国有化，并在此基础上实行高度集中的指令性计划经济体制。这种模式的弊端就在于，限制了微观经济主体的自主性，人的主观积极性被压制，不利于经济的长期健康发展；优先发展重工业致使农业与轻工业的发展长期处于滞后状态，生产、消费、积累之间的平衡被打破；由于过度重视物质而轻视了人民，过度重视投入而轻视了效率，使得人民的生活水平长期没有得到提高。

在政治领域，苏联坚持专制主义与官僚主义，权力高度集中在国家或者说掌握国家权力的少数人手中，国家全面控制着现代化的整个进程，立法权与行政权的统一使得民主法治遭到严重破坏。所谓专制，指"统治缺乏公众参与和宪法制约，强制要求人民绝对服从统治者的命令，但它强制的范围还是有限的"；所谓极权，指"用暴力企图控制社会生活的各个方面，用各种手段策动全体人民支持其政策"。②这种政治体制的特点就在于"过渡集权"并由"党政官僚特权集团"掌权。③

---

① 关于历史传统对苏联现代化的影响，可以参见学者雷丽平的相关研究，如雷丽平：《俄罗斯的历史传统与苏联现代化》，《俄罗斯中亚东欧研究》，2004年第3期；雷丽平：《俄国现代化的几个问题》，《西伯利亚研究》，2002年第3期。

② [俄]安德兰尼克·米格拉尼扬：《俄罗斯现代化之路——为何如此曲折》，徐葵、张达楠等译，北京：新华出版社，2002年，第20页。

③《斯大林全集》（第8卷），北京：人民出版社，1960年，第112~113页。

在军事领域，苏联将现代化及军事扩张结合在一起，具有明显的军事政治性质。从彼得一世一直到勃列日涅夫，俄国自始至终都追求军事强国的地位，并以强国扩张和军事发展为目标不断探索赶超西方发达国家的现代化道路。在片面地将科技优势视为军事基础时，苏联却忽视了在民用领域将科技转化为生产力。并且为了与美国争霸而大搞军备竞赛，使得自身经济发展更加不平衡。最终导致苏联虽然在军事工业领域发展得尤为繁荣，但更为广泛的民用工业与民用科技却远落后于西方国家。此外，在文化领域，苏联坚持单一的文化体制，由国家承包各种文化事业，排斥多元思想，个人崇拜盛行。

"20世纪俄国历史的关键问题……是以现代化形式出现的文明严重断层"①，也就是说，苏联在极力发展现代化的过程中，逐渐放弃了社会主义，现代化与社会主义是脱节的。这个社会主义国家一只脚坚定地迈进了现代社会，另一只脚却仍然在传统社会中恋恋不舍。苏联现代化模式的弊端引发了苏联农村的破产及工业结构失衡等消极后果，这一模式的失败最终体现为"东欧剧变"这一世界性历史事件。

但不可否认的是，苏联模式的确发挥过积极的历史作用，既帮助苏联在二战中成功战胜了德国法西斯，也使其在现代化建设过程中取得了诸多成就。苏联不仅在经济军事领域成为能与美国相抗衡的世界超级大国，而且在科技文化领域也使国民文化素质与福利水平等方面得到显著提高。

苏联现代化模式失败的原因之一就是由于国家内部经济发展动力不足，历史传统具有强大的影响力，阻碍了现代化的发展。因而当苏联社会出现问题时，往往只有两种解决方式，要么向内进行政治变革，要么向外进行军事扩张。这对中国的启示在于，在探索中国式现代化道路的过程中，要尽量排除具有消极性质的

---

① [俄]B.B.阿列克谢耶夫：《关于20世纪俄国现代化问题的若干思考》，《吉林大学社会科学学报》，2005年第5期。

传统力量的干扰，充分利于积极正面的优秀传统因素，重视经济与文化建设。

（四）研究诸种现代化模式的启示

研究现代化的诸种不同模式，对各个国家和地区现代化的历史进程及经验教训进行比较分析，是深入探索中国式现代化之来龙去脉的基础性工作。不同的现代化模式，既体现了世界现代化发展的总体历史趋势，又彰显了各地区特殊的文化传统与发展条件的具体历史差异。

现代化进程在总体上看是从中心向边缘逐渐推进的阶段性过程。现代化的世界发展呈现为跳跃式地波浪形前进趋势，现代化的先行因素是文化领域的变革，根本推动力是工业生产力，政治革命也是开启现代化的重要因素。现代化进程一旦启动，伴随经济增长而来的，是政治、社会、文化等领域的变动，以及教育、福利、居民健康与素质等方面的适应性变化。

诸种现代化模式的预期目标既有共同点，也有差异性。现代化的预期目标往往以国家为单位，包含国内和国际两个层面：就国内层面而言，现代化的目标在于提高经济生产力与人民生活水平，促进社会公平与进步，实现人的全面自由发展；就国外层面而言，现代化的目标在于提升国家的国际地位，使国家各个领域的发展达到世界先进水平。仅此而言，发达国家与发展中国家的预期目标不尽相同，前者要维持现代化的世界先进水平并将其提升至更高层次，后者要赶超现代化的世界先进水平并努力探索自己的独立发展路径。

现代化启动条件的不同往往会导致现代化发展模式的差异。后发国家由于经济较为落后，因此在现代化的启动阶段和初始发展阶段都主要借助政治集权的强大力量，通过国家干预来推动经济发展。于是，在这些国家和地区的现代化过程中，经济与政治发展往往呈现不平衡性。因此，对于后发国家来说，民主建设的任务既艰巨又十分关键。

现代化过程同时具有双重性，不仅涉及经济领域的转型，同样包含由经济高速发展带来的政治领域的变革与社会文化领域的进步等，还有在这些结构性变化中暴露出的各种社会问题。换言之，现代化的实际结果既有正面的文明进步意义，也有负面的现代性与现代化危机。传统的现代性与现代化危机有生态污染、经济危机与社会贫富分化等，新兴的现代性与现代化危机有网络犯罪、国际不平等、数字鸿沟等。可见，现代化模式的选择既要考虑经济持续稳定增长的问题，也需要应对伴随其发生的社会结构性变化与问题。

对现代性与现代化的概览式描述，是为了认识和理解人类基于众多因素的推动而在经济增长、政治变革、文化变迁、社会流动、心理适应与价值重塑等方面发生的巨大变化，这种巨变主要体现为自给自足的传统农业社会转向贯彻市场经济原则的现代工业社会，传统封建专制制度转向现代民主政治制度，传统的共同体本位观念转向现代的个体本位观念。进一步地，研究诸种现代化模式，是为了把握世界上各种制度传统面对上述转变而作出的反应。这种比较性研究"不认为当前在先进社会中的任何占统治地位的政策形式必定适用于其他社会，更不认为这些政策本身不会有激烈的变化"①。通过汲取诸种模式之历史发展的经验教训，为探索中国的自主型发展模式提供参照与借鉴。

---

① [美]西里尔·E.布莱克编：《比较现代化》，杨豫、陈祖洲译，上海：上海译文出版社，1996年，第8页。

第二章

中国式现代化的
历史演进

　　在中国走向现代化的历史进程中，中国共产党把马克思主义基本原理同中国具体实际、同中华优秀传统文化相结合，创造性地走出了一条独特的中国式现代化之路。中国对现代化的探索，早期经历了种种曲折，在当时主客观条件下没有也不可能取得成功。直到马克思主义传入中国，中国共产党成立，才真正把中国引入了现代化正道。中国共产党以彻底的革命精神和强烈的历史主动改造主观世界和客观世界，使中国社会越来越具备现代性的因素，不断把中国的现代化事业推向前进。百年来，一代又一代的中国共产党人接续推进伟大社会革命，朝着全面建成社会主义现代化强国的目标不断迈进。

一、"四个现代化"的初步探索

　　新中国成立以后，摆在党和人民面前的一个全新课题就是建设什么样的现代化、怎样建设现代化。以毛泽东同志为主要代表的第一代中央领导集体立足中国具体实际，谋划治国理政方略，根据变化了的实际相继形成了关于现代化的"一化""两化""三化""四化"的提法，并作出了相应的制度安排和政策设计，成为推进社会主义现代化的重要实践，体现了我们党对如何推进社会主义现代化认识层层深入的过程，符合人们对客观实际的认识规律。

　　（一）"一化"的提出，即"国家工业化"

　　工业化是现代化的核心和基础，也是经济文化比较落后国家治国理政的核心任务。新中国的成立，为我国社会主义现代化建设提供了良好的环境和必要的条件。在确立过渡时期治国理政总方略的过程中，毛泽东对工业化问题给予了高度关注。1953 年 6 月 15 日，毛泽东在中共中央政治局会议上说："从中华人民共和国成立，到社会主义改造基本完成，这是一个过渡时期。党在过渡时期的总路线和总任务，是要在十年到十五年或者更多一些时间内，基本上完成国家工业化和对农业、手工业、资本主义工商业的社会主义改造。"①这条总路线包括两部分性质:"（一）工业化，工业在国民经济中的比重要超过农业。（二）社会主义改造，即对农业、手工业、资本主义工商业的社会主义改造"。毛泽东认为，"总路线是照耀我们各项工作的灯塔"②，也就贯穿在这一时期国家治理的理论和实践。而工业化正是治国理政的主攻方向、核心任务。同年12月，经毛泽东修改和审定，中宣部印发了《为动员一切力量把我国建设成为一个伟大的社会主义国家而奋斗——关于党在过渡时期总路线的学习和宣传提纲》，虽然也提出了"促进农业和交通运输业的现代化"和"建立和巩固现代化的国防"，但是在解释社会主义工业化时提出的，因此实质上仍然是"一化"思想。不过，这也表明党对社会主义建设的认识正在随着经验的增加而逐渐深化，同时也意味着中国共产党试图以"过渡时期总路线"这样一种带有"过渡性"的制度安排来保障社会主义现代化的推进。有理由认为，中国共产党曾在一个时期内尝试着去建立满足"过渡时期总路线"需要的国家治理体系。当然，这一国家治理体系随着快速变动的实际而不断进行调适。从社会存在来看，这是一个快速变动的伟大时代。

关于"一化"思想的形成，还可以追溯到新民主主义革命时期。1940年1月，毛泽东就明确指出：中国共产党人多年以来为中国的革命而奋斗的目的，就在于建设一个中华民族的新社会和新国家。1944年5月22日，毛泽东在中共中央办公厅为陕甘宁边区工厂厂长及职工代表会议举行的招待会上，提出了"工业化"的任务，"要中国的民族独立有巩固的保障，就必需工业化。我们共产党是要努力于中国的工业化的"③。在毛泽东看来，工业是"最有发展，最富于生命力，足以引

---

① 中共中央文献研究室：《毛泽东年谱（一九四九—一九七六）》（第二卷），北京：中央文献出版社，2013年，第116页。

② 中共中央文献研究室：《毛泽东年谱（一九四九—一九七六）》（第二卷），北京：中央文献出版社，2013年，第116页。

③ 《毛泽东文集》（第三卷），北京：人民出版社，1996年，第146页。

起一切变化的力量"①。1945年4月24日，毛泽东在党的七大报告中强调："中国工人阶级的任务，不但是为着建立新民主主义的国家而斗争，而且是为着中国的工业化和农业近代化而斗争。"②"工业化和农业近代化"，实际上就是现代化，英文中近代化和现代化是同一个词modernization。此后，毛泽东在中国共产党第七届中央委员会第二次全体会议上的报告、中国人民政治协商会议第一次全体会议上的开幕词中都重申和阐述了相关思想，强调要"在革命胜利以后，迅速地恢复和发展生产，对付国外的帝国主义，使中国稳步地由农业国转变为工业国，把中国建设成一个伟大的社会主义国家"③。由此可见，实现工业化、建设现代化国家是中国共产党和中国共产党人在追求民族复兴梦想中逐渐形成的理性认识和治国目标。

（二）从"一化"到"两化"

农业是国民经济的基础。作为一个农业大国，建设现代化国家必须推进农业现代化建设。经过社会主义建设的初步展开，我国社会主义因素开始不断增加，根据变化着的实践进行理论思考，毛泽东逐渐形成了"两化"的认识和提法，意味着国家治理的架构得到了扩展。1954年6月14日，他在中央人民政府委员会第三十次会议上作关于中华人民共和国宪法草案的讲话。他说："我们是一个六亿人口的大国，要实现社会主义工业化，要实现农业的社会主义化、机械化。"④在这里，他把"国家工业化"修改为"社会主义工业化"，同时加上了"农业社会主义

①《毛泽东文集》（第三卷），北京：人民出版社，1996年，第146页。
②《毛泽东文集》（第三卷），北京：人民出版社，1991年，第1081页。
③《毛泽东选集》（第四卷），北京：人民出版社，1991年，第1437页。
④《毛泽东文集》（第六卷），北京：人民出版社，1999年，第329页。关于农业现代化的问题，毛泽东在《人民民主专政》中曾有过这样的论断，即"没有农业社会化，就没有全部巩固的社会主义"。也就是说，此时提出农业现代化的问题，既是毛泽东思想逻辑的必然，也是根据实践发展而作出的新论断。

化、机械化"，从而构成"为建设一个伟大的社会主义国家"的两大工作重心。二者是紧密联系、相互影响、相互促进、相得益彰的关系。毛泽东强调："社会主义工业化是不能离开农业合作化而孤立地去进行的"，"对于工业和农业、社会主义的工业化和社会主义的农业改造这样两件事，决不可以分割起来和互相孤立起来去看，决不可以只强调一方面，减弱另一方面"。①而要使农业社会主义改造的速度和社会主义工业化的速度相适应。②从当时的认识水平来看，毛泽东和党中央认为"农业的根本出路在于机械化"③。"农业现代化的主要要求是：农业劳动实现半机械化和机械化，凡有条件的农村基本上实现电气化；农作物大量使用化学肥料和农药；百分之九十以上的耕地实现水利化"，④这在当时成为推进农业现代化的基本遵循。

今天回过头来看，这一时期，我国社会主义建设和国家治理中把建设物质文明摆在了优先位置，以至于1954年9月召开的第一届全国人民代表大会第一次会议上，周恩来作的《政府工作报告》还从物质文明建设的要求提出了"建设起强大的现代化的工业、现代化的农业、现代化的交通运输业和现代化的国防"⑤。对

① 中共中央文献研究室：《毛泽东年谱（一九四九—一九七六）》（第二卷），北京：中央文献出版社，2013年，第410页。

② 中共中央文献研究室：《毛泽东年谱（一九四九—一九七六）》（第二卷），北京：中央文献出版社，2013年，第418页。

③ 《毛泽东文集》（第八卷），北京：人民出版社，1999年，第49页。

④ 中共中央文献研究室：《建国以来重要文献选编》（第十一册），北京：中央文献出版社，1995年，第431~432页。

⑤ 《周恩来选集》（下卷），北京：人民出版社，1984年，第132页。

此，有学者也将其视为"对四个现代化最早的表述"，①但这实质上仍未跳出"一化"或"两化"的框架，同样是在这次会议上，毛泽东在开幕词中提出把我国"建设成为一个工业化的具有高度现代文化程度的伟大的国家"②。可见，这里的"四化"只是对实现工业化国家的一种具体展开。

（三）从"两化"到"三化"

如何建设社会主义，是一个随着实践发展而不断拓展的过程。社会主义改造基本完成后，毛泽东提出"三化"，并将"社会主义工业化"改为"现代工业"，将"农业社会主义化、机械化"改为"现代农业"，另外加上"现代科学文化"。1957年2月，毛泽东在最高国务会议第十一次（扩大）会议作题为《关于正确处理人民内部矛盾的问题》的讲话，指出："专政的目的是为了保卫全体人民进行和平劳动，将我国建设成为一个具有现代工业、现代农业和现代科学文化的社会主义国家。"③1957年3月12日，毛泽东在中国共产党全国宣传工作会议上的讲话中，把"建设一个具有现代工业、现代农业和现代科学文化的社会主义国家"④作为目标提了出来。在这里，"现代科学文化"的提出，意味着我们已经认识到"现代化对精神文明建设的要求"⑤，也是对科技进步在推动国家和社会发展进步中作用的充分肯定。这是中国共产党对建设社会主义认识上的重要突破，进一步完善了国家治理的布局。1958年5月28日，中共八大二次会议决议肯定了"三个现代

① 石仲泉：《我观毛泽东》，北京：中共党史出版社，2004年，第265页。也有学者认为，这实际上成为"四个现代化"提法的雏形。参见岳从欣：《中国共产党关于"四个现代化"提法之历史考察》，《思想理论教育导刊》，2010年第5期；罗平汉、方涛：《从"四个现代化"到"第五个现代化"——中国共产党现代化思想的演进轨迹》，《探索》，2014年第5期。

② 《毛泽东文集》（第六卷），北京：人民出版社，1999年，第350页。

③ 《毛泽东文集》（第七卷），北京：人民出版社，1999年，第207页。

④ 《毛泽东文集》（第七卷），北京：人民出版社，1999年，第268页。

⑤ 石仲泉：《我观毛泽东》，北京：中共党史出版社，2004年，第265页。

化"的提法，并在此后较长时期内成为全党和全国人民进行社会主义建设的奋斗目标。1962 年 3 月 27 日，周恩来在第二届全国人民代表大会第三次会议开幕式上作《政府工作报告》时指出："要把我国建设成为一个具有现代工业、现代农业和现代科学文化的社会主义国家，是一个艰巨的、也是十分光荣的任务。"①直到 1964 年前后我们党正式提出"实现农业现代化、工业现代化、国防现代化和科学技术现代化"。

（四）从"三化"到"四化"

国防现代化建设，是社会主义现代化建设事业的重要组成部分，也是现代国家建设的重要组成部分和治理的重要内容。"经济建设和国防建设是密切关联在一起的，前者是后者的巩固基础，后者是前者的保障。"②毛泽东在读苏联《政治经济学教科书》的谈话中提出了"四化"。他说："建设社会主义，原来要求是工业现代化，农业现代化，科学文化现代化，现在要加上国防现代化。"③在这里，他将"现代工业"改为"工业现代化"，"现代农业"改为"农业现代化"，"现代科学文化"改为"科学文化现代化"，并加上"国防现代化"，从而构成了"四个现代化"。"四个现代化"之间是具有严密逻辑的有机整体，统一于社会主义现代化建设和民族复兴的伟大实践。1960 年 3 月 18 日，毛泽东在同尼泊尔首相柯伊拉腊谈话时指出，我国"就是要安下心来，使我们可以建设我们国家现代化的工业、现代化的农业、现代化的科学文化和现代化的国防"④。在毛泽东看来，"国防尖端这个东西要切实抓一下，现在世界上没有这个东西，好像就不是一个国家，人家就不理你。这个东西，我看是备而不用，要在八年内搞起来，搞个吓人的东

---

① 《建国以来重要文献选编》（第十五册），北京：中央文献出版社，2011 年，第 264 页。

② 《朱德军事选》，北京：解放军出版社，1997 年，第 848 页。

③ 《毛泽东文集》（第八卷），北京：人民出版社，1999 年，第 116 页。

④ 《毛泽东文集》（第八卷），北京：人民出版社，1999 年，第 162 页。

西"①。1961年9月15日,《中共中央关于当前工业问题的指示》提出要"把我国建设成为一个具有现代工业、现代农业、现代国防和现代科学文化的社会主义国家"②。1962年,刘少奇在七千人大会上也提出过"奠定工业现代化、农业现代化、科学技术现代化和国防现代化的巩固基础"③。1963年1月,周恩来在上海市科学技术工作会议上的讲话中说:"我国过去的科学基础很差。我们要实现农业现代化、工业现代化、国防现代化和科学技术现代化,把我们祖国建设成为一个社会主义强国,关键在于实现科学技术的现代化。"④他将"现代化的科学文化"改为"科学技术现代化",但基本思想没有发生变化。

周恩来还号召大家共同努力把国家搞得更好。然而"四化"从提出到形成党内共识,还经历了一段时间、一个过程。直到1964年12月21日,根据毛泽东的建议,周恩来在第三届全国人民代表大会一次会议上正式宣布"要在不太长的历史时期内,把我国建设成为一个具有现代农业、现代工业、现代国防和现代科学技术的社会主义强国"⑤,在相当长时期内作为奋斗目标确定了下来。1975年1月,根据毛泽东关于"把国民经济搞上去"的指示精神,周恩来在四届人大所作的《政府工作报告》中重申:"在本世纪内,全面实现农业、工业、国防和科学技术的现代化。"⑥党的十一届三中全会以后也沿用了多年,党的十三大以后中国共产党提出要全面发展、全面进步而不再用"四个现代化"来表达奋斗目标。党的十八届三中全会总结我国现代化建设的经验和发展成果,提出了国家治理现代化,

---

① 中共中央文献研究室:《毛泽东年谱(一九四九—一九七六)》(第四卷),北京:中央文献出版社,2013年,第304页。

② 《建国以来重要文献选编》(第十四册),北京:中央文献出版社,2011年,第529页。

③ 《刘少奇选集》(下卷),北京:人民出版社,1985年,第370页。

④ 《周恩来选集》(下卷),北京:人民出版社,1984年,第412页。

⑤ 《周恩来选集》(下卷),北京:人民出版社,1984年,第439页。

⑥ 《周恩来选集》(下卷),北京:人民出版社,1984年,第479页。

把我国社会主义现代化事业推到了更高层次。

（五）"四个现代化"是社会主义现代化的伟大实践

对社会主义现代化规律的认识，不可能一蹴而就，而是逐步的、渐进的。在某种程度上，认识了社会主义现代化的规律，自由就扩大了。"四个现代化"既是一个比较强调协调发展的经济社会发展战略，也是一个实现社会主义现代化和中华民族伟大复兴中国梦的阶段性奋斗目标，并被上升到了治国理政战略布局的高度。从理论上来说，"四个现代化"是我们接续实现中华民族伟大复兴中国梦进程中形成的阶段性认识成果，是中国化马克思主义理论成果的重要内容。从某种意义上说，我们党的理论创新就是在以"四个现代化"为主要标志的实践创新基础上取得的。从实践上来说，"四个现代化"是从坚持和发展社会主义的高度提出来的，其目的在于要回答"怎么样建设社会主义、实现社会主义"的问题，在一定时期内，具有带动全局、决定全局的意义和作用。党的十一届三中全会以后，邓小平曾说："我们党在现阶段的政治路线，概括地说，就是一心一意地搞四个现代化。"①在长达数十年的时间里，我们党为实现"四个现代化"进行了艰辛探索和伟大实践，在接续奋斗中取得了伟大成就，把我国社会主义现代化推到了一个又一个新的台阶。然而"四个现代化，集中起来讲就是经济建设"②。从完整的社会主义现代化事业来看，"四个现代化"有局限性，是较低水平上的现代化，侧重从物质文明层面进行治国理政，精神文明虽然也提了出来却未给予足够重视，但整体上与这一时期我国具体国情相适应。今天回过头来看这段历史，我们要从历史演进的角度来认识"四个现代化"的重要意义。每一个时代，有每一个时代的任务。正因为有了"四个现代化"的指引，中国共产党才不断从胜利走向胜利，为进一步推进更高层次的社会主义现代化创造了条件。

---

① 《邓小平文选》（第二卷），北京：人民出版社，1994年，第276页。
② 《邓小平文选》（第二卷），北京：人民出版社，1994年，第240页。

　　"四个现代化"牵住了当时我国社会主义现代化建设的"牛鼻子"，在一定时期内发挥着牵引作用，推动了政治、经济、文化、社会等领域的现代化进程。今天回过头来看，中国共产党提出"四个现代化"，实际上蕴含着从中国社会主义建设事业布局的逐步展开，是社会主义现代化事业在农业、工业、国防、科学技术等若干关键领域的持续推进，关涉国家与社会、政府与市场、民主与法治、自主与开放等方面之间的关系处置，是一个时期内我国国家治理的一条主线索。从当时中国国情来看，"四个现代化"作为一个相互联系、相互制约的统一整体，契合我们推进社会主义现代化建设的实际需要，体现了我们对社会主义现代化规律的认识程度和把握水平，推动我国社会主义现代化建设取得了伟大的成就，充分彰显了社会主义制度的优越性，成为我们党增强道路自信、理论自信、制度自信、文化自信的根基。然而社会主义现代化建设是全面的，而非仅仅只有四个方面的内容。习近平指出："中国特色社会主义是全面发展的社会主义。"①因此，社会主义现代化必然随着社会主义建设事业成熟度的提高而不断展开。事实上，早在1979年，叶剑英《在庆祝中华人民共和国成立三十周年大会上的讲话》中就明确区分了"社会主义现代化建设"和"四个现代化"之间的联系和区别。②然而直到党的十三大报告，"四个现代化"的提法才不再出现，而代之以"社会主义现代化建设"。党的十四大正式把党在社会主义初级阶段的基本路线写进党章，代替了党的十二大党章关于党在现阶段总任务的表述。由此，"四个现代化"的提法退出中共正式文献。取而代之的是具有更全面维度的"社会主义现代化"。

---

　　① 《习近平关于全面建成小康社会论述摘编》，北京：中央文献出版社，2016年，第208页。
　　② 宋贵仑：《"社会主义现代化"比"四个现代化"包含更广泛的内容》，《学习与研究》，1988年第5期。

二、"中国式的现代化"的凯歌行进

党的十一届三中全会召开以后，"中国式的现代化"提出，意味着社会主义现代化建设进入新阶段。改革开放初期，由于正确的政治思想得以确定，国内社会生产生活秩序稳步恢复，而反霸权事业取得阶段性胜利及中国在外交方面取得的成就，则为中国式的现代化发展取得了良好的国际环境。1979年3月21日，邓小平在会见英中文化协会执委会代表团时说："我们定的目标是在本世纪末实现四个现代化。我们的概念与西方不同，我姑且用个新说法，叫做中国式的四个现代化。"①这是我们党首次把"中国式"同"现代化"结合起来。同月，邓小平在党的理论工作务虚会上的讲话中指出，"现在搞建设，也要适合中国情况，走出一条中国式的现代化道路"②。这意味着"中国式的现代化"命题的提出，更加符合中国实际、更加彰显中国特色，既表明我们党已经认识到世界范围内现代化模式不定于一尊、现代化不存在放之四海而皆准的标准，又表明我们党以自信自立的世界观和方法论坚持中国特色社会主义道路。

（一）用"小康社会"定位"中国式的现代化"的目标

向往理想社会是人类千百年来的梦想。"小康"生活就是中国人千百年来梦想的蓝图。"小康"一词最早语出《诗经·大雅·民劳》："民亦劳止，汔可小康。"这句话的意思是说，人们有劳有逸，日子就能过好。这里的"小康"与我们所讲的"小康"不同。千百年来，小康生活一直是普通民众追求的理想生活。小康是对理想生活的一种朴素表达，反映了民众对丰衣足食的理想生活的向往。然而在"长夜难明赤县天，百年魔怪舞翩跹"的旧中国没有可能，"如笼中之鸟、釜底之

---

① 中共中央文献研究室：《邓小平年谱（一九七五—一九九七）》（上），北京：中央文献出版社，2004年，第496页。

② 《邓小平文选》（第二卷），北京：人民出版社，1994年，第163页。

鱼、牢中之囚"的人民不可奢望。不仅"小康"无法实现，"小康"理想也只能是
"朦胧画"，只能是无限美好，引发人们的无限向往而已。20世纪70年代末80年
代初，邓小平提出了中国经济发展蓝图的战略构想——建设小康社会，"小康"被
赋予了深刻丰富的时代内涵。四十多年前，对大多数普通中国人来说，"小康"一
词还是比较陌生的。正是邓小平提出"小康社会"的伟大构想，才使其成为家喻
户晓的词汇。这里有一段关于"小平"和"大平"的趣事：小平当然就是邓小平
同志，大平即日本前首相大平正芳。从某种意义上说，"二平"的奇妙碰撞，深刻
地影响了中国社会经济的走向。1979年12月5日，大平正芳访问中国，这也是他
第三次来到中国。访华的第二天上午，邓小平会见了大平正芳。在会见日本首相
大平正芳时，他说，中国要实现的四个现代化，是中国式的现代化。之所以说是
"中国式"，是因为中国所说的现代化同西方既有的现代化概念不同。这是邓小平
根据我国经济发展的实际情况，第一次提出"小康"的概念，并逐渐形成了在20
世纪末我国达到小康社会的伟大构想。1980年1月16日，邓小平在中共中央召集
的干部会议上的讲话中指出，到20世纪末，争取国民生产总值每人平均达到1000
美元，算小康水平。同年10月15日，邓小平在人民解放军总参谋部召开的防卫作
战研究班全体会议上的讲话中指出："现在我们搞四个现代化，提的目标就是争取
二十年翻两番。到本世纪末人均国民生产总值达到八百至一千美元，进入小康社
会。"①1982年8月10日，邓小平在会见美籍华人科学家时指出："我们提出二十
年改变面貌，不是胡思乱想、海阔天空的变化，只是达到一个小康社会的变化，
这是有把握的。小康是指国民生产总值达到一万亿美元，人均八百美元。"②邓小平

①《邓小平年谱(一九七五—一九九七)》(上)，北京：中央文献出版社，2004年，
第681页。

②《邓小平年谱(一九七五—一九九七)》(下)，北京：中央文献出版社，2004年，
第837页。

在1984年会见日本首相中曾根康弘时指出："到本世纪末在中国建立一个小康社会。这个小康社会，叫做中国式的现代化。翻两番、小康社会、中国式的现代化，这些都是我们的新概念。"①1982年9月，党的十二大隆重召开，邓小平提出的"小康社会"被作为全党和全国人民到20世纪末的战略目标正式提出和确定下来。这意味着中国共产党人明确把20世纪末的奋斗目标由先前的实现四个现代化改为实现小康。从此，实现小康的战略目标、建设小康社会就成为党和国家的中心工作。

（二）以"坚持四项基本原则"保证中国式的现代化的正确方向

四项基本原则是立国之本，是我们党和国家长期以来所一贯坚持的。社会主义现代化建设是相当长一个历史时期的主要任务，代表着人民的最大利益、最根本的利益，决定着我们国家的命运、民族的命运。其中，四项基本原则是实现中华民族伟大复兴、社会主义现代化的根本前提；在思想政治上必须坚持四项基本原则。"必须坚持四项基本原则"这个重大政治命题，是邓小平经过认真思考并于1979年3月30日在党的理论工作务虚会上首次提出的。而后，邓小平在一系列讲话、报告、指示中多次重申、反复强调。1979年9月4日，邓小平在关于修改庆祝中华人民共和国成立30周年大会讲话稿的谈话中指出："过去的三十年，是坚持、发扬四项基本原则同背离、破坏四项基本原则的斗争。……要把坚持四项基本原则同三十年的整个历史衔接起来，要在坚持四项基本原则的大前提下写这个讲话。"②1993年9月16日，邓小平就坚持四项基本原则作了重要谈话："没有这'四个坚持'，特别是党的领导，什么事情也搞不好，会出问题。出问题就不是小问题。社会主义市场经济优越性在哪里？就在四个坚持。四个坚持集中表现在党

①《邓小平文选》（第三卷），北京:人民出版社，1993年，第54页。

②《邓小平年谱(一九七五—一九九七)》（上），北京：中央文献出版社，2004年，第552页。

的领导。"①而早在1985年，邓小平在中国共产党全国代表会议上的讲话就曾指出："十一届三中全会以来，全党把工作重点转移到社会主义现代化建设上来，在坚持四项基本原则的基础上，集中力量发展社会生产力。这是最根本的拨乱反正。"②由此可见，四项基本原则是立国之本，是充分发挥社会主义优越性的根本保证。

旗帜鲜明、毫不动摇地坚持四项基本原则贯穿在社会主义现代化建设全过程。江泽民在党的十五大上指出："五年来全党工作的突出特点是，全面贯彻党的基本理论和基本路线，认真实施十四大的重要决策"③；"在把我们的事业全面推向二十一世纪的历史时刻，必须郑重指出：全党要毫不动摇地坚持党在社会主义初级阶段的基本路线，把以经济建设为中心同四项基本原则、改革开放这两个基本点统一于建设有中国特色社会主义的伟大实践。"④党的十六大总结党的十三届四中全会以来13年的成绩时指出："我们能取得这样的胜利，靠的是党的基本理论、基本路线和基本纲领的正确指引，靠的是党的高度团结统一，靠的是全党和全国各族人民的顽强奋斗。"⑤大会明确把四项基本原则作为一条宝贵经验，指出"四项基本原则是立国之本"。党的十七大进一步总结党的基本经验时提出十个结合，其中就有"把坚持四项基本原则同坚持改革开放结合起来"⑥。党的十八大报告明确指出："党的基本路线是党和国家的生命线，必须坚持把以经济建设为中心同四项基本原则、改革开放这两个基本点统一于中国特色社会主义伟大实践，既不妄

---

① 《邓小平年谱(一九七五—一九九七)》(下)，北京：中央文献出版社，2004年，第1363页。

② 《邓小平文选》(第三卷)，北京：人民出版社，1993年，第141页。

③ 《十五大以来重要文献选编》(上)，北京：中央文献出版社，2011年，第5页。

④ 《十五大以来重要文献选编》(上)，北京：中央文献出版社，2011年，第15页。

⑤ 《十六大以来重要文献选编》(上)，北京：中央文献出版社，2011年，第5页。

⑥ 《十七大以来重要文献选编》(上)，北京：中央文献出版社，2009年，第8页。

自菲薄，也不妄自尊大，扎扎实实夺取中国特色社会主义新胜利。"①这就是说，以经济建设为中心与坚持四项基本原则、坚持改革开放是一个完整的整体，它们之间有着内在的不可分割的联系；同时，要把这种整体性贯穿到坚持和发展中国特色社会主义的伟大实践中。因此，全面建成小康社会、实现社会主义现代化，必须毫不动摇地坚持党的基本路线，也就必须毫不动摇地坚持四项基本原则。

四项基本原则是一个完整的政治命题，必须完整准确、毫不动摇地坚持四项基本原则。坚持四项基本原则，实际上就是党的基本理论、基本路线、基本纲领、基本经验、基本要求，就是坚持中国特色社会主义理论体系、道路和制度，是我们立国治国、推进国家治理现代化的重要保证。邓小平以一个伟大马克思主义者的远见卓识，明确指出任何时候都不能动摇四项基本原则中的任何一项，"如果动摇了这四项基本原则中的任何一项，那就动摇了整个社会主义事业，整个现代化建设事业"②。也就是说，社会上散布怀疑或反对四项基本原则的论调和思潮，势必会危害中国特色社会主义事业、妨碍"两个一百年"奋斗目标的实现。这种现象不可听之任之，绝对不能"忽视他们的作用"。全党同志和全国人民必须保持高度警惕，坚决地、果断地、毫不含糊地同动摇四项基本原则的社会思潮作斗争。正如邓小平所说："必须反复强调坚持这四项基本原则，因为某些人（哪怕只是极少数人）企图动摇这些基本原则。这是决不许可的。"③"对极少数人所散布的诽谤党中央的反动言论给予痛击；……用巨大的努力同怀疑上面所说的四项基本原则的思潮作坚决的斗争。"④"每个共产党员，更不必说每个党的思想理论工作者，决不允许在这个根本立场上有丝毫动摇。"⑤

---

① 《十八大以来重要文献选编》（上），北京：中央文献出版社，2014年，第13页。
② 《邓小平文选》（第二卷），北京：人民出版社，1994年，第173页。
③ 《邓小平文选》（第二卷），北京：人民出版社，1994年，第173页。
④ 《邓小平文选》（第二卷），北京：人民出版社，1994年，第166页。
⑤ 《邓小平文选》（第二卷），北京：人民出版社，1994年，第173页。

（三）从"三步走"战略部署到新"三步走"战略部署

提出了"小康社会"，就要有时间表和路线图。对此，邓小平进行了深入思考。1987年4月30日，经过深思熟虑，邓小平根据中国具体实际及时代特征对"中国式的现代化"战略规划即"三步走"①战略第一次进行了详细阐释。在党的十三大上这一战略得到肯定，并被正式表述为："第一步，实现国民生产总值比一九八〇年翻一番，解决人民的温饱问题。这个任务已经基本实现。第二步，到本世纪末，使国民生产总值再增长一倍，人民生活达到小康水平。第三步，到下个世纪中叶，人均国民生产总值达到中等发达国家水平，人民生活比较富裕，基本实现现代化。然后，在这个基础上继续前进。"②如何把这些认识上升为党和国家战略呢？这个问题在1987年召开的党的十三大上得到了解决。这次大会正式确立了中国"三步走"的发展战略。第一步的时间跨度从1981年到1990年，目标是国民生产总值翻一番，解决人民温饱问题；第二步的时间跨度从1991年到20世纪末，目标是国民生产总值再翻一番，人民生活水平达到小康水平；第三步的时间跨度是从21世纪初到21世纪中叶，国民生产总值再翻两番，达到中等发达国家水平，基本实现现代化。然后，在这个基础上继续前进。这个发展战略是对中华民族百年图强的宏伟目标作出的积极而稳妥的谋划，既体现了党和人民勇于进取的雄心壮志，又反映了从实际出发、遵循规律的科学精神，指引着中国人民在小康之路上阔步前进。

---

① "第一步在八十年代翻一番。以一九八〇年为基数，当时国民生产总值人均只有二百五十美元，翻一番，达到五百美元。第二步是到本世纪末，再翻一番，人均达到一千美元。实现这个目标意味着我们进入小康社会，把贫困的中国变成小康的中国。那时国民生产总值超过一万亿美元，虽然人均数还很低，但是国家的力量有很大增加。我们制定的目标更重要的还是第三步，在下世纪用三十年到五十年再翻两番，大体上达到人均四千美元。"参见《邓小平文选》（第三卷），北京：人民出版社，1993年，第226页。

② 《十三大以来重要文献选编》(上)，北京：中央文献出版社，2011年，第16页。

目标提出来了，就需要大家一茬接着一茬干，干出小康社会的高质量；需要大家一棒接着一棒跑，跑出小康社会建设的加速度。经过全党全国各族人民艰苦奋斗，我国于1997年提前3年实现了人均国民生产总值比1980年翻两番的宏伟目标。1997年党的十五大召开，展望了21世纪中国经济社会的发展，确立了三个阶段性的目标：21世纪第一个10年，要使人民的小康生活更加富裕；再经过10年的努力，到建党100周年（2021年）时，使国民经济更加发展，各项制度更加完善；到21世纪中叶建国100周年（2049年）时，基本实现现代化，从而使"三步走"的战略和步骤更加具体明确。由此可见，随着认识的深化，小康社会已经成为中国共产党和中国人民为之奋斗的目标。在这个过程中，经过中国共产党人和亿万中国人民的接续奋斗，我们实现了从"贫穷落后"到"总体小康"的伟大转变。

中国共产党在不同历史时期，根据人民意愿和事业发展需要，提出富有感召力的奋斗目标，团结带领人民为之奋斗。随着改革开放的纵深推进、社会发展进步和人们认识的不断深化，"小康社会"的内涵得到不断丰富和完善，目标逐渐变得越来越清晰，要求和标准也水涨船高。一张蓝图绘到底。进入21世纪，中国共产党在接续奋斗中实现了从"全面建设小康社会"到"全面建成小康社会"的伟大转变。2000年10月，党的十五届五中全会在北京召开。这次会议指出：我们已经实现了现代化建设的前两步战略目标，经济和社会全面发展，人民生活总体上达到了小康水平。这也意味着从21世纪开始，我国将进入全面建设小康社会，加快推进社会主义现代化的新的发展阶段。

在新的发展阶段提出什么样的奋斗目标呢？2002年11月，党的十六大隆重召开。这次会议明确提出了"全面建设小康社会"的奋斗目标，这一目标是怎样一幅图景呢？党的十六大报告作出如下描述：经济更加发展、民主更加健全、科教更加进步、文化更加繁荣、社会更加和谐、人民生活更加殷实。这就从思想、经济、政治、文化和党的建设五个方面，对全面建设小康社会作了新的战略部署。目标确立以后，中国共产党带领中国人民为之进行着接续奋斗。从2002年到2007年，经过5年接续奋斗和夯实发展，小康社会建设取得新的成就。在此基础上，2007年10月召开的党的十七大号召为全面建成惠及十几亿人口的更高水平的小康社会打下更加坚实的基础。尽管从总体上仍然强调为全面建设小康社会而奋斗，却也第一次提出确保到2020年实现"全面建成小康社会"的奋斗目标。这是具有深远影响的战略部署，为"全面建成小康社会"正式成为治国理政的目标奠定了良好基础。

如果说把全面建设小康社会当作一项宏大事业来做的话，那么全面建成小康社会则是从倒计时角度，着重从完成目标角度来要求的，更多强调的是紧迫感。经过长期发展，解决人民温饱问题、人民生活总体上达到小康水平这两个目标已提前实现了，进入全面建成小康社会的决定性阶段。2012年召开的党的十八大正式提出"全面建成小康社会"的奋斗目标，并界定了全面建成小康社会的具体内容，即经济持续健康发展，人民民主不断扩大，文化软实力显著增强，人民生活水平全面提高，资源节约型、环境友好型社会建设取得重大进展。这既与党的十六大、党的十七大提出的全面建设小康社会目标相衔接，又更加切合我国新的发展实际，更加明确政策导向、更加针对发展难题、更好顺应人民意愿，是目标的提高和追求的提升，更是中国共产党向人民、向历史作出的庄严承诺。

三、"中国式现代化"的成功开辟

经过党的十八大以来在理论与实践的创新突破，在实践中丰富认识，将认识上升至战略，以战略指导实践，在认识上不断深化，在战略上不断完善，在实践上不断丰富，中国式现代化终于在新时代得以成功推进和拓展。正如习近平在学习贯彻党的二十大精神研讨班上发表重要讲话时所指出的："概括提出并深入阐述中国式现代化理论，是党的二十大的一个重大理论创新，是科学社会主义的最新重大成果"，并从历史维度指出："党的十八大以来，我们党在已有基础上继续前进，不断实现理论和实践上的创新突破，成功推进和拓展了中国式现代化。"①

（一）初步构建中国式现代化的理论体系

习近平在党的二十大上对中国式现代化所作的集中阐释，初步构建了中国式现代化理论体系。2023年2月7日，习近平进一步深刻阐述了中国式现代化的一系列重大理论和实践问题，极大丰富和发展了中国式现代化理论。②

一是中国式现代化的历史发展。中国式现代化的历史演进是在党的百年奋斗中得以实现的。习近平在学习贯彻党的二十大精神研讨班开班式上，对中国共产党的四个历史时期在中国式现代化形成与发展过程中所起的作用进行了界定，依次为"根本社会条件"的创造"根本政治前提和宝贵经验、理论准备、物质基础"的奠定"充满新的活力的体制保证和快速发展的物质条件"的提供"根本遵循、坚实战略支撑、更为完善的制度保证、更为坚实的物质基础、更为主动的精神力量"。③正是在依次演进中，中国共产党带领人民成功推进和拓展了中国式现代化。这一从历史、理论和现实高度对中国式现代化发展所作的全面阐释，勾勒出了中国式现代化演进的基本脉络，清晰地呈现中国式现代化的历史进程。

二是中国式现代化的根本性质。坚持无产阶级政党的领导，是推动社会主义从空想到科学、从理论到实践的首要前提与必要条件。共产党的领导与社会主义

---

① 《正确理解和大力推进中国式现代化》，《人民日报》，2023年2月8日。
② 《正确理解和大力推进中国式现代化》，《人民日报》，2023年2月8日。
③ 《正确理解和大力推进中国式现代化》，《人民日报》，2023年2月8日。

事业具有内在统一性。"中国式现代化，是中国共产党领导的社会主义现代化。"①以党代会为考察视角，除了党的九大、党的十大等少数党的代表大会之外，从党的七大到二十大都一以贯之地强调社会主义现代化问题。习近平明确指出："党的领导决定中国式现代化的根本性质。"②这就意味着，中国式现代化是中国共产党充分发挥历史主动精神领导中国人民自觉推进的。只有深刻地把握住这一根本性质，才能更好地把握中国式现代化的其他规定性。

三是中国式现代化的中国特色。习近平多次强调，一个国家走向现代化，必须在遵循现代化发展一般规律的基础上突出本国特色。在党的十九届五中全会二次会议上就以西方现代化为参照，凝练总结出中国式现代化的五个中国特色，并不断被重申。③第一，从现代化人口规模层面的中国特色来看，中国式现代化是人口规模巨大的现代化。作为一个拥有14亿多人口的大国，规模远超世界上现有发达国家的人口总和，当中国整体迈入现代化国家，将从根本上改变世界版图与世界力量对比。同时，在这样一个国家推进现代化的艰巨性和复杂性也是前所未有的，客观方面的资源、环境等方面存在的束缚，意味着我们不可能照搬已有现代化模式进而有自己的发展途径和推进方式，我们的道路必须是符合自身实际并且具有中国特色的。第二，从现代化发展目的的中国特色来看，中国式现代化是全体人民共同富裕的现代化。这是由党的性质宗旨及社会主义制度的本质要求决定

---

① 习近平：《高举中国特色社会主义伟大旗帜 为全面建设社会主义现代化国家而团结奋斗——在中国共产党第二十次全国代表大会上的报告》，北京：人民出版社，2022年，第22页。

② 《正确理解和大力推进中国式现代化》，《人民日报》，2023年2月8日。

③ 即中国式现代化是人口规模巨大的现代化、全体人民共同富裕的现代化、物质文明和精神文明相协调的现代化、人与自然和谐共生的现代化、走和平发展道路的现代化。参见习近平：《高举中国特色社会主义伟大旗帜 为全面建设社会主义现代化国家而团结奋斗——在中国共产党第二十次全国代表大会上的报告》，北京：人民出版社，2022年，第22~23页。

精神。第一，在领导主体上，绝不能弱化、削弱甚至放弃党的领导，必须坚持中国共产党的领导。第二，在道路选择上，绝不能走改旗易帜的邪路、封闭僵化的老路，必须坚持中国特色社会主义道路。第三，在价值取向上，绝不能陷入以资本为中心的陷阱，必须坚持以人民为中心的发展思想。第四，在动力源泉上，绝不能在改革阻隔和逆全球化潮流前缩手缩脚甚至后退，必须坚持深化改革开放。第五，在精神面貌上，绝不能犯"软骨病"和"恐惧症"，必须坚持发扬斗争精神。五条重大原则深刻抓住了中国式现代化的主要矛盾和矛盾的主要方面，为防止出现无法挽回和弥补的错误，确保中国式现代化行稳致远提供了正确方向和坚实保障。

七是中国式现代化的重大关系。中国式现代化是全方位的社会变革，是一个高度耦合、系统集成的系统工程，经济、政治、文化、社会及生态各个领域相互作用、紧密联系，在实践进程中能否协调和平衡好其中的一系列重大关系，关系着国家发展、社会稳定、人民幸福等一系列根本性问题。习近平强调："推进中国式现代化是一个系统工程，需要统筹兼顾、系统谋划、整体推进，正确处理好顶层设计与实践探索、战略与策略、守正与创新、效率与公平、活力与秩序、自立自强与对外开放等一系列重大关系。"[①]这些重大关系表明我们既要在把握现代化一般规律和世界发展大势的基础上进行总体科学谋划引领实践探索，又要在实践探索中勇往直前、走出新路，并且总结经验完善顶层设计，实现两者的良性互动；既要坚守战略的原则性，坚决贯彻执行党中央的决策部署，又要确保策略的灵活性，在实际过程中依据实际情况进行灵活调整，进而因地制宜、顺势而为掌握战略主动；既要守好本和魂、根和源，坚持中国式现代化根本性质、中国特色、重大原则等不动摇，又要将创新放在国家全局突出位置，顺应时代发展要求、着眼

---

① 《正确理解和大力推进中国式现代化》，《人民日报》，2023年2月8日。

重大理论和实践问题，不断提出新思路、新战略、新举措，进而激发社会创新创造活力、开创现代化发展新局面；既要充分彰显社会主义制度的先进性和优越性，创造出比资本主义更高的效率，又要体现社会主义的本质，更加有效地维护社会公平；既要通过改革完善体制机制激发社会活力促进发展，又要最大限度消除安全隐患、增加和谐因素、维护社会秩序；既要坚持独立自主、自立自强，将发展放在自身力量的基点上，将命运掌握在自己手上，又要不断扩大高水平对外开放，拓宽发展国际空间。总之，这六大关系是中国共产党基于党百年实践的理性总结，触及中国式现代化宏观层面的诸多问题，如路径、方法、规律等，能否妥善处理这些关系直接关乎中国式现代化的成败。

八是中国式现代化的独特意蕴。中国式现代化作为实践与理论的辩证统一体，既包括别样的实践创造，还蕴含着独特的思想创新，即习近平在学习贯彻党的二十大精神研讨班开班式上指出的世界观、价值观、历史观、文明观、民主观、生态观。其中所蕴含的独特的世界观，体现了马克思主义关于物质世界普遍联系和变化发展的基本观点，包含着中华优秀传统文化中天人合一的合理思想。价值观体现着人民至上的价值旨归，包含物的全面丰富基础上人的全面发展的丰富思想。历史观体现了历史发展客观规律性与主观能动性相统一的思想。文明观体现了人类文明在世界多样性中进步的历史必然性，体现着坚持五大文明协调发展的思想。民主观体现了将民生视为社会主义现代化生命的思想，体现了发展全过程人民民主的创新思想。生态观体现了对绿水青山就是金山银山理念的坚守，体现了人与自然和谐共生的思想。总之，"六观"已经深入到对中国式现代化起主导和支配作用的观念层面，阐述了其所遵循的理念和实践机理，是对中国式现代化的深层次解读。

（二）中国式现代化的奋斗目标更加清晰

踏上强国建设、民族复兴新征程，习近平站在历史和全局的高度，从新的实际出发，深入阐述了中国式现代化，对新征程上朝哪走、怎么走进行了深邃思考，提出了未来一个时期的大政方针和目标任务，描绘了党和国家事业的美好发展前景，极大丰富了中国式现代化的理论和实践。

历史性地看，每到重大历史节点，我们党对现代化内涵的认识都同目标任务的确立有着紧密联系。改革开放新时期，我们党出于更加务实的考量，从当时的实际出发调整了目标的内涵和表述，提出到21世纪中叶基本实现现代化。党的十三大报告在谋划我国未来发展时增加了政治现代化的内涵，将"建设成为富强、民主、文明的社会主义现代化国家"确立为发展目标。党的十七大报告将社会主义现代化纳入现代化的范畴，将"建设富强民主文明和谐的社会主义现代化国家"确立为目标任务，现代化的内涵日益丰富。党的十九大报告在部署到21世纪中叶的发展目标时，提出"把我国建成富强民主文明和谐美丽的社会主义现代化强国"，对奋斗目标的内涵作了重大调整。"美丽"作为现代化强国的要素之一，表明中国共产党人对现代化内涵的认识进一步拓展。同时，党的十九大报告还提出了新时代中国特色社会主义战略安排，这是现代化战略步骤的创新表述，从动态和静态相结合地维度阐释了未来30年中国式现代化的目标任务。也就是说，要分两个十五年实现现代化，具体来说，2035年实现第一个阶段性目标即基本实现社会主义现代化，21世纪中叶实现第二个阶段性目标即建成社会主义现代化强国。①这确立了新时代新阶段中国共产党继续前进的奋斗目标和使命担当。

全面建设社会主义现代化国家是指国家经济社会发展和文明程度的提高，是

---

① 从"现代化国家"到"社会主义现代化强国"，是以习近平同志为核心的党中央对我国社会主义现代化建设提出的更高要求，也是新时代中国共产党历史使命的重要意涵。

以国家为主体的现代化，涵盖社会现代化、民族现代化和人的现代化。①社会主义现代化强国涵盖了诸多领域的强国目标，共同构成现代化视域下新时代中国共产党的使命追求。随着我国经济社会发展呈现新的阶段性特征，对党的使命担当和目标任务开始提出更高的要求，从"大国"向"强国"迈进的历史性课题被提了出来。党的十八大报告提出人才强国、人力资源强国、文化强国、海洋强国等重要命题。党的十八大报告提出要加快确立人才优先发展战略布局，"推动我国由人才大国迈向人才强国"，2020年"进入人才强国和人力资源强国行列"；提出扎实推进社会主义文化强国建设，使其基础更加坚实；提出"提高海洋资源开发能力，发展海洋经济，保护海洋生态环境，坚决维护国家海洋权益，建设海洋强国"，等等。党的十九大报告对"强国"的阐释和部署更为集中、系统，明确提出科技强国、交通强国、教育强国、航天强国、制造强国、质量强国、贸易强国、网络强国、体育强国等一系列强国目标。党的十九大以来，习近平围绕上述强国进行了更为深入的阐释和部署，进一步丰富了社会主义现代化强国的内涵。这些关于强国的论述都是全面建成社会主义现代化强国的题中之义。全面建成小康社会意味着中国现代化事业的某种"到达"，是阶段性历史性任务即第一个百年奋斗目标的完成与实现。同时，又意味着新的"开启"，是向着第二个百年奋斗目标的进军与奋斗。站在"历史交汇点"这一关键的历史当口回望，我们已经实现了从"现代化的迟到国"成为"世界现代化的增长极""最大的经济和社会变革的实验室"的伟大跨越，全面建成社会主义现代化强国的目标任务已经具有坚实基础。

社会主义现代化强国的标准必须顺应世界发展大势，反映现代化本质，符合

①　陈金龙、钟文苑：《全面建设社会主义现代化国家的内涵、方位与功能》，《思想理论教育》，2021年第1期。

国际通用标准，而不能简单复制原有的现代化指标体系。①已有的现代化理论将现代化定义为经济文化相对落后的发展中国家追赶先行现代化国家的过程。新时代新阶段目标定位显然有别于甚至高于发达国家的现代化，它主张的现代化具有五个方面特征，即人口规模巨大、全体人民共同富裕、物质文明和精神文明相协调、人与自然和谐共生、走和平发展道路。我们要识别和理解在这一现实历史中生成的本质和趋势，准确把握社会主义现代化建设的本质和特征。根本地说，中国式现代化是遵循历史前进逻辑、顺应时代发展潮流、呼应人民群众期待的现代化。在对指标体系进行抽象后，社会主义现代化强国的核心要义仍然是确定的，就是以建设现代化经济体系为核心基础、以提升国家治理现代化为制度保障、以打造现代化文化强国为价值指引、以实现人的全面现代化为目标导向、以人与自然和谐的绿色现代化为永续条件，物质文明、政治文明、精神文明、社会文明、生态文明等实现全面提升，其基本特征就是富强、民主、文明、和谐、美丽。

富强就是要有强大的经济实力和现代经济体系，这是生产力与生产关系现代化的统一体，是一个接续传承的过程。早在2013年3月4日，习近平在全国政协十二届一次会议上就指出要"加快从经济大国走向经济强国"②。他还强调指出："国家强，经济体系必须强。"③对此，党的十九大提出建设"现代化经济体系"的历史性课题并作出了部署。建设现代化经济体系的本质就是解放和发展生产力，从而使社会生产力水平达到一定的高度。

民主就是要有现代政治，就是健全人民当家作主制度体系，发展社会主义民主政治，发展全过程人民民主。"没有民主就没有社会主义，就没有社会主义的现

---

① 汪青松、陈莉：《社会主义现代化强国内涵、特征与评价指标体系》，《毛泽东邓小平理论研究》，2020年第3期。

② 《习近平关于科技创新论述摘编》，北京：中央文献出版社，2016年，第14页。

③ 《习近平谈治国理政》（第三卷），北京：外文出版社，2020年，第240页。

代化，就没有中华民族伟大复兴。"①人民民主是在社会主义国家实现人民当家作主的民主类型，是真正的民主。习近平还指出："中国人民实现中华民族伟大复兴中国梦的过程，本质上就是实现社会公平正义和不断推动人权事业发展的进程。"②

文明就是要有现代文化，实现中华文化繁荣兴盛。文化是一个国家、一个民族的灵魂。习近平指出："没有社会主义文化繁荣发展，就没有社会主义现代化"，③必须不断铸就中华文化新辉煌，建成社会主义现代化强国。我们要建设的文明国家，就是通过推动社会主义文化繁荣兴盛，建成社会主义文化强国。

和谐就是要有现代社会。恩格斯在《社会主义从空想到科学的发展》一文中详细地描述了共产主义社会的美好愿景，指出未来社会，生产资料归社会占有，生产力高度发展，人们根据各自所需占有社会产品，每个人体力和智力获得充分的、自由的发展与运用，人成为真正自由的人。在社会主义初级阶段，我们要朝着这样的理想迈进，就要在改善民生和创新社会治理中建成和谐社会，建成既充满活力又和谐有序的社会，实现人民安居乐业、社会安定有序。正如中国共产党所阐明的："我们所要建设的社会主义和谐社会，应该是民主法治、公平正义、诚信友爱、充满活力、安定有序、人与自然和谐相处的社会。"④

美丽就是要实现人与自然和谐共处，建成美丽中国。美丽中国彰显和谐之美，是人与自然、社会及自身的和谐之美。"人的命脉在田，田的命脉在水，水的命脉在山，山的命脉在土，土的命脉在林和草，这个生命共同体是人类生存发展的物

---

① 《习近平关于社会主义政治建设论述摘编》，北京：中央文献出版社，2017年，第42页。

② 《习近平关于社会主义政治建设论述摘编》，北京：中央文献出版社，2017年，第19页。

③ 《习近平谈治国理政》（第四卷），北京：外文出版社，2022年，第309页。

④ 《十六大以来重要文献选编》（中），北京：中央文献出版社，2006年，第706页。

快现代化进程，……将决定我国在下个世纪的地位和前途。"①在当代中国，社会主义现代化的实现担负着实现更高层级、更高水平社会主义的历史使命，是实现共产主义社会理想在当代中国的战略抉择和行动指针，并在世界社会主义意义上赋予社会主义代替资本主义的历史必然性具体的、现实的行动方案。

---

① 《十四大以来重要文献选编》（中），北京：人民出版社，1997年，第465页。

第三章

中国式现代化的
结构分析

一、中国式现代化的理论解读

党的二十大报告指出："从现在起，中国共产党的中心任务就是团结带领全国各族人民全面建成社会主义现代化强国、实现第二个百年奋斗目标，以中国式现代化全面推进中华民族伟大复兴。"[①]全面建设社会主义现代化强国的伟大实践，须臾也离不开党的创新理论作行动指南。党的二十大报告深入阐释了中国式现代化的理论内涵，其中就包含中国式现代化的中国特色、本质要求和重大原则三个重要方面。全面理解和精准把握这一重大论断，对于团结和引领亿万人民团结一心谋发展，奋力谱写新时代中华民族伟大复兴的新篇章，具有重大实践和理论价值。

（一）中国式现代化的中国特色

特色代表独有的风格和形式，中国式现代化的五个特色是一个需要全面理解和整体把握的展现形式，不能仅用一个形式否认或肢解中国式现代化的五个特色。我们要实现的现代化，就是在中国共产党的领导下，依靠全体中华儿女的接续奋斗，在中国特色社会主义革命、建设、改革和发展实践中，通过生产力的不断发展，实现经济、政治、社会、文化和生态等领域从不发达阶段向发达阶段转变的崭新过程。作为马克思主义中国化时代化的重大创新，它既遵循了各国现代化过程的基本规律，又具有社会主义特质和中国特色。

一是人口规模巨大的现代化。中国人口众多，占世界总人口的1/5，人口规模巨大是我国的基本国情。人口问题一直是我国面临的战略性、全局性问题。习近平指出："我国十四亿多人口整体迈进现代化社会，规模超过现有发达国家人口的

---

① 习近平：《高举中国特色社会主义伟大旗帜 为全面建设社会主义现代化国家而团结奋斗——在中国共产党第二十次全国代表大会上的报告》，北京：人民出版社，2022年，第21页。

总和，艰巨性和复杂性前所未有，发展途径和推进方式也必然具有自己的特点。"①人口规模巨大即是中国式现代化的显著特征。中国式现代化不是照搬西方模式、实现"少数人的现代化"，而是"一个也不能少""大家一起走"的现代化。庞大的人口规模，可以为我国实现现代化发展提供巨大的市场空间和大量的劳动力基础。与此同时，庞大的人口规模，也使得我国在就业、医疗、教育、养老等问题上面临巨大挑战。正是在中国共产党的坚强领导下和全国各族人民的共同奋斗下，我们不断将人口数量众多变成推动中国式现代化的动力优势，化人口挑战为人才机遇，激发新的生产力，不断为中国式现代化积聚智慧、贡献力量。

二是全体人民共同富裕的现代化。实现全体人民共同富裕，不仅是中华民族千百年来"天下大同"的美好夙愿，也是共产主义社会的重要目标。我们始终追求的是维护绝大多数人的利益，使全体人民共享现代化成果，而不是像西方现代化那样追求资本利益最大化。以资本为中心必然导致两极分化，以人民为中心才能有效防止两极分化，才能真正实现人民的发展权利，实现真正的、真实的、全面的发展。防止两极分化是中国式现代化的底线任务，极为重要而艰巨，如何既能发挥资本在调动人民积极性和资源分配上的优势，又牢牢遏制资本造成的负面效应是中国式现代化建设过程中必须谨慎处理的重大问题。实现全体人民共同富裕，彰显了人民至上的价值追求，表征了中国式现代化新道路的社会主义方向，为现代化这一理论增加了新元素，在纷繁复杂的国际社会中树立了中国式的榜样和风范。同时，中国式现代化新道路为实现全体人民共同富裕提供了价值理念、物质基础等多个方面的重要支撑，在中国式现代化的顶层设计之下，实现全体人民共同富裕有了重要的路径依托。作为中国式现代化的战略任务，不仅是"患不

---

① 习近平：《高举中国特色社会主义伟大旗帜 为全面建设社会主义现代化国家而团结奋斗——在中国共产党第二十次全国代表大会上的报告》，北京：人民出版社，2022年，第22页。

均"，而且是实现与普遍贫困根本不同的共同富裕。这既是中国式现代化的显著标志，也是推进中国式现代化的核心着力点。

三是物质文明和精神文明相互协调的现代化。马克思在《共产党宣言》中指出："资产阶级在它不到一百年的阶级统治中所创造的生产力，比过去一切世代创造的全部生产力还要多，还要大。"①但是伴随着资本主义物质文明的高度发展，却是其精神文明的滞后甚至衰败。资本主义社会固有的矛盾，使得拜金主义、消费主义、极端享乐主义等错误思潮大行其道，人们成了"现代文明的囚徒"，内心充满着对这个世界的失落甚至愤恨。反观中国的现代化发展，坚持物质文明和精神文明的协调发展始终是其题中应有之义。习近平指出："人民对美好生活的向往就是我们的奋斗目标。"②现代化不仅要看一个社会经济发展的水平，更要看一个社会在价值领域、思想领域、道德领域、文化领域的发展水平。当前，人民群众对美好生活的向往是全方位、多层次的，对物质生活和精神生活都提出了更高的要求。中国式现代化是物质文明和精神文明兼顾发展的新型现代化，它区别于西方只追求资本物质利益狭隘的现代化。中国人民期盼的现代化是物质和精神两手都要抓，两手都要硬，两者不可偏颇的中国式现代化。中国人民既需要物质财富也需要精神财富，只有物质财富和精神财富都丰裕起来，才能为促进共同富裕和实现人的自由全面发展提供坚实的基础。

四是人与自然和谐共生的现代化。西方世界在推动现代化发展的过程中，造成了原始森林逐渐消失殆尽、水土严重流失、大批物种濒临灭绝等严重后果，这充分说明西方的现代化发展模式是极不科学的，它在带给人们福祉的同时也带来了灾难，带来各种机遇的同时也带来了诸多挑战。与西方的现代化发展模式不同，中国式现代化汲取了西方现代化的惨痛教训，不走先污染后治理的老路，始终强

---

① 《马克思恩格斯选集》（第一卷），北京：人民出版社，2012年，第405页。
② 《习近平谈治国理政》（第四卷），北京：外文出版社，2022年，第58页。

调人与自然的和谐统一，是人与自然和谐共生的现代化。生态文明建设功在当代、利在千秋，是关乎中华民族永续发展的根本大计。生态环境保护和经济发展不是此消彼长的对立关系，而是辩证统一的关系，保护生态环境就是保护生产力、改善生态环境就是发展生产力。中国式现代化是推动生态文明建设取得重大成就的现代化，是中国特色社会主义接续发展的现代化。从中华文明永续发展根本大计的视野，建设社会主义生态文明，就是坚持"绿水青山就是金山银山"的理念，自觉遏制在现代化进程中对自然资源的任意开发利用、对生态环境不负责任破坏的现象，及时纠正环境污染、资源枯竭等问题，走"生产发展、生活富裕、生态良好"的文明、可持续现代化道路，积极构建"人与自然生命共同体"，主动呵护人类赖以生存的生态和环境基础。

五是走和平发展道路的现代化。这是坚持中国特色社会主义发展道路实现民族复兴的必然要求。中国的发展需要和平的国际环境，同时中国又以自身的发展促进和壮大了世界和平的力量。习近平指出："中国式现代化不走殖民掠夺的老路，不走国强必霸的歪路，走的是和平发展的人间正道。"①中国共产党素来提倡走和平发展道路，不走掠夺他国的殖民道路，不靠对其他国家的侵略谋求自身的原始积累。自古以来中华民族崇尚和平、和谐、和睦，坚持走和平发展道路，源于对中华民族热爱和平这一优秀传统文化的继承与弘扬。"中华民族热爱和平，中国人民深知和平之可贵，中国坚定不移走和平发展道路，永远是世界和平的建设者、全球发展的贡献者、国际秩序的维护者。"②新中国成立以来，我们从来没有主动挑起过一场侵略其他国家的战争，一直奉行独立自主、和平发展的外交方针。坚持走和平发展道路，还是由中国共产党的根本宗旨和阶级属性决定的，中国共产党是以全人类解放为最终目标的无产阶级政党，坚持走和平发展道路，符合中

---

① 习近平：《携手同行现代化之路》，《人民日报》，2023年3月16日。
② 《习近平向2018年国际和平日纪念活动致贺信》，《人民日报》，2018年9月20日。

国人民的期盼，符合世界各国人民的共同福祉。

（二）中国式现代化的本质要求

党的二十大报告明确指出："中国式现代化的本质要求是：坚持中国共产党领导，坚持中国特色社会主义，实现高质量发展，发展全过程人民民主，丰富人民精神世界，实现全体人民共同富裕，促进人与自然和谐共生，推动构建人类命运共同体，创造人类文明新形态。"①这一重要论述明确了中国式现代化需要展现的样态和需要实现的社会状态，对中国式现代化实践具有鲜明的指引作用。习近平在党的二十届一中全会上的重要讲话中进一步指出："党的二十大对中国式现代化的本质要求作出科学概括。这个概括是党深刻总结我国和世界其他国家现代化建设的历史经验，对我国这样一个东方大国如何加快实现现代化在认识上不断深入、战略上不断完善、实践上不断丰富而形成的思想理论结晶。"②本质要求是对中国式现代化特征的高度概括总结，反映了中国式现代化的实践要求，从多角度全面理解中国式现代化的本质要求，能够明晰实践中需要遵循的规律性认识、能够厘清中国式现代化需要依靠什么、坚持什么、最终实现什么。

"坚持中国共产党的领导"和"坚持中国特色社会主义"是中国式现代化的本质要求，也是根本性质，它是区分其他现代化模式和其他现代化道路的首要标志。中国式现代化不是其他阶级或集团探索的某个领域或某个行业的局部现代化的翻版，也不是复刻西方现代化的"中国版"，而是中国共产党全面领导的全方位、全体人民共同享有的现代化；不是西方资本主义的现代化，而是具有中国风格、内含中国国情、充满中国智慧的社会主义现代化。质而言之，从领导力量和道路选

---

① 习近平：《高举中国特色社会主义伟大旗帜 为全面建设社会主义现代化国家而团结奋斗——在中国共产党第二十次全国代表大会上的报告》，北京：人民出版社，2022年，第23~24页。

② 习近平：《为实现党的二十大确定的目标任务而团结奋斗》，《求是》，2023年第1期。

择上总结和凝练，中国式现代化就是中国共产党领导的社会主义现代化，这就旗帜鲜明地表明了中国式现代化的基本遵循和社会发展阶段属性。在中国共产党的领导下，坚持和发展具有中国特色的社会主义现代化，在中国式现代化的本质要求中起着统领作用，是关乎领导权、关乎旗帜方向的重大原则问题。坚持党的领导，引领中国式现代化道路沿着正确政治方向前进；坚持社会主义制度，规定了中国式现代化道路的意识形态归属，彰显和体现了中国式现代化的根本性质，也关系到中国式现代化能否顺利实施，是其他本质要求的前提和基础。

"实现高质量发展、发展全过程人民民主、丰富人民精神世界、实现全体人民共同富裕、促进人与自然和谐共生"分别从经济、政治、文化、民生、生态的全方位各领域明确了实施路径，最终落脚到创造人类文明新形态，将中国式现代化的实践创造提升至文明高度。中国式现代化是"五位一体"的全面发展和拓展深化，是在"四个全面"战略布局发展中实现的现代化。实现高质量发展，表明中国式现代化的经济建设是在新发展理念指导之下的"内涵式"发展，其最终落脚在人民的广泛需要这一基本点上。发展全过程人民民主，表明中国式现代化的政治建设，要发展最广泛、最真实、最管用的民主，建设全链条、全方位、全覆盖的民主。丰富人民精神世界，表明中国式现代化的文化建设，以社会主义核心价值观为引领，巩固全体人民团结奋斗的共同思想基础和价值观指引。让亿万人民过上好日子，最终让人民都逐步实现共同富裕的生活，是中国式现代化的本质要求。中国共产党的阶级属性决定了其为人类谋解放的庄严使命，在新时代，我们的奋斗目标就是让现代化建设成果惠及全体人民，让人民更有获得感和幸福感。促进人与自然和谐共生，表明中国式现代化的生态文明建设，坚持绿水青山就是金山银山的发展理念，推动形成绿色可持续的发展方式和生活方式，让全体人民共享美丽宜居的生态红利。

"推动构建人类命运共同体"是中国式现代化的不懈追求。马克思主义告诉我们，共同体是人类生存的基本方式，人类社会一开始就是通过共同体的形式组织起来的，命运共同体也将是人类社会的未来理想形态。推动构建人类命运共同体既充分体现了马克思主义世界历史思想、共同体思想的精髓，又充分反映了中国人民在长期生产生活中形成的宇宙观、天下观、社会观，呼应了当今世界各国人民的共同关切。从全民"共同富裕"到各国"共同繁荣"的世界，从"物质文明和精神文明协调"到更加"开放包容"的世界，从追求"人与自然和谐共生"到构建"清洁美丽"的世界，从"走和平发展道路"到构建"普遍安全"的世界，合作共赢的共同发展之路、文明互鉴的和平发展之路、协调推进的全面发展之路、兼收并蓄的自主发展之路……中国式现代化为构建人类命运共同体开辟广阔道路，是引领中国谋求人类进步、世界大同的旗帜。中国式现代化既造福中国人民，又促进世界共同发展，与世界各国共同绘就人类社会现代化新图景。

"创造人类文明新形态"归根到底是创造中国式现代化的文明形态，也是中国式现代化本质要求的整合形态。《中共中央关于党的百年奋斗重大成就和历史经验的决议》就明确提出，"党领导人民成功走出中国式现代化道路，创造了人类文明新形态，拓展了发展中国家走向现代化的途径，给世界上那些既希望加快发展又希望保持自身独立性的国家和民族提供了全新选择"[1]。中国共产党胸怀天下、心系人民的博大胸襟在此得到充分展现、中国智慧的力量在此得到充分印证，中国式现代化既是实现我国社会主义现代化强国的道路安排，也是中国共产党带领中国人民创造人类文明新形态的伟大实践，还是科学社会主义扎根中华文明丰富发展的重大成果。无论是党的领导、中国特色社会主义，还是物质文明、政治文明、精神文明、社会文明、生态文明等，都融汇成人类文明新形态，从总体上呈现了中国式现代化的本质内涵。

---

① 《中共中央关于党的百年奋斗重大成就和历史经验的决议》，北京：人民出版社，2021年，第64页。

以上几个方面是党在领导现代化进程中的经验总结和理论归纳，是对推进中国式现代化建设谋划的规定式概括和顶层式的实践指向，能够指导中国式现代化建设不变质、不偏航。这几个方面各有侧重又相互联系，不仅与中国式现代化的鲜明特色高度关联，也指明了人类文明新形态的发展方向。

（三）中国式现代化的重大原则

党的二十大报告指出："从现在起，中国共产党的中心任务就是团结带领全国各族人民全面建成社会主义现代化强国、实现第二个百年奋斗目标，以中国式现代化全面推进中华民族伟大复兴。"[①]强调前进道路上必须牢牢把握"坚持和加强党的全面领导""坚持中国特色社会主义道路""坚持以人民为中心的发展思想""坚持深化改革开放""坚持发扬斗争精神"的重大原则。这五条重大原则内涵丰富、逻辑严密、整体有机，是对党和人民长期推进和拓展中国式现代化宝贵经验的集中概括和科学总结，客观揭示了中国式现代化的科学内涵，深刻把握了中国式现代化的发展规律，为全面建设社会主义现代化国家提供了根本遵循和实践指引。

一是坚持和加强党的全面领导。中国式现代化能否真正实现，关键在党。中国共产党的领导是中国特色社会主义和中国式现代化行稳致远的根本政治保证，既有着各国现代化的共同特征，更有着社会主义特质和独立自主特性。习近平在党的二十大报告中明确指出："中国式现代化，是中国共产党领导的社会主义现代化。"[②]中国式现代化归根到底是中国共产党领导的社会主义现代化，是在对社会

---

① 习近平：《高举中国特色社会主义伟大旗帜 为全面建设社会主义现代化国家而团结奋斗——在中国共产党第二十次全国代表大会上的报告》，北京：人民出版社，2022年，第21页。

② 习近平：《高举中国特色社会主义伟大旗帜 为全面建设社会主义现代化国家而团结奋斗——在中国共产党第二十次全国代表大会上的报告》，北京：人民出版社，2022年，第22页。

主义现代化建设规律的全新认识和实践探索中形成的，是区别于西方发达国家的独具中国特色的现代化，是把党的全面有力领导和广大人民享有当家作主权利，以及依照法律治理国家的"三位一体"有机统一。历史和现实无不雄辩地证明，只有坚持党的全面有力领导，中国的现代化建设才能前景光明、繁荣兴盛。从确立"四个现代化"战略目标到提出建设"小康社会"的设想，从全面建设小康社会到最终在2020年全面建成小康社会，再到全面建设社会主义现代化国家，为人民谋幸福、为民族谋复兴，中国共产党初心不改，久久为功，使命不移。要深入理解把握中国式现代化，首先就是要明确党的领导在中国式现代化中的重要地位，这既是最为鲜明的特征和最为突出的优势，也是本质要求和重大原则。自觉做到"两个维护"，始终把党作为风雨来袭时全体人民最可靠的主心骨，自觉把习近平新时代中国特色社会主义思想融入社会生活的方方面面，把党的方针、政策贯彻到党和国家事业的全领域、全流程，始终把握历史主动精神、增强斗争本领、保持战略定力，提升建设中国式现代化的强大政治凝聚力和发展自信心。

二是坚持中国特色社会主义道路。我们的现代化归根到底是坚持走社会主义道路的现代化，社会主义是中国式现代化社会形态属性的显著优势，社会主义的现代化可以给中国的现代化建设搭建先进的生产关系基础，可以给中国的现代化带来顶层的制度优势。人类社会的现代化，本质上表现为生产力与生产关系的现代化，其中，保持生产力与生产关系相协调、相适应、相互促进，是推进现代化进程的关键。改革开放特别是党的十八大以来，我们总结历史经验，不断艰辛探索，开辟并不断坚持发展具有中国特色、符合中国国情的社会主义发展道路，中国的生产力飞速发展，创造了经济持续发展和社会长期稳定的社会发展奇迹。中国特色社会主义道路，是从我国国情出发，科学探索并形成符合我国实际的正确道路。既坚持了科学社会主义的基本原则，又根据我国不同历史时期实际和世界发展形势，赋予其中国特色社会主义的鲜明特色。中国特色社会主义道路在不断深化改革创新，破除深层次体制机制障碍的过程中，各方面布局统筹推进，促进生产关系与生产力、上层建筑与经济基础的协调发展。习近平指出，中国特色社会主义道路的重要优势就是能够从根本上解决利益藩篱问题，为实现广大人民群众的利益找到可靠的路径。中国式现代化要始终恪守自己的原则和底线，不能走开历史倒车的老路，更不能走放弃社会主义、放弃中国共产党领导的死路。中国式现代化的社会主义属性保证了把发展作为执政兴国的第一要务，坚持发展是硬道理，不断提高发展质量和水平；保证了坚持和完善支撑中国特色社会主义制度的根本制度、基本制度、重要制度。因此，坚持中国特色社会主义道路，是全面建设社会主义现代化国家的根本方向。

三是坚持以人民为中心的发展思想。习近平指出："现代化的本质是人的现代化。"[①]人民性是马克思主义的本质属性。党的根本政治立场是人民立场。和人民群众密切联系，为人民利益而奋斗，是马克思主义政党同其他政党的根本区别。党的二十大报告明确提出，坚持以人民为中心的发展思想是全面建设社会主义现代化国家必须牢牢把握的重大原则之一，要"维护人民根本利益，增进民生福祉，不断实现发展为了人民、发展依靠人民、发展成果由人民共享，让现代化建设成果更多更公平惠及全体人民"[②]。以人民的诉求为中心点，中国式现代化就有了共同奋斗的实践"场域"。可以说，人民立场这一中国式现代化的鲜明底色，既激活了"资本的文明面"，又规范、匡正资本健康发展，引导资本更好地为社会主义发展和人民共同富裕服务，对西方以资本为中心的现代化老路进行了扬弃和超越。中国式现代化充分体现了中国共产党"为人民谋幸福、为民族谋复兴"的初心使

---

① 《十八大以来重要文献选编》（上），北京：中央文献出版社，2004年，第594页。

② 习近平：《高举中国特色社会主义伟大旗帜 为全面建设社会主义现代化国家而团结奋斗——在中国共产党第二十次全国代表大会上的报告》，北京：人民出版社，2022年，第27页。

命，明确了推进中国式现代化的目标、任务、重点。面对新征程上的新挑战新考验，我们必须坚持全心全意为人民服务的根本宗旨，始终坚持人民至上的实践指南，始终把人民放在心中最高位置，始终保持同人民群众的血肉联系，激发人民创造热情，凝聚推进中国式现代化发展的磅礴伟力。

四是坚持深化改革开放。改革开放开辟了中国特色社会主义道路，开启了中国的现代化新进程，是现代化发展的活力之源。习近平指出："要拓展世界眼光，坚持对外开放，积极学习借鉴世界各国现代化的成功经验，在交流互鉴中不断拓展中国式现代化的广度和深度。"①党的十八大以来，我们顺应经济全球化趋势，坚定不移实行高水平对外开放，积极融入世界经济，全方位、全领域开放格局愈加明显。习近平多次强调，改革开放是决定当代中国命运的关键一招，也是决定实现"两个一百年"奋斗目标、实现中华民族伟大复兴的关键一招。中国式现代化，既是不断深化改革的进程，更是不断扩大开放的进程。不断深化改革，逐步扩大开放，统筹国内、国际两个大局，进一步解放和发展生产力，是其内在要求。推进中国式现代化，一方面要坚持独立自主、自立自强，坚定走社会主义道路的实践自觉，把发展基点放在自己的发展壮大之上。面对西方国家鼓吹"脱钩断链"和"新冷战思维"，我们必须积极抢占科技发展的制高点，努力发展新质生产力，一心一意谋发展，聚精会神全面提高综合国力。另一方面又要顺应人类现代化的历史潮流和一般规律，以更为宏阔的全球视野吸收和借鉴人类现代化的先进经验，坚持古为今用，洋为中用，利用全球资源、汲取全人类智慧发展自己，武装自己。

五是坚持发扬斗争精神。越是伟大的事业，越需要伟大斗争。斗争精神是一种"居安思危"的精神面貌、是一种"敢教日月换新天"的豪情壮志、是一种"乌蒙磅礴走泥丸"的无畏气魄。同困难作斗争，是物质的角力，也是精神的对

---

① 习近平：《为实现党的二十大确定的目标任务而团结奋斗》，《求是》，2023年第1期。

垒。习近平指出："我们党依靠斗争创造历史，更要依靠斗争赢得未来。"①斗争精神是人的主观能动性的集中体现，是马克思主义的精神特质，是中国共产党的精神品格，同时也是党领导中国式现代化的精神内核。斗争精神要求我们以党的自我革命推动社会革命深刻斗争、要求我们进行不忘初心、密切联系群众的实践斗争、要求我们进行谋发展促和平的持久斗争。党的二十大报告指出，全面建设社会主义现代化国家，前途光明，任重道远。当前，面对"两个大局"，中国式现代化发展具有优越的国内外条件，但也面临一系列风险挑战和重大难题。推进中国式现代化，不可能一帆风顺，而是机遇与挑战并存，甚至会遇见意想不到的发展苦难和改革阻力。因此，在前进道路上，必须深刻理解斗争精神、全面弘扬斗争精神，必须进行具有许多新的历史特点的伟大斗争，增强志气、骨气、底气，不信邪、不怕鬼、不怕压，以斗争精神有效应对前进道路中的各种复杂变化和矛盾阻力，以直面矛盾、迎难而上、自我革命的决心和勇气不断开创中国式现代化的新局面。

二、中国式现代化的制度安排

习近平在党的二十大报告中高度概括了新时代中国特色社会主义制度体系建设取得的伟大成就，"中国特色社会主义制度更加成熟更加定型，国家治理体系和治理能力现代化水平明显提高"②。日益完善成熟定型的制度体系，为中国式现代化发展提供了坚强的制度保障，是以中国式现代化全面推进中华民族伟大复兴中

---

① 《习近平谈治国理政》（第四卷），北京：外文出版社，2022年，第83页。
② 习近平：《高举中国特色社会主义伟大旗帜 为全面建设社会主义现代化国家而团结奋斗——在中国共产党第二十次全国代表大会上的报告》，北京：人民出版社，2022年，第9页。

国梦的成功密码。坚持和完善中国特色社会主义根本制度、基本制度、重要制度，包括坚持和完善党的领导制度体系、人民当家作主制度体系、中国特色社会主义法治体系、中国特色社会主义行政体制、社会主义基本经济制度、社会主义先进文化制度、民生保障制度、社会治理制度、生态文明制度等。在以中国式现代化全面推进中华民族伟大复兴的新征程中，人民群众对中国特色社会主义制度体系充分肯定、高度自觉、更加自信，这是中国共产党领导中国人民坚定不移走中国式现代化发展道路最大底气和必胜信念的关键所在。2023年3月15日，习近平在中国共产党与世界政党高层对话会上提出，要坚守人民至上理念，突出现代化方向的人民性；要秉持独立自主原则，探索现代化道路的多样性；要树立守正创新意识，保持现代化进程的持续性；要弘扬立己达人精神，增强现代化成果的普惠性；要保持奋发有为姿态，确保现代化领导的坚定性。科学回答了一系列现代化之问，体现了中国共产党对现代化建设规律的深刻认识和准确把握。社会是由个体和社会组织构成的复杂系统，需要通过一定的制度安排才能维持正常运转，制度安排是否合理直接影响社会运转效率和资源配置的有效性。在统筹推进中国特色社会主义"五位一体"总体布局、协调推进"四个全面"战略布局过程中，中国形成了一整套符合自身国情的科学制度安排，是中国式现代化走向成功的重要因素。

（一）坚持中国共产党领导的制度安排

中国式现代化是中国共产党领导的社会主义现代化，坚持中国共产党领导是中国式现代化的第一项本质要求，也是实现中国式现代化必须坚持的第一个重要原则。中国共产党百年来始终肩负着为中国人民谋幸福、为中华民族谋复兴的初心使命，党的领导贯穿中国式现代化发展全过程，党的领导不是一种抽象存在，而是通过各项制度安排落实在具体工作中。

坚持党的领导必须建立不忘初心、牢记使命的制度。确保全党遵守党章，恪守党的性质和宗旨，坚持用共产主义远大理想和中国特色社会主义共同理想凝聚全党、团结人民，用习近平新时代中国特色社会主义思想武装全党、教育人民、指导工作，夯实党执政的思想基础，使一切工作顺应时代潮流、符合发展规律、体现人民愿望，确保党始终走在时代前列、得到人民衷心拥护。

坚持党的领导必须完善坚定维护党中央权威和集中统一领导的各项制度。推动全党增强"四个意识"、坚定"四个自信"、拥护"两个确立"，做到"两个维护"，自觉在思想上、政治上、行动上同以习近平同志为核心的党中央保持高度一致，坚决把维护习近平总书记党中央的核心、全党的核心地位落到实处。严格执行向党中央请示报告制度，从根本上保证党中央的权威和集中统一领导。

坚持党的领导必须健全党的全面领导制度。充分发挥党总揽全局、协调各方的领导核心作用，是实现中国式现代化的根本保障，要进一步坚持和完善党领导各项事业的具体制度，完善党和国家机构职能体系，健全各级党委（党组）工作制度。持续强化党委（党组）在同级组织中的领导地位，不断提升党的基层组织的组织力、领导力，全面推进党的全面领导制度化、法治化。

坚持党的领导必须健全为人民执政、靠人民执政各项制度。坚持立党为公、执政为民，保持党同人民群众的血肉联系，是我们党"坚持人民至上"根本立场和历史经验的生动体现，是对共产党执政规律、社会主义建设规律、人类社会发展规律的深刻把握，是以中国式现代化全面推进中华民族伟大复兴的根本遵循。必须严格贯彻党的群众路线，巩固党执政的阶级基础，厚植党执政的群众基础，保证人民在国家治理中的主体地位。

坚持党的领导必须健全提高党的执政能力和领导水平制度。严格执行民主集中制，完善发展党内民主和实行正确集中的相关制度，提高党把方向、谋大局、定政策、促改革的能力，真正把民主集中制的优势变成党的政治优势、组织优势、制度优势、工作优势。健全决策机制，加强重大决策的调查研究、科学论证、风险评估，强化决策执行、评估、监督。完善担当作为的激励机制，促进各级领导干部增强各项本领。

坚持党的领导必须完善全面从严治党制度。坚持党要管党、全面从严治党，党的建设关系提高党的执政能力和水平，关系国家的前途命运。应对现代化建设过程中不断出现的新情况、新问题，必须深化党的建设制度改革，坚持依规治党，建立健全以党的政治建设为统领，全面推进党的各方面建设的体制机制。坚持新时代党的组织路线，严明政治纪律和政治规矩，完善和落实全面从严治党主体责任制度，全面净化党内政治生态，确保党始终成为中国特色社会主义事业的坚强领导核心。

（二）坚持中国特色社会主义的制度安排

坚持和发展中国特色社会主义是改革开放以来取得一切成就和进步的根本原因，是中国式现代化的根本遵循。方向决定道路，道路决定命运，中国式现代化归根到底是社会主义现代化道路。"走自己的路，是党的全部理论和实践立足点，更是党百年奋斗得出的历史结论。"①坚持和发展中国特色社会主义就是要坚持以经济建设为中心，坚持四项基本原则，坚持改革开放，坚持独立自主、自力更生，坚持道不变、志不改，既不走封闭僵化的老路，也不走改旗易帜的邪路。

坚持中国特色社会主义最重要的制度安排就是坚持和完善党的领导这一根本制度。党的领导是坚持和发展中国特色社会主义的根本政治保障，坚持中国共产党的领导是中国式现代化最本质的特征，是中国特色社会主义制度的最大优势。中国共产党的执政地位是历史的选择、人民的选择，也是国家保持生机活力和稳定发展的重要保证。中国共产党始终致力于推进马克思主义中国化时代化，开辟了中国特色社会主义道路。中国共产党决定着中国特色社会主义的性质、方向和

---

① 《习近平谈治国理政》（第四卷），北京：外文出版社，2022年，第10页。

前途命运，是这一伟大事业的设计者、开创者、引领者、推动者，是中国特色社会主义不变质、不变色、不偏向的根本保证。只有坚持党的领导，才能克服在中国式现代化过程中遇到的种种困难，确保方针政策的稳定性和持续性，不断提高民主科学决策水平，更好发挥我国国家制度和国家治理体系各方面的优势，推进中国式现代化行稳致远。

宪法和法律为新时代坚持和发展中国特色社会主义，以中国式现代化全面推进中华民族伟大复兴提供了强力保障。新中国成立后，中国共产党创造性地运用马克思主义国家学说，为建设社会主义国家制度进行了不懈努力，逐步确立并巩固了我们国家的国体、政体、根本制度、基本制度和各方面的重要制度，中国特色社会主义制度体系不断完善，中国特色社会主义法律体系也不断健全。宪法是国家的根本法，是治国安邦的总章程，集中体现了党和人民的统一意志和共同愿望，是国家意志的最高表现形式。通过宪法和法律确认"建设中国特色社会主义"等内容，为整个国家始终沿着中国特色社会主义道路前进，实现中国式现代化提供了根本法治保障，对于凝聚社会共识，增强人民群众对中国共产党和中国特色社会主义的政治认同、思想认同、理论认同和情感认同具有重要作用。

（三）实现高质量发展的制度安排

推进物质文明建设，本质上就是要实现高质量发展。发展是党执政兴国的第一要务，高质量发展是全面建设社会主义现代化国家的首要任务，物质文明是实现中国式现代化的基础和前提，没有坚实的物质基础保障，就不可能全面建成社会主义现代化强国。

实现高质量发展必须毫不动摇巩固和发展公有制经济，毫不动摇鼓励、支持、引导非公有制经济发展。马克思主义认为，所有制是生产关系的核心和决定因素。生产资料所有制结构是一个国家经济发展的基础性制度。在改革开放进程中，中国逐渐形成了以公有制为主体、多种所有制共同发展的基本经济制度。国有经济是国民经济的主导力量，在经济发展中起主导作用，控制关键领域和关键行业，控制国民经济发展的方向和经济运行全局，保障国家经济安全。非公有制经济在增加就业和税收，增强国家创新能力，增强市场活力，提高人民生活水平等方面发挥着重要作用。这样的制度安排既保证国家经济的长期稳定，也使得中国经济表现出强大的创新力和国际竞争力。

实现高质量发展必须坚持以按劳分配为主体，多种分配方式并存的分配制度。分配是社会再生产的重要环节，关系到每个劳动者的切身利益，也关系到经济社会长期稳定发展。中国实行以按劳分配为主体，多种分配方式并存的分配制度。按劳分配是社会主义分配原则，其主体地位由公有制的主体地位决定。按劳分配可以防止出现两极分化，保障基本公平，为保持社会稳定提供条件；多种分配方式的存在则可以激发创造财富的活力，促进效率提高。我国的分配制度将二者结合起来，实现了效率和公平的统一。针对近年来收入分配差距现实，党和国家提出，要切实发挥初次分配的基础性作用，坚持以按劳分配为主体，提高劳动报酬在初次分配中的比重；加大税收、社会保障、转移支付等的调节力度，规范收入分配秩序；建立健全第三次分配机制，培育适合中国国情的慈善组织体系。

实现高质量发展必须加快完善社会主义市场经济体制。改革开放以来，政府对经济的直接干预逐渐减少，市场在资源配置中的作用日益增加。2013年，党的十八届三中全会提出，"市场在资源配置中起决定性作用"，深化了我们对社会主义市场经济的认识。事实证明，市场经济是一种有效的资源配置方式，市场化是中国改革开放以来经济活力十足的重要原因。发展社会主义市场经济，我们实现了市场在资源配置中起决定性作用和更好发挥政府作用的有效统一。事实证明，建立社会主义市场经济体制打破了人们的思想禁锢，解放和发展了生产力，是中国共产党的一大创造，是中国式现代化成功的体制基础。

（四）发展全过程人民民主的制度安排

推进政治文明建设，本质上就是要实现全过程人民主。党和国家不断健全人民当家作主制度体系，扩大人民有序参与政治决策，保证人民依法实行民主选举、民主协商、民主决策、民主管理、民主监督，发挥人民群众积极性、主动性、创造性，巩固和发展生动活泼、安定团结的政治局面。

发展全过程人民民主必须坚持人民代表大会制度。人民代表大会制度是推动我国国家治理体系和治理能力现代化的根本政治制度安排。人民行使国家权力的机关是全国人民代表大会和地方各级人民代表大会。必须坚持国家的一切权力属于人民，坚持人民主体地位，支持和保证人民通过人民代表大会行使国家权力，支持和保证人民代表大会及其常委会依法行使职权，健全人民代表大会对"一府一委两院"监督制度，健全代表联络机制，健全人民代表大会组织制度、选举制度和议事规则，完善论证、评估、评议、听证制度。

发展全过程人民民主必须坚持中国共产党领导的多党合作和政治协商制度。中国的政党制度是中国共产党领导的多党合作和政治协商制度，经济基础是社会主义公有制。与西方的两党制和多党制不同，中国共产党是执政党，民主党派是参政党，二者是共同致力于中华民族伟大复兴的亲密友党。加强中国特色社会主义政党制度建设，必须健全相互监督，特别是中国共产党自觉接受监督、对重大决策部署贯彻落实情况实施专项监督等机制，完善民主党派中央直接向中共中央提出建议制度，完善人民政协专门协商机构制度，健全发扬民主和增进团结相互贯通、建言资政和凝聚共识双向发力的程序机制。

发展全过程人民民主必须坚持民族区域自治制度。民族关系是影响一个国家稳定发展的重要因素。习近平强调："要紧紧抓住铸牢中华民族共同体意识这条主线，深化民族团结进步教育，引导各族群众牢固树立休戚与共、荣辱与共、生死与共、命运与共的共同体理念，不断巩固中华民族共同体思想基础。"①在党的领导下，中国反对民族压迫和民族剥削，坚持民族平等、团结、共同繁荣的原则，形成了符合中国国情的民族区域自治制度，建立了平等团结互助和谐的新型民族关系。民族区域自治制度是在坚持国家统一的前提下，在少数民族集中的地区实施区域自治，设立自治机关，行使自治权。民族区域自治制度将国家统一和少数民族人民当家作主结合起来，将热爱祖国和热爱民族结合起来，实现了各民族之间的和谐相处，促进了边疆地区的稳定，为现代化建设提供了稳定的社会环境。

发展全过程人民民主必须坚持基层群众自治制度。经过多年的探索实践，广大基层群众在党的领导下积极参与基层事务和治理，逐渐形成了具有中国特色的基层群众自治制度。基层群众自治制度，是依照宪法和法律，在基层党组织领导下，由村（居）民选举的成员组成村（居）民委员会，实行自我管理、自我教育、自我服务、自我监督的制度。在我国城乡社区，民事民提、民事民议、民事民决、民事民办的草根式民主蓬勃发展。实现中国式现代化必须健全基层党组织领导的多元主体协同共治机制，着力推进基层民主制度化、规范化、程序化，健全以职工代表大会为基本形式的企事业单位民主管理制度，充分保障人民群众的知情权、参与权、表达权和监督权。

（五）丰富人民精神世界的制度安排

推进精神文明建设，本质上就是要丰富人民的精神世界。中国特色社会主义文化制度是精神文明建设的重要保证，全面建设社会主义现代化国家，必须坚持中国特色社会主义文化发展道路，增强文化自信，围绕举旗帜、聚民心、育新人、兴文化、展形象建设社会主义文化强国，发展面向现代化、面向世界、面向未来的，民族的科学的大众的社会主义文化，激发全民族文化创新创造活力，增强实

---

① 习近平：《不断巩固中华民族共同体思想基础 共同建设伟大祖国 共同创造美好生活》，《人民日报》，2022年3月6日。

现中华民族伟大复兴的精神力量。

丰富人民精神世界必须坚持和发展社会主义先进的文化制度。其主要包括五个方面：坚持马克思主义在意识形态领域指导地位的根本制度，坚持以社会主义核心价值观引领文化建设制度，健全人民文化权益保障制度，完善坚持正确导向的舆论引导工作机制，建立健全把社会效益放在首位、社会效益和经济效益相统一的文化创作生产体制机制。中国特色社会主义先进文化是全体人民共同奋斗的思想基础，代表着中华民族独特的精神标识，是中国人民勇毅前行的强大精神力量。中国特色社会主义文化制度始终将服务社会主义现代化建设和人民需要作为自己的价值取向，致力于提高公民的教育科学文化和思想道德水平。中国特色社会主义文化制度建设还致力于增进文化交流，向国际社会讲好中国故事。面对西方的文化渗透，中国特色社会主义文化制度在对全社会宣传主流价值观，凝聚社会共识，保持和维护社会和谐等方面发挥了重要的"稳定器"作用。

（六）实现全体人民共同富裕的制度安排

推进社会文明建设，本质上就是要实现全体人民共同富裕。中国是社会主义国家，共同富裕是社会主义的本质要求。增进人民福祉、促进人的全面发展是中国共产党立党为公、执政为民的本质要求。实现全体人民共同富裕，必须坚持统筹城乡的民生保障制度，满足人民日益增长的美好生活需要。

实现全体人民共同富裕必须完善更充分、更高质量就业的促进机制。实施就业优先政策，健全公共就业服务和终身职业技能培训制度，完善重点群体就业支持体系，建立促进创业带动就业、多渠道灵活就业机制，健全劳动关系协调机制。

实现全体人民共同富裕必须健全服务全民终身学习的教育体系。全面贯彻党的教育方针，坚持优先发展教育，完善立德树人体制机制，推动城乡义务教育一体化发展，健全学前教育、特殊教育和普及高中阶段教育保障机制，完善职业技术教育、高等教育、继续教育统筹协调发展机制，支持和规范民办教育、合作办学，构建覆盖城乡的家庭教育指导服务体系。

实现全体人民共同富裕必须完善覆盖全民的社会保障体系。坚持应保尽保原则，健全城乡统筹、可持续的基本养老保险制度、基本医疗保险制度，加快建立基本养老保险全国统筹制度，加快落实社保转移接续、异地就医结算制度，统筹完善社会救助、社会福利、慈善事业、优抚安置等制度。健全退役军人工作体系和保障制度，坚持和完善促进男女平等、妇女全面发展的制度机制，完善农村留守儿童和妇女、老年人关爱服务体系，健全残疾人帮扶制度，建立解决相对贫困的长效机制，加快建立多主体供给、多渠道保障、租购并举的住房制度。

实现全体人民共同富裕必须强化提高人民健康水平的制度保障。完善国民健康政策，深化医药卫生体制改革，健全基本医疗卫生制度，加快现代医院管理制度改革，加强公共卫生防疫和重大传染病防控，健全重特大疾病医疗保险和救助制度，优化生育政策提高人口质量，加快建设居家社区机构相协调、医养康养相结合的养老服务体系，健全促进全民健身制度性举措。

（七）促进人与自然和谐共生的制度安排

推进生态文明建设，本质上就是要求促进人与自然和谐共生。生态文明建设是关系中华民族永续发展的千年大计，必须践行绿水青山就是金山银山的理念，坚持节约资源和保护环境的基本国策，坚持节约优先、保护优先、自然恢复为主的方针，坚定走生产发展、生活富裕、生态良好的文明发展道路，建设美丽中国。

促进人与自然和谐共生必须实行最严格的生态环境保护制度。坚持人与自然和谐共生，坚守尊重自然、顺应自然、保护自然，健全源头预防、过程控制、损害赔偿、责任追究的生态环境保护体系。

促进人与自然和谐共生必须全面建立资源高效利用制度。推进自然资源统一确权登记法治化、规范化、标准化、信息化，健全自然资源产权制度，落实资源有偿使用制度，实行资源总量管理和全面节约制度，健全资源节约集约循环利用政策体系，普遍实行垃圾分类和资源化利用制度，推进能源革命，构建清洁低碳、安全高效的能源体系，健全海洋资源开发保护制度，加快建立自然资源统一调查、评价、监测制度，健全自然资源监管体制。

促进人与自然和谐共生必须健全生态保护和修复制度。统筹山水林田湖草一体化保护和修复，加强森林、草原、河流、湖泊、湿地、海洋等自然生态保护，加强对重要生态系统的保护和永续利用，构建以国家公园为主体的自然保护地体系，健全国家公园保护制度，加强长江、黄河等大江大河生态保护和系统治理，开展大规模国土绿化行动，加快水土流失和荒漠化、石漠化综合治理，保护生物多样性，筑牢生态安全屏障。

促进人与自然和谐共生必须严明生态环境保护责任制度。建立生态文明建设目标评价考核制度，强化环境保护、自然资源管控、节能减排等约束性指标管理，严格落实企业主体责任和政府监管责任，开展领导干部自然资源资产离任审计。推进生态环境保护综合行政执法，落实中央生态环境保护督察制度，健全生态环境监测和评价制度，完善生态环境公益诉讼制度，落实生态补偿和生态环境损害赔偿制度，实行生态环境损害责任终身追究制。

（八）推动构建人类命运共同体的制度安排

推动构建人类命运共同体，是中国共产党领导中国人民为解决全球治理难题提供的中国方案。习近平指出："中国共产党是为中国人民谋幸福、为中华民族谋复兴的党，也是为人类谋进步、为世界谋大同的党。"①中国是社会主义国家，不可能也不会像西方国家一样通过战争、殖民、掠夺等暴力方式来实现现代化。推动党和国家事业发展需要和平的国际环境和良好的外部条件，必须统筹国内、国际两个大局，坚定不移维护世界和平、促进共同发展。

---

① 《习近平著作选读》（第一卷），北京：人民出版社，2023年，第18页。

推动构建人类命运共同体必须坚持党对外事工作领导体制机制。面对复杂的国际局面，党中央统一决策，推进涉外体制机制建设，协调理顺各涉外部门和民间力量形成外交合力，为现代化建设创造良好的外部条件。党中央高度重视新时代中国特色大国外交理论的研究和建设，重视研究和运用国际法维护中国自身合法权益，建立涉外工作法务制度等。

推动构建人类命运共同体必须推进合作共赢的开放体系建设。中国坚持和平共处五项原则，坚定不移走和平发展道路，为现代化建设创造和平的国际环境和良好的外部条件。中国推动建设国际新秩序，主张维护国际多边贸易体制，跨越意识形态阻碍发展多国合作。为维护我国海外合法权益，中国健全对外开放安全保障体系和构建海外利益保护与风险预警防范体系，完善领事保护工作机制。

推动构建人类命运共同体必须积极参与全球治理体系建设。中国积极倡导多边主义，主张国际关系民主化，维护发展中国家权益和国际公平正义，推动全球治理机制变革和建设。面对全球发展失衡、环境污染、数字鸿沟等世界性难题，中国加强与各国合作对话，支持上海合作组织、金砖国家、二十国集团等平台机制化建设。

（九）创造人类文明新形态的制度安排

创造人类文明新形态，充分揭示了中国共产党领导中国人民对世界文明进步作出的重大贡献。中国式现代化始终坚持人民至上，根本区别于西方国家资本至上的旧形态。世界是多样的，人类文明是多元的，每个国家走向现代化的路径也各不相同。一个美好的世界应该是各种文明和谐共生，相互借鉴，相互促进。中国式现代化坚持独立自主，通过走自己的路，探索构建根本领导制度、根本政治制度、根本文化制度，基本政治制度和基本经济制度，以及由经济、政治、文化、社会、生态、党的建设等多方面的体制机制组成的重要制度，创造了人类文明新形态。

创造人类文明新形态既是中国式现代化的本质要求，也是中国式现代化取得的重要成果，更是中华文明对世界文明的新贡献。中国式现代化树立了平等、互鉴、对话、交流、包容的文明观，以文明交流超越文明隔阂，以文明互鉴超越文明冲突，以文明共存超越文明优越，中国创造的人类文明新形态为世界发展中国家实现现代化提供了新的借鉴和参考，中国倡导和平、发展、合作、共赢理念，必将为世界文明发展进步注入新动能。

概言之，每个国家都有自己独特的文化、历史和国情，世界上既不存在定于一尊的现代化模式，也不存在放之四海而皆准的现代化标准。中国式现代化是中国共产党领导中国人民，立足本国历史与国情，坚持以人民为中心，充分尊重不同社会利益群体的意愿诉求，寻求改革发展的最大公约数，提出了全面建成社会主义现代化强国这一宏伟目标，进一步深化了我们党对社会主义建设规律的认识，构建了全面、系统、完整的中国特色社会主义制度体系。依靠这样的制度安排，中国保持了经济快速发展和社会长期稳定。中国共产党团结带领亿万人民群众共同致力于社会主义现代化建设，我们有理由相信，中国式现代化必将全面推进中华民族伟大复兴，并为世界人民带来更多福祉。

三、中国式现代化的生动实践

现代化是人类社会发展进程中的一次巨大转型，是人类社会文明进步的显著标志，也是近代以来世界各国不断追求的发展目标。党的十八大以来，以习近平同志为核心的党中央团结带领全党全国人民，成功推进和拓展了新时代的中国式现代化历史伟业，开启了全面建设社会主义现代化国家的新征程。在党的二十大报告中，习近平指出："从现在起，中国共产党的中心任务就是团结带领全国各族人民全面建成社会主义现代化强国、实现第二个百年奋斗目标，以中国式现代化全面推进中华民族伟大复兴。"①站在新的历史起点上，广大人民群众在中国共产党领导下，奋力拼搏，共同致力于以中国式现代化全面推进中华民族伟大复兴。

（一）坚持加强党的全面领导和党中央集中统一领导，中国式现代化的领导力量更加坚强有力

领导力量是一个国家实现现代化的根本所在，"由谁领导"直接关系着现代化建设的前进道路和发展方向。中国共产党的领导是党和国家的根本所在、命脉所在，是全国各族人民的利益所系、命运所系，是党和国家事业不断发展的"定海神针"。党的二十大报告明确指出："中国式现代化，是中国共产党领导的社会主义现代化。"②这一重要论断，深刻阐明了中国式现代化的根本性质，指明了中国式现代化建设的领导力量。在中国共产党诞生之前，没有任何政治力量能担负起实现现代化的历史使命。中国共产党成立后，中国人民就有了前进路上的主心骨。实践证明，坚持中国共产党的领导，是中国式现代化的最大政治优势。

完善党的领导制度，凝聚中国式现代化的磅礴力量。制度管根本、管全局、管长远。早在新民主主义革命时期，中国共产党就展开对党的领导制度的探索。著名的古田会议确立了党对军队的绝对领导，形成党委统一领导各项工作的一元化领导体制。正是在党的坚强领导下，在党的领导制度保障下，党中央总揽全局、协调各方，取得了新民主主义革命的胜利。新中国成立后，坚持把党的领导贯穿于国家政权建设和政治生活中，1954年宪法以根本大法形式将党的领导融入国家制度，进一步推动党的领导制度发展健全，为建设社会主义新中国提供了坚强政

---

① 习近平：《高举中国特色社会主义伟大旗帜 为全面建设社会主义现代化国家而团结奋斗——在中国共产党第二十次全国代表大会上的报告》，北京：人民出版社，2022年，第21页。

② 习近平：《高举中国特色社会主义伟大旗帜 为全面建设社会主义现代化国家而团结奋斗——在中国共产党第二十次全国代表大会上的报告》，北京：人民出版社，2022年，第22页。

治保障。进入改革开放新时期，邓小平指出："领导制度、组织制度问题更带有根本性、全局性、稳定性和长期性。"[1]长期以来，我们党在坚持和完善党的领导方面进行科学探索和系统构建，形成一系列制度性成果。党的十八大以来，以习近平同志为核心的党中央把制度建设作为一项重要任务，贯穿党的建设全过程。党的十八届六中全会明确习近平总书记党中央的核心、全党的核心地位，建立坚决维护党中央权威和集中统一领导的相关制度。党的十九大把坚持党对一切工作的领导列为党的基本方略第一条，把"党是领导一切的"写进党章。党的十九届四中全会进一步将党的领导制度明确为根本领导制度。党的领导制度的日益完善，为实现中华民族伟大复兴提供了更为完善的制度保证，成功推进和拓展了中国式现代化。

增强党的领导能力，激发中国式现代化的强劲动力。中国共产党要确保始终成为中国式现代化建设的坚强领导核心，必须全面改进领导方式，增强领导能力，把党总揽全局、协调各方落到实处。党的十八大以来，中国共产党勇于直面问题，敢于刮骨疗毒，不断增强自身的政治领导力、思想引领力、群众组织力、社会号召力，确保党永葆旺盛生命力和强大战斗力。中国共产党制定和执行了一系列顺应历史发展大势的政治纲领，以及具有针对性的正确的路线方针政策，科学描绘了全面建成社会主义现代化强国的宏伟蓝图。中国共产党高度重视思想理论建设，在不断推进理论创新、进行理论创造的同时，也加强理论阐释、理论宣传、理论教育，使党的创新理论"飞入寻常百姓家"。中国共产党高度重视群众组织力建设，强调"中国共产党根基在人民、血脉在人民、力量在人民"[2]，坚持党密切联系群众的优良传统，增强全党特别是各级领导干部的为民意识，不仅确保了中国

---

① 《邓小平文选》（第二卷），北京：人民出版社，1994年，第333页。

② 习近平：《在庆祝中国共产党成立100周年大会上的讲话》，北京：人民出版社，2021年，第11页。

式现代化建设成果更多、更公平地惠及全体人民，而且有力号召群众以主人翁精神满怀热忱地投入现代化建设中。中国共产党不断增强社会号召力，以中国式现代化的美好愿景激励人、鼓舞人、感召人，汇集全体人民的智慧和力量，促进海内外中华儿女团结奋斗，推动中国式现代化不断向前发展。

坚持全面从严治党，确保中国式现代化行稳致远。全面从严治党是党永葆生机活力、走好新的赶考之路的必由之路。党的十八大以来，我们深入推进全面从严治党，坚持打铁还须自身硬，从制定和贯彻中央八项规定破题，提出和落实新时代党的建设总要求，以党的政治建设统领党的建设各项工作，坚持思想建党和制度治党同向发力，严肃党内政治生活，持续开展党内集中教育，提出和坚持新时代党的组织路线，突出政治标准选贤任能，加强政治巡视，形成比较完善的党内法规体系，推动全党坚定理想信念、严密组织体系、严明纪律规矩。经过不懈努力，党找到了自我革命这一跳出治乱兴衰历史周期率的第二个答案，自我净化、自我完善、自我革新、自我提高能力显著增强，管党治党宽松软状况得到根本扭转，风清气正的党内政治生态不断形成和发展，确保党永远不变质、不变色、不变味。站在新的历史起点上，面对新的时代课题，党中央进一步推进全面从严治党深入发展，精准有效治理贪污腐败和不正之风，为中国式现代化建设提供有力保障。

（二）贯彻新发展理念、构建新发展格局、推动高质量发展，中国式现代化的物质基础更加坚实

党的十八大以来，以习近平同志为核心的党中央，以巨大的政治勇气和强烈的使命担当，准确把握新发展阶段、全面贯彻新发展理念、加快构建新发展格局，提出一系列新理念新思想新战略，出台一系列重大方针政策，推出一系列重大举措，我国经济发展平衡性、协调性、可持续性明显增强，国家经济实力、科技实力、综合国力跃上新台阶，中国式现代化的物质基础日益坚实。

在贯彻新发展理念中坚实中国式现代化的物质基础。在参加十三届全国人大五次会议内蒙古代表团审议时，习近平提到了"五个必由之路"，其中之一便是"贯彻新发展理念是新时代我国发展壮大的必由之路"①。这一重大论断科学概括了党的十八大以来我国经济社会发展的经验，深刻揭示了我国发展壮大的"重要法宝"，为中国式现代化建设应该秉持什么发展理念提供了根本遵循。在新发展理念引领下，三次产业结构持续优化，传统产业改造力度不断加大，重新焕发新生；新产业蓬勃发展、新动能加快释放；区域协调发展深入推进，各区域经济总量不断攀升，经济结构持续优化，主体功能明显、优势互补、高质量发展的区域经济布局逐渐形成；乡村发展短板不断补齐，各地各部门坚持城乡统筹，着力建立健全城乡融合发展体制机制和政策体系。2022年，中国经济总量突破120万亿元人民币，按年均汇率计算，约18万亿美元，又跃上新的台阶。我国社会建设全面加强，人民生活全方位改善，展现了人民安居乐业、社会安定有序的良好局面。

在构建新发展格局中坚实中国式现代化的物质基础。改革开放以来，尽管遇到各种困难，但中国仍创造出第二次世界大战结束之后一个国家经济高速增长持续时间最长的奇迹，用几十年时间走完了发达国家几百年走过的发展历程。然而随着我国经济总量不断增大，以及国内外环境的变化，一系列矛盾日益突出。以习近平同志为核心的党中央准确把握经济发展大势，提出构建以国内大循环为主体、国内国际双循环相互促进的新发展格局。一方面，坚持扩大内需这个战略基点，畅通国民经济循环。中国共产党自觉把共同富裕摆在新发展格局中统筹推进，把不断提高人民生活品质作为畅通国内大循环的出发点和落脚点，作为国内国际双循环相互促进的关键联结点。以畅通经济循环推动人民群众内需潜力释放，以人民群众消费扩大和升级，助力建设可持续的超大规模国内市场，不断巩固我国

---

① 中央中央宣传部、国家发展和改革委员会：《习近平经济思想学习纲要》，北京：人民出版社，2022年，第49页。

发展优势。另一方面，顺应经济全球化发展趋势，深入参与国际循环。中国积极融入世界经济，不断以自身发展推动实现合作共赢，坚定维护以世界贸易组织为核心的多边贸易体制，积极商签更多高标准自贸协定和区域贸易协定，积极推动构建开放型世界经济，推动建立更加公平、公正、合理的全球经济治理体系，为促进世界经济强劲、可持续、平衡、包容增长发挥重要作用。

在推动高质量发展中坚实中国式现代化的物质基础。高质量发展是全面建设社会主义现代化国家的首要任务。我国经济已由高速增长阶段转向高质量发展阶段，这是以习近平同志为核心的党中央根据国际国内经济形势的变化，特别是我国发展条件和我国发展阶段的变化，在深刻认识我国经济发展规律和世界经济发展规律的基础上作出的重要判断。进入高质量发展阶段，能够更好地满足人民日益增长的美好生活需要。从供给方面来看，我国经济发展生产方式智能化水平明显提高，产业体系比较完整，需求捕捉力、核心竞争力显著增强。从需求方面来看，人民群众对生产生活的个性化、多样性需求不断得到满足，通过满足人民需求推动供给体系的结构性调整，供给侧结构性调整又不断满足人民的新需求。从整体经济循环发展来看，经济发展各个环节循环畅通，经济布局合理，整体发展稳中向好。更明确地说，进入高质量发展阶段后，我国经济发展不再追求速度和数量，关注点从"有没有"转向"好不好"。面对高质量发展的历史使命和现实态势，中国共产党以巨大的政治勇气和卓越的政治智慧深化供给侧结构性改革、构建协同发展的产业体系、推进全面深化改革、提升国内国际双循环质量和水平、加快建设现代化经济体系，为全面建设社会主义现代化国家开好局起好步。

（三）把文化建设摆在更加突出位置，中国式现代化的精神力量更为主动

习近平在党的二十大报告中指出："中国式现代化是物质文明和精神文明相协

调的现代化。物质富足、精神富有是社会主义现代化的根本要求。"①在推进现代化建设中，我们党不仅强调解放和发展社会生产力、促进经济持续快速增长，而且认为精神文明是中国特色社会主义的题中应有之义。站在新的历史起点上，我们要进一步推进建设社会主义文化强国，激发全民族文化创新创造活力，更好构筑中国精神、中国价值、中国力量，巩固全党全国各族人民团结奋斗的共同思想基础。

坚持马克思主义指导地位，维护社会主义意识形态安全。马克思主义是我们立党立国的根本指导思想，是指引我们不断夺取革命、建设、改革胜利的强大思想武器。党的十九届四中全会着眼新时代党和国家事业全局，明确将坚持马克思主义在意识形态领域指导地位确立为我们必须始终遵循的根本制度。为了维护社会主义意识形态安全，中国共产党坚持对新闻舆论工作的领导，牢牢坚持正确舆论导向，深入开展马克思主义新闻观教育，大力弘扬社会主义核心价值观，自觉抵制西方新闻观等错误观点的影响。中国共产党十分重视网络意识形态工作，不断加强互联内容建设，加强网上正面宣传，充分利用网络优势增强新闻宣传的权威性、时效性和针对性，使互联网这个最大变量释放最大正能量。中国共产党领导落实意识形态工作责任制，压紧压实做好意识形态工作的政治责任、领导责任。新时代意识形态领域面对的形势依然错综复杂、面临的风险挑战依然严峻，只有坚持马克思主义在意识形态领域的指导地位，建设具有强大凝聚力和引领力的社会主义意识形态，才能确保全体人民始终在理想信念、价值理念、道德观念上紧紧团结在一起，更好地服务党和国家中心工作，实现国家的长治久安。

推动中华优秀传统文化创造性转化、创新性发展，不断坚定文化自信。中华

---

① 习近平：《高举中国特色社会主义伟大旗帜 为全面建设社会主义现代化国家而团结奋斗——在中国共产党第二十次全国代表大会上的报告》，北京：人民出版社，2022年，第22页。

优秀传统文化是中华民族生生不息、发展壮大的丰厚滋养，是涵养社会主义核心价值观的重要源泉，是我们在世界文化激荡中站稳脚跟的坚实根基。习近平提出了推动中华优秀传统文化创造性转化、创新性发展的重要论断，标志着中国共产党在新的历史条件下对文化发展的认识达到一个新的高度。中央广播电视总台节目《典籍里的中国》以戏剧形态展示典籍魅力，以人物故事展示典籍价值；北京卫视节目《上新了·故宫》，以新颖的形式为古朴典雅的建筑增添鲜活的气息……一系列富有创新、富有成效的政策举措不断落地，以时代精神激活中华优秀传统文化的生命力，使中华优秀传统文化更具活力和生命力。我们始终结合新的时代条件传承和弘扬好中华优秀传统文化，并将其同培育和践行社会主义核心价值观统一起来，引导人民树立和坚持正确的历史观、民族观、国家观、文化观，不断增强文化自信。

高质量发展文化事业和文化产业，不断丰富人民精神生活。文化事业也称公益性文化事业，以非营利为目的，为全社会提供非竞争性、非排他性的公共文化产品和服务。文化产业，是从事文化产品生产和提供文化服务的经营性行业。发展文化事业和文化产业，是推动文化繁荣昌盛，丰富人民精神文化生活的必然要求。随着文化体制改革的不断深入、人民文化权益保障机制的日益完善，公共文化投入力度持续加大，公共图书馆、博物馆、文化馆、纪念馆、美术馆、综合文化服务站等公共文化服务设施不断完善，协调机制的建立、公共文化服务设施和资源的统筹整合，使得文化服务能力和服务水平明显提升。《人世间》《山海情》《觉醒年代》《我和我的祖国》《长津湖》《战狼》等优秀影视作品的横空出世，不仅满足了人民文化的需求，增强人民精神力量，而且发挥了聚人心、暖民心、强信心的作用。现代文化产业体系和市场体系不断健全，文化经济总量明显增加，新型文化业态发展势头强劲，文化投资主体日益多元化，文化消费模式不断优化升级。

（四）以人民为中心大力推进社会建设和社会治理现代化，中国式现代化朝着全体人民共同富裕的方向不断前进

"人民对美好生活的向往，就是我们的奋斗目标。"①这是习近平在十八届中共中央政治局常委同中外记者见面时作出的庄严宣示。以习近平同志为核心的党中央将这一奋斗目标全面融入国家发展战略和具体行动，脱贫攻坚战取得全面胜利，如期全面建成小康社会，人民对美好生活的向往不断变为现实，中国式现代化朝着全体人民共同富裕的方向不断前进。

如期实现全面建成小康社会目标，筑牢全体人民共同富裕的坚实根基。"民亦劳止，汔可小康。""小康"一直是千百年来中国人民最朴素的愿望，是中华民族自古以来追求的理想社会状态。中国共产党从成立伊始，就团结带领人民为创造美好生活进行不懈奋斗。改革开放之初，邓小平用"小康"来诠释中国式现代化，提出"在中国建立一个小康社会"的奋斗目标。党的十八大提出"全面建成小康社会"，把"建设"调整为"建成"，顺应人民的新要求，彰显党团结带领人民夺取全面建成小康社会胜利的坚定决心。在以习近平同志为核心的党中央坚强领导下，我们坚持精准扶贫、尽锐出战，打赢了人类历史上规模最大的脱贫攻坚战，历史性地解决了绝对贫困问题；我们统筹推进"五位一体"总体布局，协调推进"四个全面"战略布局，经济更加发展、民主更加健全、科教更加进步、文化更加繁荣、社会更加和谐、人民生活更加殷实，人民群众的获得感、幸福感、安全感明显提升。

发展全过程人民民主，夯实全体人民共同富裕的政治基础。全过程人民民主是社会主义民主政治的本质属性，是最广泛、最真实、最管用的民主。它是把人民当家作主具体地、现实地体现到党和国家发展的方方面面，具体地、现实地体

---

① 《习近平谈治国理政》（第一卷），北京：外文出版社，2018年，第4页。

现到实现人民对美好生活向往的工作上来。发展全过程人民民主不仅可以有效防止西方民主选举时漫天许诺、选举后无人过问的现象，抵制西方所谓"三权分立"、多党执政等政治思潮的影响，而且能够丰富民主的内容与形式，实现最广大人民的广泛持续参与，确保人民当家作主权利真正得到落实。"十四五"规划编制工作开展网上征求意见期间，广大人民群众踊跃参与，留言 100 多万条，有关方面从中整理出 1000 余条建议；民法典草案编纂过程中，先后 10 次公开征求意见，累计收到 42.5 万人提出的 102 万条意见和建议……在党的领导下，我国全过程人民民主的发展与完善赋予全体人民依法通过各种途径和形式参与管理国家和社会发展的权利，为实现人民的美好生活提供了有力保障。

积极创造美好生活，奠定全体人民共同富裕的有力支柱。办好中国的事，让 14 亿多中国人民过上更加美好的生活，促进人类和平与发展的崇高事业，是中国共产党矢志不渝的奋斗目标。党的二十大报告指出，江山就是人民，人民就是江山。中国共产党领导人民打江山、守江山，守的是人民的心。治国有常，利民为本。为民造福是立党为公、执政为民的本质要求。必须坚持在发展中保障和改善民生，鼓励共同奋斗创造美好生活，不断实现人民对美好生活的向往。进入新时代，以习近平同志为核心的党中央坚持以人民为中心的发展思想，着力补齐民生保障短板，在幼有所育、学有所教、劳有所得、病有所医、老有所养、住有所居、弱有所扶上持续用力，人民生活全方位改善。10 多年来，累计实现城镇新增就业 1.3 亿人；城乡就业格局发生历史性改变，8000 多万高校毕业生总体就业水平保持稳定，新产业工人总量增至 2.9 亿人……全国居民人均可支配收入由 2012 年的 1.65 万元，增加到 2022 年的 3.68 万元。2017 年，我国居民恩格尔系数为 29.3%，根据联合国的划分标准，跨入富足区间。2018 年至 2022 年我国居民恩格尔系数基本保持在富足区间，人民生活水平实现历史性跨越。

（五）坚持绿水青山就是金山银山的理念，中国式现代化向着人与自然和谐共生迈出坚实步伐

生态文明建设关系经济社会发展，关系人民生活幸福。加强生态文明建设，是推动经济社会高质量发展的必然要求，也是广大群众的共识和呼声。党的十八大以来，以习近平同志为核心的党中央始终把生态文明建设放在治国理政的突出位置。从秦岭深处到祁连山脉，从洱海之畔到三江之源，从南疆绿洲到林海雪原，习近平走到哪里就把建设生态文明的观念讲到哪里。在党的坚强领导下，在绿水青山就是金山银山理念的引领下，我们坚持山水林田湖草沙一体化保护和系统治理，生态文明制度体系更加健全，生态环境保护发生历史性、转折性、全局性变化，祖国的天更蓝、山更绿、水更清，中国式现代化向着人与自然和谐共生迈出坚实步伐。

从保护到修复，生态环境质量显著改善。"生态兴则文明兴，生态衰则文明衰。"[1]"像保护眼睛一样保护生态环境，像对待生命一样对待生态环境。"[2]……一系列新理念、新思想、新战略，助推生态环境持续改善。一是推进国土绿化，还人间以更多绿色。党的十八大以来，我国森林覆盖率提高2.68个百分点，达23.04%；森林植被总碳储量净增13.75亿吨，达92亿吨。森林面积和蓄积量持续"双增长"，近20年来中国成为全球森林资源增长最多的国家。二是防治水土流失，还大地以根基。从坡耕地众多的长江中上游到千沟万壑的黄土高原，从"有水存不住"的西南石漠化片区到侵蚀沟严重的东北黑土区，兴修梯田、打坝淤地、固沟保土、恢复植被，大力开展水土流失综合治理，书写了一个又一个绿色奇迹！三是加强蓝天保卫，还天空以蔚蓝。通过实施大气污染防治行动计划、打赢蓝天保卫战三年行动计划，强化区域联防联控和重污染天气应对，中国成为全球第一个大规模开展$PM_{2.5}$治理

---

① 《习近平生态文明思想学习纲要》，北京：人民出版社，2022年，第11页。
② 《习近平生态文明思想学习纲要》，北京：人民出版社，2022年，第14页。

的发展中国家。四是修复水生态，还生命以家园。深入实施水污染防治行动计划，长江保护修复、饮用水水源地保护等持续推进，河湖长制全国推行。2022年，国家地表水优良水质断面比例为87.9%，同比上升3个百分点。

从制度到实践，绿色低碳发展加快推进。党的十八大以来，我国将深化生态文明体制改革作为全面深化改革、坚持和完善中国特色社会主义制度的重要内容，着力构建系统完整的生态文明制度体系。完善生态文明领域统筹协调机制，健全党委领导、政府主导、企业主体、社会组织和公众参与的现代环境治理体系，构建一体谋划、一体部署、一体推进、一体考核的制度机制。党中央大力推进制度创新，增加制度供给，完善制度配套，强化制度执行。组织实施主体功能区战略，建立健全自然资源资产产权制度、国土空间开发保护制度、生态文明建设目标评价考核和责任追究制度、生态补偿制度、河湖长制、林长制、环境保护"党政同责"和"一岗双责"等一系列重要制度。制定修订环境保护法、大气污染防治法、水污染防治法等多部法律法规，持续深化省以下生态环境机构监测监察执法垂直管理、生态环境保护综合行政执法等改革，为生态文明建设保驾护航。这一系列制度的构建和落实，推动形成节约资源和保护环境的空间格局、产业结构、生产方式、生活方式，展示了我国全面绿色低碳转型的坚定决心和坚实步伐。

从理念到成效，生态文明理念深入人心。小康全面不全面，生态环境质量很关键。习近平强调："不能一边宣布全面建成小康社会，一边生态环境质量仍然很差，这样人民不会认可，也经不起历史检验。"[1]党的十八大以来，从坚决打赢蓝天、碧水、净土保卫战，到实施保护天然林、退耕还林还草等生态保护重大工程，再到开展排污许可、实行河湖长制、禁止洋垃圾入境，"十三五"时期我国成为世界上污染治理力度最大的国家，生态文明建设取得巨大成就，进一步擦亮全面小

① 习近平：《论把握新发展阶段、贯彻新发展理念、构建新发展格局》，北京：中央文献出版社，2021年，第252页。

康的绿色底色。此外，生态旅游、生态农业快速发展，减排增收、变废为宝的企业遍地开花，许多保护区的渔民成为清漂人、伐木工变身护林员，这些事例无不说明：通过技术创新、结构优化、思路转变，生态与经济能够平衡，保护和发展能够双赢。处理好"绿水青山"和"金山银山"的关系，不仅是实现可持续发展的内在要求，而且是推进现代化建设的重大原则。可以说，全党全国推动绿色发展的自觉性和主动性显著增强，绿水青山就是金山银山的理念成为全党全社会的共识和行动，简约适度、绿色低碳、文明健康的生活方式成为新风尚。

从中国到世界，为解决全球生态环境问题贡献中国力量。习近平指出："要积极推动全球可持续发展，秉持人类命运共同体理念，积极参与全球环境治理，为全球提供更多公共产品，展现我国负责任大国形象。"[1]长期以来，中国积极参与全球生态文明建设，深度参与全球生态治理体系变革，加快构筑尊崇自然、绿色发展的生态体系，形成世界环境保护和可持续发展中国方案，展现负责任大国的形象和担当。从成为《联合国气候变化框架公约》《生物多样性公约》的首批缔约国，到倡议共建"绿色丝绸之路"，为全球应对气候变化注入动力；从积极推进"2020年后全球生物多样性框架"，到宣布中国碳排放及碳中和目标……国际社会有目共睹，中国可谓是全球生态文明建设的重要参与者、贡献者、引领者。中国的生态环境建设举措和绿色发展理念引发世界的共鸣。2013年，联合国环境规划署理事会会议通过推广中国生态文明理念的决定草案；2016年，联合国环境规划署发布《绿水青山就是金山银山：中国生态文明战略与行动》报告；2019年，联合国环境规划署发布《北京二十年大气污染治理历程与展望》评估报告，认为北京在大气环境质量改善方面取得了令人瞩目的成效，其中有很多值得学习和借鉴的经验做法。

---

① 本书编写组：《国家生态安全知识百问》，北京：人民出版社，2021年，第142页。

（六）全面推进中国特色大国外交、推动构建人类命运共同体，中国式现代化在和平发展道路上越走越宽广

中国式现代化是走和平发展道路的现代化，这条道路改变了西方式现代化固有的扩张、掠夺、霸权的发展基因，谋世界人民之利、解世界人民之忧，为解决人类面临的共同问题、建设美好世界贡献力量。

以开放为导向，创造共同发展之路。当前，世界正处于大发展大变革大调整时期。面对复杂变化的世界，人类社会向何处去？是开放还是封闭？是前进还是后退？人类面临着新的重大抉择。以习近平同志为核心的党中央以高瞻远瞩的战略眼光、视野宏阔的大局观念、始终如一的历史担当，实施更为积极主动的对外开放战略，坚定不移推进新一轮高水平对外开放，提出共建"一带一路"重大倡议。2022年，我国与共建"一带一路"国家贸易规模创历史新高，货物贸易额达13.8万亿元，同比增长19.4%，高于整体增速11.7个百分点。"一带一路"提出10多年来，一批批旗舰项目拔地而起，一个个民生项目拔节生长，走进共建国家和地区人民的生活。世界清晰地看到，"一带一路"把世界的机遇变为中国的机遇，也把中国的机遇转变为世界的机遇，为世界经济增长开辟新空间，为国际贸易和投资搭建新平台，为完善全球经济治理拓展新实践，为增进各国民生福祉作出新贡献。

以合作为基础，创造互利共赢之路。独木不成林，孤雁难成行。当今世界，人类社会越来越紧密地联系在一起，世界各国之间越发利益相关、命运相连。在这种时代背景下，任何一个国家都不可能远离经济全球化独自发展，也不可能丝毫不受经济全球化的影响，更不可能阻碍经济全球化的历史发展趋势。党的十八大以来，习近平就全球发展问题发表一系列重要讲话，坚持用实际行动推进各国在粮食安全、网络安全、生物安全、环境治理、数字经济等多领域、多维度的深层次合作。截至目前，中国与180多个国家建立了外交关系，与100多个国家和地区组织建立了不同形式的伙伴关系，与有关国家缔结了2万多条双边条约，参与了

100多个政府间国际组织，实现对大国、周边和发展中国家伙伴关系的全覆盖，全球伙伴关系网络越织越密。与此同时，中国在多边机制中发挥着越来越重要的作用，不断加强与世界各国的联络、互动、对话和合作，打造覆盖全球的"朋友圈"。

以共商共建共享为原则，创造公平正义之路。中华民族自古崇尚讲信义、重情义、扬正义、树道义。2013年3月，习近平主席在访非期间首次提出正确义利观，强调义利并举、以义为先。自从恢复在联合国合法席位以来，中国始终同世界各国人民团结合作，维护国际公平正义，为世界和平与发展作出重大贡献；始终维护联合国权威和地位，践行多边主义，同联合国合作日益深化。自从加入世贸组织以来，中国严格遵守世贸组织规则，认真履行承诺义务，为维护多边贸易体系、完善全球治理作出越来越多的贡献。进入新时代以来，中国共产党顺应和平发展、合作共赢的发展趋势，在处理国际政治问题上，秉持公道正义，坚持平等相待，严格遵守国际关系准则，共同努力推动全球治理朝着更加公平合理的方向发展。历史和实践表明，中国对外开放政策的稳定性、透明度、可预见性显著提高。今日之中国，以其自身稳健发展成为世界经济增长的"动力源"和"稳定器"。

以交流互鉴为宗旨，创造文明对话之路。文明因交流而多彩，文明因互鉴而丰富。中华文明之所以绵延不绝，一个重要原因就在于敢于兼收并蓄、交流互鉴。党的十八大以来，中国共产党倡导用文明交流互鉴破解"文明冲突论"，为推动全球团结合作、共克时艰发挥重要作用，也为动荡不安的世界带来信心和希望。在2023年3月15日举行的中国共产党与世界政党高层对话会上，习近平首次提出全球文明倡议，这是继共建"一带一路"、全球安全倡议、全球发展倡议后提出的又一全球性公共产品。全球文明倡议的提出，不仅吹响了中国积极推动文明交流互鉴、促进人类文明进步的号角，也为推动更高水平的国际合作提供了实践指向。全球文明倡议为保护世界文明多样性，推动全球文明交流互鉴，拓宽构建人类命运共同体的实践路径提供了中国智慧和中国方案，对人类文明的发展产生重要影响。

第四章

中国式现代化的
叙事方式

一、中国式现代化的文明叙事

中国式现代化是马克思主义关于人类文明新形态探索的时代化成果，是中国共产党领导中国人民在实现民族复兴征程中以求真务实的精神开创的人类文明新形态，蕴含着中国在百年未有之大变局的背景下解决现代性难题、建设社会主义现代化强国的实践智慧。中国式现代化立足自身国情的同时借鉴各国现代化的成功经验，在传承中华文明的同时融合发展现代文明，创造了以人民为中心的政治文明新形态、满足人民美好生活需要的社会文明新形态、践行辩证法智慧和系统性观点的人类文明新形态，超越了以资本为核心的西方现代化，推动了人类文明进程。

（一）现代化文明评判的理论溯源

现代化与文明之间有着内在的历史关联，中国式现代化呈现一种崭新的文明观。"文明是实践的事情。"[①]马克思和恩格斯基于对唯物史观文明论的思考，从人类的物质生产实践中探寻对文明的科学认知，从实践出发阐发文明的特性，形成了系统的文明观。马克思和恩格斯关于文明的唯物史观论述为认识和理解人类文明提供了理论指导。从中华文明到社会主义文明再到现代文明，中国式现代化的进程是人类追寻文明的一种螺旋上升的实践过程。唯物史观的文明论具备坚定的人民价值立场，当人类作为主体进入现代化进程中，文明的特性、结构、演化与价值指向开始渐渐形成，形成一种新的人类文明形态。理解中国式现代化离不开马克思主义，它是马克思主义基本原理同中国具体实际相结合，同中华优秀传统文化相结合的伟大创造，体现出中国式现代化注重传统文明与现代文明的融合，遵循守正创新的文明观，倡导不同文明之间交流互鉴的文明观，坚持以人民为中

---

① 《马克思恩格斯文集》（第一卷），北京：人民出版社，2009年，第97页。

心的文明观。中国式现代化，契合了人类发展的历史趋势，创造出一种崭新的人类文明形态。中国式现代化作为创造人类文明新形态的历史实践形态，蕴含着中国特色的文明理念，内在规定着中国式现代化的文明方向，影响着世界现代化及人类文明的发展。

中国式现代化实践本身体现为对现代文明的追求，即中国式现代化自身蕴含着文明的理想，具体展开为追求文明理想的实践活动。以马克思主义对文明的观点来看，西方现代化的文明是历史产生的，有其发展周期，有繁盛期和积极作用，也有其滞后期和历史局限，人类现代化文明的发展不会止步于西方现代化的形式。文明进程并不是单一的线性进步过程，而是普遍性与特殊性相结合、多元开放的发展进程。马克思和恩格斯对西方的现代化进程用"文明时代""文明社会"这样的概念来指称，"文明时代是社会发展的这样一个阶段，在这个阶段上，分工、由分工而产生的个人之间的交换，以及把这两者结合起来的商品生产，得到了充分的发展，完全改变了先前的整个社会"①。马克思和恩格斯肯定西方现代化文明在促进社会生产力增长方面取得的成就，又通过辩证的批判指明资本主义现代文明生产力的增长表象与劳动的异化实质。劳动的异化丧失了活动的自由、自觉本质，使财富凌驾于人之上，人的发展也随之陷入与自由全面相悖的片面异化状态。马克思和恩格斯的文明观洞察西方现代化文明的本质，是占统治地位的资产阶级"赋予自己的思想以普遍性的形式，把它们描绘成唯一合乎理性的、有普遍意义的思想"②，一方面显现马克思和恩格斯对西方现代化文明的批判立场，另一方面揭示了资本主义现代化的内在矛盾，指出它必将被更高发展阶段所代替的历史趋势。因此现代化与文明观之间是具有历史性关联的，西方现代化文明观是被西方资产阶级抽象化统治的文明观，表达的是西方资产阶级根本利益的意识形态，赋予自

---

① 《马克思恩格斯文集》（第四卷），北京：人民出版社，2009年，第193页。
② 《马克思恩格斯文集》（第一卷），北京：人民出版社，2009年，第552页。

身的文明理念、社会制度以普遍性和唯一性。马克思主义通过对西方现代化和资本主义的批判，指明了科学社会主义作为更高文明形态的历史必然性，开拓了新文明理念和新文明形态。

（二）中国式现代化的文明发展动力

坚持中国共产党的领导核心地位是中国式现代化取得成功的核心密码。"中国共产党是用马克思主义理论武装起来的政党"①，坚持以马克思主义的立场、观点、方法分析中国现代化的具体情况和解决实际问题是中国共产党领导现代化建设的根本指南。以我们正在做的事情为中心，坚持顶层设计与问计于民相结合是中国共产党运用马克思主义方法论解决中国现代化问题的特点。中国共产党代表最广大人民的根本利益，拥有强大的社会凝聚力，在现代化建设全局中发挥"总揽全局、协调各方的领导核心作用"②。

中国式现代化的自我驱动的重要动力源于中国共产党自强不息，以自我革命引领社会革命，推动中华民族伟大复兴。中国共产党在马克思主义文明观的指导下，在吸收古今中外各种文明精华的基础上，依据中国共产党在革命、建设、改革和新时代对文明的认识而提出了关于中国式现代化的概念范畴，党的十八大以来，面对百年未有之大变局，中国共产党从世界历史和人类文明进程的宏观视角出发，在对中国式现代化经验提炼的基础上，推动文明叙事的创新发展，以更好地向国际社会传播中国式现代化所蕴含的价值意蕴，与世界其他文明开展交流对话。

新时代中国共产党人坚持辩证唯物主义思维，站在人类文明演进和世界文明发展的历史高度把握人与人、人与社会和人与自然的关系，创新性地提出了一系列话语，形成了以人类文明新形态为统领的文明叙事话语，实现了文明实践性与

---

① 《习近平谈治国理政》（第三卷），北京：外文出版社，2020年，第74页。
② 《习近平谈治国理政》（第一卷），北京：外文出版社，2018年，第13页。

先进性的有机结合。中国式现代化的文明叙事话语是中国共产党基于中国实践，在观察时代、把握时代的过程中基于中国实践建构起来的具有社会主义属性的文明叙事话语。

中国共产党的文明叙事话语紧密结合批判性和建构性，不但批判了资本主义文明的历史局限性，还强调自我批判，从而更加明确了社会主义在发展中的问题和社会主义文明的优越性，同时自觉谋划社会主义文明推进的基本蓝图，提出构建"人类文明新形态"，以促进人类文明的发展与进步。中国式现代化的文明叙事不仅把当代社会主义事业与中华优秀传统文化联系起来，接续上了中华优秀文明话语，而且与鸦片战争以来中华民族对现代文明的探索与思考联系起来，从而使中国式现代化的文明叙事有了强烈的纵深感和深厚的历史渊源。中华文明不仅能为中国式现代化的文明叙事提供前提性资源，而且还能为中国共产党预判人类文明发展态势提供某种参考。

正是因为中国共产党始终以马克思主义为指导，才能坚定对中国式现代化的文明叙事方向，才能抵制各种非马克思主义思潮的侵蚀，才能创造出不同于西方现代文明的人类文明新形态。可以说，马克思主义既为中国式现代化的文明叙事提供了指导，也为中国共产党持续建构文明叙事话语提供了基石。马克思主义认为，广大人民群众是文明创造的主体，人们在实践的过程中，创造了大量的文明成果，同时也提高了自身的文明素质，最终将会实现个人的自主活动。马克思从"现实的人"出发，深入考察了从事物质生产的"现实的人"在文明形成过程中的重要价值与特殊意义。中国共产党自成立以来便深刻领悟到马克思文明思想的精髓，并将其嵌入中国文明的现代转型中，逐步建构起推动社会进步的文明叙事话语。可以说，尊重人民主体地位，坚持"人民至上"理念是中国共产党构筑中国式现代化文明叙事话语的价值指引。从群众史观出发，中国式现代化承载着人民群众对现实利益的诉求和对美好生活的追求，也正是承载着这些内容，人民群众才会自发地、积极地传播中国式现代化。

中国共产党坚持从中国发展的现实出发，在深化对共产党执政规律、社会主义建设规律和人类社会发展规律认识的基础上，赋予中国式现代化以新的话语表达和更深刻的话语诠释，在人类文明视野中系统阐释中华文明的发展逻辑及其精神实质，在文明的交流与互鉴中增强文明叙事的活力，在文明的美美与共中实现文明叙事的创新发展。

（三）中国式现代化的文明演进逻辑

中国共产党历经百年实践，"推动物质文明、政治文明、精神文明、社会文明、生态文明协调发展，创造了中国式现代化新道路，创造了人类文明新形态"①。中国式现代化与人类文明新形态相互之间属于同生互构关系，人类文明新形态在中国式现代化的实践中形成，中国式现代化开拓了其他国家的现代化路径，为人类文明作出了新贡献。

改革开放之后，物质文明进步速度较快，但是精神文明、政治文明明显滞后于物质文明的发展。面对资本异化导致的"异己的扭曲"现象，建立与物质文明相协调的精神文明、政治文明出现在对中国式现代化的描述中。进入21世纪，面对"低水平、不全面、发展很不平衡的小康"，党的十五大报告提出了"生产发展、生活富裕、生态良好的文明发展道路"。新时代五个文明协调发展成为文明叙事话语的重要内容，"五位一体"文明既是马克思主义文明观在当代中国的具体表达，也是中国式现代化的文明表现和文明路向。

中国式现代化以中华优秀传统文化为底蕴。中华优秀传统文化源远流长，内含着超越阶级性和历史局限性的智慧，"崇仁爱、重民本、守诚信、讲辩证、尚和

---

① 习近平：《在庆祝中国共产党成立100周年大会上的讲话》，北京：人民出版社，2021年，第13~14页。

合、求大同"①等思想为中国式现代化提供了文化滋养，对社会主义制度下现代化的生产和生活方式提供了精神引领和道德规约。"中国特色社会主义文化积淀着中华民族最深层的精神追求，代表着中华民族独特的精神标识，是中国人民胜利前行的强大精神力量"②，中华优秀传统文化在当代的创造性转化与创新性发展，将其蕴含的历史智慧、道德伦理、精神力量等优秀文化因素传承至中国特色社会主义文化中，凝结并转化为建设社会主义现代化强国的强大精神力量，成为中国式现代化发展的深厚文化根基。

新民主主义革命时期确立了文明的发展路向，中国共产党面临三座大山的压力，面对帝国主义与中华民族的矛盾、封建主义与人民大众的矛盾，中国共产党一方面要带领广大人民实现民族独立，另一方面肩负着创建新文明的重担，因为文明的目标定向是首先要分析清楚的问题。中国共产党在新民主主义革命时期确立了共产主义的文明目标，在践行基本纲领的实践中，成为带领人民实现民族独立和新文明目标的领导力量。社会主义革命和建设时期奠定了文明的制度保障，建设社会主义文明面临先进的社会主义制度同落后的社会生产之间的矛盾，将文明理念与文明实践上升到制度层面才能够为新文明的发展提供强有力的保障。经济上确立起以生产资料公有制为基础的社会主义基本经济制度，为社会主义经济的持续发展提供了制度基础。政治上确立了人民代表大会制的政体，人民至上的文明理念区别于资本主义政治文明，始终坚持"一切依靠人民"的政治原则，以"一切为了人民"的政治理念将人民的现实需要与全面发展作为现代化的使命，体现了社会主义政治文明的先进性。改革开放和社会主义现代化建设新时期显现出中国式的文明特色，将这一时期中国现代化建设的文明实践置于我国社会主义初级阶段的基本国情中，实事求是地确立文明发展的路径与目标，对经济和政治体

---

① 习近平：《在文艺工作座谈会上的讲话》，北京：人民出版社，2015年，第25页。
② 《习近平谈治国理政》（第二卷），北京：外文出版社，2017年，第51页。

制进行改革，走出了一条中国特色社会主义道路，为人类新文明形态的开创提供了现实可能。进入新时代，我国现代化建设取得了全方位、开创性的历史性成就，全面建成了小康社会，完成了第一个百年奋斗目标，创造了中国式现代化道路和人类文明新形态。中国式现代化创造的人类文明新形态，以其民本的核心价值观超越了资本至上的西方现代文明，以"五位一体"文明的并联式发展超越了单一线性发展的西方现代化文明。面对我国人民日益增长的美好生活需要和不平衡不充分的发展之间的矛盾，人类文明新形态对美好生活的蓝图规划了人民对美好生活的需要，实现了人民对美好生活的向往。以全过程人民民主的方式真正将人民作为中国式现代化建设的主体，创新了政治文明的现代化。

（四）中国式现代化的文明意义及时代价值

中国式现代化是人类文明发展史上的标志性事件，"以自强不息的奋斗深刻改变了世界发展的趋势和格局"[1]，它积极引领着人类文明进程，具有深远的社会历史意义。党的二十大报告指出："从二〇三五年到本世纪中叶把我国建成富强民主文明和谐美丽的社会主义现代化强国。"[2]建设社会主义现代化国家的过程，就是一条将马克思主义文明观付诸实践并将人类文明向着更高级的文明形态迈进的道路。

中国式现代化开辟出了一条新的现代文明发展道路，为其他国家追求现代化提供了新的文明路向选择，改变了人类文明发展格局。工业革命肇始于西方，现代文明也首先在西方国家展开，资本主义文明一直处于强势状态并改变着世界格局。伴随三次工业革命的完成，西方国家掌握了科学技术的主导权和国际话语权，

---

[1] 《中共中央关于党的百年奋斗重大成就和历史经验的决议》，北京：人民出版社，2021年，第64页。

[2] 习近平：《高举中国特色社会主义伟大旗帜 为全面建设社会主义现代化国家而团结奋斗——在中国共产党第二十次全国代表大会上的报告》，北京：人民出版社，2022年，第24页。

西方现代化模式在世界范围内快速推广开，同时，其内部的各种矛盾也逐渐显现出来，西方资本主义私有制背景下的现代化模式未能应对可持续发展的中国式现代化的冲击。中国式现代化汲取西方现代化和苏联现代化的经验，开辟出一条以解放和发展生产力为中心的任务，积极调动一切可用资源共同建设现代化的文明发展之路，"仅用几十年时间就走完发达国家几百年走过的工业化历程，创造了经济快速发展和社会长期稳定两大奇迹"①。中国式现代化向世界昭示着落后国家追求现代化的可能，为其他国家追求现代化发展提供了全新路径选择。

中国式现代化彰显了辩证智慧与系统发展理念。中国式现代化是一种辩证式的发展模式，它直面在革命、建设、改革过程中的诸多难题，"用普遍联系的、全面系统的、发展变化的观点观察事物"②，把握其中的主要矛盾，找到解决问题的最优解。中国式现代化坚持用系统观念辩证地看待发展过程中的问题，科学处理人与自然、历史与现实的辩证关系，并以整体的观念凝聚形成推动现代化发展的合力，在系统观念指导下统筹区域和城乡的协调发展，在整体协调推进现代化发展进程中体现了独特的文明性。面对百年未有之大变局，信息安全问题、生态环境问题、发展差距问题等全球性问题日益增多，亟待各国合作解决。在历史的十字路口抓住机遇，应对全球性问题，对人类文明的发展意义深远。中国式现代化以"人类命运共同体"的文明理念为指导将自身的发展机遇与世界相联动，充分发挥主观能动性及社会主义优势，顺应人类发展规律，积极为人类文明的发展贡献力量。通过共建"一带一路"与沿线国家实现协同发展，参与全球经济合作，"我们构建新发展格局，绝不是封闭的国内单循环，而是开放的、相互促进的国内

---

① 《中共中央关于党的百年奋斗重大成就和历史经验的决议》，北京：人民出版社，2021年，第63页。

② 习近平：《高举中国特色社会主义伟大旗帜 为全面建设社会主义现代化国家而团结奋斗——在中国共产党第二十次全国代表大会上的报告》，北京：人民出版社，2022年，第20页。

国际双循环"①。中国式现代化尊重生产力的发展规律，坚持对外开放，为广大发展中国家创造有利发展条件，使世界范围内的资源优势得到更加合理的分配以推动世界经济的联动发展，坚持走和平发展道路的文明理念来践行"美美与共，天下大同"的人类整体发展文明愿景，为解决全球性问题贡献了中国智慧。

中国式现代化推动了人类文明的发展。在马克思主义文明观的影响下，人类文明新形态指向人的自由全面发展，社会主义制度为其提供了制度保障。中国式现代化中的民本核心价值观在实践中体现为人民共享中国式现代化的发展成果。极大激发了人民群众进行社会主义现代化建设的积极性、主动性和创造性。社会主义市场经济体制和分配制度在尊重人民劳动成果的基础上实现了资源的优化配置，兼顾了发展效率与社会公平，为人的自由发展创造了前提条件。中国用几十年的时间走完了西方几百年时间完成的工业化历程，实现了经济的长期增长和社会的长期稳定，凸显了中国式现代化的优越性。中国脱贫攻坚的胜利为人类减贫事业提供了案例示范，推动了人类文明的一大进步。

中国式现代化破除了单一的西方现代化模式，打破了"现代化等于西方化"的迷思，成功走出了一条中国式现代化新道路，为人类追求现代化指明了新的发展方向。于表现形态上，中国式现代化是人口规模巨大的现代化，是全体人民共同富裕的现代化，是物质文明和精神文明相协调的现代化，是人与自然和谐共生的现代化，是走和平发展道路的现代化；于价值准则上，中国式现代化坚持人民至上，以全体人民的共同富裕为发展目标，坚持发展成果由人民共享，超越了西方以资本增殖为根本目的现代化；于发展追求上，中国式现代化以社会主义市场经济为动力机制，坚持改革开放，以新时代的"天下观"正确认识与处理中国式现代化与世界现代化的关系，坚持互利共赢、主张公平正义，将中国式现代化取

① 《习近平重要讲话单行本》（2020 年合订本），北京：人民出版社，2021 年，第 234 页。

得的经验与成就与世界分享互鉴，彰显了中国式现代化文明的世界意义。

中国式现代化创造出的人类文明新形态从21世纪马克思主义的角度看待和解决西方现代化文明提出的问题，在新的文明高度推动人类文明形态的变革，让世界了解中国的现代文明，向世界传播中国价值，这既是中国创造出人类文明新形态的文明自信，也是中国维护人类文明多样性的历史自觉，体现了中国的文明主体性。文明主体性要求以独立自主的立场态度看待人类文明形态的变革，辩证地看待西方现代化文明。中国式现代化从人类文明未来发展的高度主动设计文明进程，打破西方现代化文明的评判标准，让世界看到人类文明发展的多样性和可能性，从人类文明多样化和个性化发展的角度看待人类文明进步，尊重不同地区、民族的文明差异，主张通过和平发展的理念来发展人类文明，摆脱西方中心论的狭隘视角，转向胸怀天下的文明姿态，在顺应人类文明发展趋势的基础上作出符合全人类利益的文明选择，彰显了人类文明新形态的主体性智慧。人类文明新形态以中国特色社会主义制度优势积极参与全球治理，超越了资本主义文明的现代困境，集中注意力于拓展人类文明交流互鉴的发展上，冲破了西方现代化文明对人类文明进步的话语垄断，使中国式现代化文明在世界舞台得以新的面貌展现，为人类文明的发展方向提供了新的范本。

（五）坚定对中国式现代化的文明自信

向世界阐明中国式现代化所蕴含的文明观，需要树立对中国式现代化的文明自信。首先要坚定文明传承的自信，立足中华文明的本位，在实践中赓续中华文明的"根"与"魂"，汲取中华文明营养，正视传统文明存在的问题，避免文明自卑的产生。其次要坚定文明创新的自信，要辩证地看待中华文明的独特性与世界文明的多样性，既要弘扬中华文明，展现中华文明在世界的感召力与吸引力，也要以开放包容的态度汲取其他文明的智慧，赋予中华文明以新的文明要素，在独立自主地建设中国特色社会主义的同时促进世界文明大发展大繁荣，避免文明自大的产生。只有坚定对中国式现代化的文明自信，才能正确判断自身文明在世界中所处的历史方位，避免文明自大与文明自卑的产生，为推动中国式现代化文明叙事话语的守正创新提供必要性前提。

中国式现代化所蕴含的文明观念是马克思主义基本原理同中华优秀传统文化相结合的文明成果。唯物史观是马克思主义理解文明的独特视角，是否坚持马克思主义的指导，是中国式现代化区别于资本主义现代化的显著标志。坚持马克思主义指导思想，是对中国式现代化文明叙事的原则性要求和本质性规定，否则，中国式现代化的文明叙事将成为无本之木，失去其本质意义。西方国家作为现代化的先行者长期垄断着现代化模式的话语权，近年来西方现代化不同程度地呈现动力不足的现象，西方国家更是以逆全球化政策、"文明冲突论""中国威胁论"等论调大肆渲染他国威胁，从而为自身谋取利益。中国式现代化面向人类文明发展的现代性困境，追求人类文明的平等与互鉴，反对文明的等级化和差别化。中国式现代化顺应和平与发展的时代主题、尊重世界文明的多样性，所包含的共同富裕的人本主义价值导向、两种文明协调发展、和谐共生的生态文明理念、命运与共的共同体价值理念，超越了以霸权主义为基本特征、以资本增殖为主要逻辑的西方现代化，创造出了平等互鉴、合作共赢、和谐共生的人类文明新形态，为破解现代化难题贡献了文明理念。作为科学社会主义的文明理念与中华优秀传统文化的文明理念相结合的思想结晶，中国式现代化的文明观打破了现代化等同于西方化的迷思，引领科学社会主义的文明理念在中国付诸实践并取得丰硕的文明成果，实现了中华文明与社会主义文明的有机结合，创造了人类文明新形态。这一新形态是中国式现代化文明观的现实存在形式，为人类文明的发展提供了新的文明理念引导和新的文明形态示范。中国式现代化的文明理念表明中国的文明自信和推进文明创新的自觉性达到了新高度，不仅为中华民族现代文明的发展提供了文明观念指引，对引领人类文明的历史性变革也产生了深远影响。

总之，中国式现代化的文明叙事话语不仅要正确回答"文明是什么""谁是文明创造的主体""为谁推动文明进步""如何推动文明进步"等问题，还要告诉人们"我们从哪来，要到哪去，当下应该做什么"等重要问题。只有根据世情、国情和党情的变化持续推动中国式现代化文明叙事的发展，才能最大限度地凝聚全体中国人民的共识，从而更好地向世界表达中国共产党的文明话语、诠释中华文明、弘扬中国的文明理念。

二、中国式现代化的民主叙事

民主是全人类共同的价值追求，同时也是一个内涵丰富、外延具体的概念。中国共产党立足百年民主理论和实践探索，以全过程人民民主概括我国社会主义民主理论与实践，标志着人类民主政治文明探索的新成就。2019年11月2日，习近平在考察上海市长宁区虹桥街道古北市民中心时指出：人民民主是一种全过程的民主，所有的重大立法决策都是依照程序、经过民主酝酿，通过科学决策、民主决策产生的，而后又在2021年中国共产党百年来民主政治发展伟大成就和历史经验总结中，提出"必须坚持党的领导、人民当家作主、依法治国有机统一，积极发展全过程人民民主"①。全过程人民民主根植于马克思主义立场、观点和方法，根植于中华优秀传统文化，批判性吸收了其他国家发展民主的经验教训，是人类政治文明新形态。

（一）全过程人民民主是最广泛、最真实、最管用的民主

在西式民主理论中，"天赋人权"和"权力转让"占据着举足轻重的地位，它们构成社会契约论的基础。这一理论借助上帝在西方文化中的地位，力图论证个

① 《中共中央关于党的百年奋斗重大成就和历史经验的决议》，北京：人民出版社，2021年，第39页。

人的权力是与生俱来的，以此为基础，又将权力划分为私人与公共两个部分，提出公共权力具有"可转让"性，个人转让的权力就组成了政府的权力。显然，西式民主把"民主"矫饰为"可转让"的权力，这就意味着人民不再是社会权力的最终所有者，而是实施"权力转让"的投票人。于是，在西方民主政治实践中，少数精英实际掌握国家权力，这种民主本质上是少数人的民主。在西式民主的影响下，民主出现了符号化倾向，即弃置了民主的内涵的同时极力推崇民主的形式，这一倾向将人们的注意力集中在民主形式上，阻碍了人们去反思日常生活中的实践是否符合民主理念。与西式民主不同，全过程人民民主坚持人民当家作主，是最广泛、最真实、最管用的民主。

首先，全过程人民民主是最广泛的民主，体现为主体的广泛性和领域的全面性。中国共产党自成立之日起就致力于发展和实现最广泛的人民民主，1949年中国人民政治协商会议第一届全体会议通过的《中国人民政治协商会议共同纲领》第一条就明确规定："中华人民共和国为新民主主义即人民民主主义的国家，实行工人阶级领导的，以工农联盟为基础的、团结各民主阶级和国内各民族的人民民主专政，"[1]我国宪法规定，"不分民族、种族、性别、职业、家庭出身、宗教信仰、教育程度、财产状况、居住期限"[2]，公民都平等地享有民主权利。全国人民代表大会和各级人民代表大会是人民行使国家权力的机关，人民代表大会制度保障中华人民共和国的一切权力属于人民。同时，人民民主实践的领域和范围是全方位的，涵盖政治、经济、文化、社会、生态等国家和社会治理的各个方面、多种维度。"人民既广泛参与国家、社会事务和经济文化事业的管理，也在日常生活

---

① 《建国以来重要文献选编》（第一册），北京：中央文献出版社，1992年，第2页。

② 《中华人民共和国宪法》，北京：人民出版社，2018年，第21页。

中广泛充分行使民主权利，每个人都有多重民主角色，都享有相应民主权利。"①
这与西式民主把人们的民主权利限定在政治领域有本质区别，体现出全过程人民
民主关注民主的过程性与完整性，把选举及选举后的治理视作同等重要，有力地
推动了公民有序参与政治实践。

其次，全过程人民民主是最真实的民主。在权力来源问题上，全过程人民民
主坚持马克思主义的立场、观点和方法，明确人民是历史的创造者，主张社会权
力来源于人民，国家的一切权力属于人民。在权力行使主体问题上，依据"在民
主制中，国家制度、法律、国家本身，就国家是政治制度来说，都只是人民的自
我规定和人民的特定内容"②。政府的权力并非来源人民权力的转让，而应该是委
托，这就意味着政府的各级领导者需要担负起为人民服务的使命，接受人民群众
的监督。人民民主是社会主义的生命，中国共产党始终坚持和发展人民民主，带
领人民探索了罢工工人代表大会、苏维埃代表大会、以"三三制"为原则的参议
会等民主实现形式，最终确立了人民代表大会制度来保障人民当家作主。党的十
八大以来，以习近平同志为核心的党中央深化对民主政治发展规律的认识，以
"全过程人民民主"这一理念升华了中国共产党在人民民主实践探索中的经验总结
和理论概括，全过程人民民主成为中国特色社会主义的显著特征。

最后，全过程人民民主是最管用的民主，体现为既有完整的制度程序，也有
完整的参与实践。马克思曾指出："在民主制中，任何一个环节都不具有与它本身
的意义不同的意义。每一个环节实际上都只是整体人民的环节。"③民主政治需要
一套保障公民权利实现的机制，否则即使宪法和法律规定了权利的内容，也难以

---

① 中华人民共和国国务院新闻办公室：《中国的民主》，北京：人民出版社，
2021年，第38页。

② 《马克思恩格斯全集》（第3卷），北京：人民出版社，2002年，第41页。

③ 《马克思恩格斯全集》（第3卷），北京：人民出版社，2002年，第39页。

在政治过程中充分体现人民的意志。可见，民主的程序和民主的本体同样重要，只有在政治过程的具体环节中充分保障人民的意志，才能保障结果能够体现人民的意志。与此同时，全过程人民民主也有完整的参与实践，通过民主选举、民主协商、民主决策、民主管理、民主监督的制度和程序，将人民的利益、愿望、权益和福祉通过各个环节和层次表达出来，这些环节还与服务、民主评价与监督进行有机整合，构建一个系统的、完整的全过程人民民主理论体系，形成了全过程的闭环管理，保障人民当家作主的真实性。相比之下，西式民主中的"权力转让"意味着其民主实践只能发生于选举环节，人们难以切实参与到社会治理中，极大地削弱了民主的广泛性和丰富性。

（二）全过程人民民主用来解决人民需要解决的问题

不可否认的是，作为一种人类文明形态，西方资本主义民主制度具有值得借鉴之处，他们在推行民主实践方面积累了一定的经验，然而任何一种文明形态都是具体的、历史的，民主政治文明也不例外。西式民主采取了表面上的民主形式，而实际推行的民主实践却是违背民主理念的，同时，他们还把西式民主包装为抽象的、超现实的事物，竭力制造意识形态的迷障，凭借其较早地推行了现代民主制度而把民主据为己有，阻碍其他国家对真正民主的追求和发展。对此，全过程人民民主坚持让人民成为推动人与社会全面发展的主导力量，用民主的方式来解决社会发展过程中的问题，以此来保障人民当家作主，形成了关于民主的评价标准，具体可以从主体、功能和价值三个方面进行说明。

在评价主体方面，民主应该由这个国家的人民来评判。当前，一些自以为是的国家凭借其国际话语权，把西式民主包装为"普世价值"，垄断民主的定义和模式，以固定的、单一的民主模式作为评价一个国家是否民主的标准。在他们看来，民主是一个符号、一种产品，甚至是一种专利，这显然偏离了民主的本义，在这一思维下，西方政党显然不会积极回应群众的关切。民主是要实现人民的统治，那么最有资格评价一个国家是否民主的应该是真实生活在国家中的人民。与西式民主形成鲜明对比的是，中国共产党治国理政思维下的民主政治是回应型民主，在群众提出要求时，中国共产党积极回应人民群众的现实关切。在我国，"中国的民主行不行、好不好，归根结底要看中国人民满意不满意、中国人民拥护不拥护"①。中国共产党坚持主动性思维，主动组织策划、合作协商、调控制度、推动执行、接受监督，构建精准识别机制来获取人民群众不断变化的需求，目的就是得到真实的民主意见，其构成了全过程人民民主的"求应"特质。可见，全过程人民民主坚持人民是民主实践的阅卷人，实现了国家权力主体和民主评价主体的有机统一，保障了人民当家作主。

在功能评价方面，民主要用来解决人民需要解决的问题。全过程人民民主指出，评价一个国家是否民主，要看人民有没有投票权，更要看人民有没有广泛参与权；要看人民在选举过程中得到了什么口头承诺，更要看选举后这些承诺实现了多少；要看制度和法律规定了什么样的政治秩序和政治规则，更要看这些制度和法律是不是真正得到了执行；要看权力运行规则和程序是否民主，更要看权力是否真正受到人民监督和制约。"四个要看"和"四个更要看"是有机统一的关系，共同诠释了民主的功能应该是增进民生福祉。人民对美好生活的向往是全过程人民民主的逻辑起点，随着人民生活水平的提高，人们对民主、法治、公平、正义等也提出了更高的要求，这意味着在推动经济社会发展的过程中所遇到的问题也会增多，而民主则是解决这些问题的有效方式。同时也可以看到，其中也不乏意识形态交锋的意蕴，"四个要看"和"四个更要看"批判了西方一些国家将民主功能限定在选举出政府而产生的问题，强调民主并非是装饰品，而是具有明确、广泛的功能。全过程人民民主的功能就体现在：一是公民能够通过广泛的政治参

① 中华人民共和国国务院新闻办公室：《中国的民主》，北京：人民出版社，2021年，第46~47页。

与来表达意愿与诉求，人们的幸福感、获得感、安全感也从中得到提升；二是社会主动回应群众的关切，积极动员公民参与协商，提升了国家治理效能，调节了国家政治关系，也推动了经济社会的发展。

在价值评价方面，民主作为一种国家制度，有其基本的客观评价依据。全过程人民民主理念从国家领导层、全体人民、人民群众、社会各方面、国家决策、各方面人才、执政党、权力运用等方面规定了民主的客观评价标准，即"八个能否"。评价一个国家政治制度是不是民主的、有效的，主要看国家领导层能否依法有序更替，全体人民能否依法管理国家事务和社会事务、管理经济和文化事业，人民群众能否畅通表达利益要求，社会各方面能否有效参与国家政治生活，国家决策能否实现科学化、民主化，各方面人才能否通过公平竞争进入国家领导和管理体系，执政党能否依照宪法法律规定实现对国家事务的领导，权力运用能否得到有效制约和监督。在这里，"八个能否"是中国共产党对中国特色社会主义民主政治实践的总结，通过发展全过程人民民主来维护社会的公平正义，支持和保障人民当家作主，从而实现最大限度地凝聚社会共识、保证社会秩序稳定。显然，这一价值评价标准强调的是民主的丰富性、多元性和多样性，是立足人民当家作主的客观实际来制定的价值评价标准。

（三）全过程人民民主真正做到了人民当家作主

一种民主理念要得到社会的广泛认同，真实性和有效性是其中不可或缺的条件，而衡量民主是否真实有效的重要维度就在于是否有科学有效的制度安排和完整的政治实践，即民主的实现问题。民主的实现形式至关重要，甚至会影响人们对民主理念的理解，例如美国学者熊彼特所提出的"选举式民主"，其立论依据就是西方古典民主理念存在现实可行性问题，他认为，人民意志存在的前提是个人清楚地知道自己要支持的是什么，然而这并非易事，因为人们受教育水平存在差异。正因如此，人们极易受到政治集团的影响和摆布，所以熊彼特提出了精英民主理论，改造了西方古典民主概念，把人民的统治简化为人民选举出能够代表自己意志的精英来行使权力。精英民主理论关注到民主政治实现的现实可行性问题，获得了一定的关注和认可，但需要明确的是，这一理论把民主限定在政治领域，维护的仍然是少数人的利益，违背了人民当家作主的理念。那么，如何进行科学有效的制度安排来实现真正的民主呢？全过程人民民主基于民主实现的一般原理，从要素、环节、流程等方面探索出了民主的实践逻辑，总体上可以归纳为"四个相统一"。

第一，过程民主与成果民主相统一。作为一种新型民主，全过程人民民主不再局限于过程性、流程性的制度设计，而是创造性地将成果性、成效性纳入民主的运行过程中，立足现实可行性来构建民主的运行机制。一方面，全过程人民民主的过程性体现为"理念、制度、体制、机制、行动"的全要素，"民主选举、民主协商、民主决策、民主管理、民主监督"的全环节，"党的领导、制度架构、政治参与、法治保障"的全流程。另一方面，全过程人民民主的成效性体现在各个民主要素上都有清晰可寻的内容和载体，在不同民主环节上都产生了具体鲜活的设计和安排，在整个民主流程中都实现了真实可靠的途径渠道。与之形成鲜明对比的是，西方现代民主理论主张人民的意志并不是政治过程的动力，而是政治过程的产物。理论家们提出人民的任务是产生政府，将人民的意志缩减为选举的权力，在实际民主过程中，政党在投票期间对民众的承诺也并未在选举后得到兑现，显然，西式民主以可行性为借口割裂了民主过程性与成效性，这种重"过程"而轻"成果"的做法违背了民主的本义。

第二，程序民主和实质民主相统一。全过程人民民主是推动实质民主体系化、精细化的民主，也是推动程序民主制度化、规范化的民主。西式民主只服务于资产阶级的政治解放目的，而不考虑人民当家作主，因此只能以形式的程序民主掩盖真实的实质不民主。以三权分立理论为例，立法权、行政权、司法权的相互制衡虽然能防止单一权力无限膨胀，但是立法权作为直接体现人民意志的重要权力，却处处受到行政权、司法权的制约；在立法机关内部，资产阶级国家也设立了贵族与平民两个机构，并且由"少数人"（贵族）组成的议院直接限制了"多数人"（平民）组成的议院；在投票选举过程中，他们通过财产数量限制选民数量，操纵选区的划分以服务某方选举利益等。诸如此类的民主运行机制在表面上完全符合西方民主理论的去集权化设想，但是在实际发展过程中，却全部违背了真实的民主理念，彻底将"程序"作为民主的核心要义。显然，只有社会主义才能将民主从单一的公共权力或政治领域中解放出来，充分展示出它的人民性、广泛性、彻底性。在全过程人民民主中，程序民主提供了形式化的规范性保证，而实质民主将民主原则贯彻到包括经济、政治、社会、文化、生态文明等各个领域，从而将程序民主和实质民主统一起来，有效地消除了权力的独占，使国家和社会的建构融为一体，从而达到善治的效果。

第三，直接民主和间接民主相统一。世界民主理论首先从直接民主形式开启，最终在"平民的暴政"的质疑中式微，发展到现代民主理论，间接民主取代直接民主成为主要的民主形式，可见直接民主与间接民主各有利弊，民主理论家以各取所长为基本原则，从直接民主与间接民主的互补角度创新民主形式，但无法推动二者的共同发展。全过程人民民主坚持直接民主与间接民主相统一，意味着直接民主与间接民主之间既不是相互排斥的关系，也不是简单的相互补充的关系，而是更高层次上的相互配合、互契式发展的关系。从总体上看，全过程人民民主是一种复合型的间接民主，是一个体系严密、内容丰富的民主形式，是以"代表制"为核心和主轴构建民主选举、民主决策、民主管理、民主监督的完整实现过程。同时，全过程人民民主还是一种求应型的直接民主，在其各个环节、领域、层次和流程中，人民代表能够综合运用各项民主职能，并且所有政治主体也均具备权利、机会和条件参与其中，在这一过程中，中国共产党还发挥了历史主动精神，主动寻求群众的意见，越来越保障直接民主。由此可见，与西式民主相比，全过程人民民主能够真正兼容直接民主和间接民主，在民主发展过程中是具有世界历史意义的一大进步。

第四，人民民主和国家意志相统一。在民主理论的发展过程中，法治民主以法律为最高权威，力图排除统治的非理性因素；分权民主是为了消除权力的独占；民主形式规定了基层群众参加民主实践的主要形式，这三个维度是依次递进的关系，另外，还有一个极为关键的维度，那就是将统治、权力、个人有机结合在一起，即政党对民主政治建设的领导性意义，这一过程是将人民民主上升为国家意志极为关键的方面。党的领导是实现人民当家作主的根本保障，没有中国共产党，就没有人民民主专政的社会主义国家，也没有社会主义的人民民主。为了坚持和发展人民民主，就需要使党的领导制度化、法治化，不仅要通过宪法确认党的领导地位，而且要通过宪法法律、法定程序将代表人民意志和利益的党的路线、方针、政策，以及经济社会发展中的重大决策上升为国家意志。这些国家意志是以法律形式得以确证的，宪法法律则是人民民主的法治典范，而不断推进社会主义法治建设能够进一步实现人民民主和国家意志的统一。

综上所述，"'全过程人民民主'是源于中国实践、带有中国风格、体现中国特色、具有中国气派的新概念，深刻揭示了我国人民当家作主的人民性这一本质特征。"[1]作为人类政治文明新形态，全过程人民民主为实现中国式现代化提供了强大的动力。站在历史的高度，全过程人民民主并不是凭空产生的，这一理念的提出蕴含着深刻的理论依据。习近平指出："对丰富多彩的世界，我们应该秉持兼容并蓄的态度，虚心学习他人的好东西，在独立自主的立场上把他人的好东西加以消化吸收，化成我们自己的好东西，但决不能囫囵吞枣、决不能邯郸学步。"[2]

---

① 肖立辉：《全过程人民民主的理论逻辑与体系框架》，《人民论坛》，2022年第1期。
② 《习近平谈治国理政》（第二卷），北京：外文出版社，2017年，第286页。

全过程人民民主正是在批判吸收世界民主政治文明成果的基础上，将马克思主义基本原理同中国具体实际相结合、同中华优秀传统文化相结合而形成的，充分彰显了中国共产党坚持理论与经验相统一、过程与成果相统一的政治智慧。

人民民主是对马克思主义基本原理同中国具体实际相结合的实践成果，全过程人民民主是对这一实践成果的精准概括。恩格斯已明确指出："马克思的整个世界观不是教义，而是方法。它提供的不是现成的教条，而是进一步研究的出发点和供这种研究使用的方法。"①回顾中国共产党带领人民探索社会主义的历史就可以发现，僵化地理解马克思主义就会导致失误，最终偏离社会主义道路，因此运用马克思主义就要把它与中国具体实际相结合。当前国际形势更为复杂，立足"两个大局"的时代背景，探索中国特色社会主义道路更需要把马克思主义基本原理根植于中国沃土，坚持和发展马克思主义。首先，党的领导是全过程人民民主的政治保证。"中国最大的国情就是中国共产党的领导。什么是中国特色？这就是中国特色。"②中国共产党在推进中国特色社会主义民主政治的过程中，始终发挥着总揽全局、协调各方的领导核心作用，中国共产党始终代表全国各族人民的根本利益，坚持党的领导才能稳步推进中国特色社会主义民主政治。其次，社会主义制度优势是全过程人民民主的坚实基础。中国共产党带领人民创立了适合中国国情的人民代表大会制度、中国共产党领导的多党合作和政治协商制度、民族区域自治制度、基层群众自治制度，健全的制度体系保证了人民当家作主。最后，国家治理体系和治理能力现代化是全过程人民民主的发展前景。民主是用来解决人民群众需要解决的问题的，而这些问题涵盖政治、经济、文化、社会、生态等各个领域，这就需要从国家治理的高度整体谋划，把制度优势转化为治理效能。

---

① 《马克思恩格斯选集》（第四卷），北京：人民出版社，2012年，第664页。

② 习近平：《论坚持党对一切工作的领导》，北京：中央文献出版社，2019年，第57页。

全过程人民民主根植于中华优秀传统文化，是马克思主义基本原理同中华优秀传统文化相结合的成果。习近平指出："必须坚定历史自信、文化自信，坚持古为今用、推陈出新，把马克思主义思想精髓同中华优秀传统文化精华贯通起来、同人民群众日用而不觉的共同价值观念融通起来，不断赋予科学理论鲜明的中国特色，不断夯实马克思主义中国化时代化的历史基础和群众基础，让马克思主义在中国牢牢扎根。"①中华优秀传统文化蕴含着许多民本思想，例如，《吕氏春秋·贵公》中提道：天下非一人之天下也，天下之天下也。强调的就是政治共同体不是属于一个人的，而应该体现全体人民的意志，最后一个"天下"代指的就是人民的意志，彰显人民意志的重要地位；再如《贞观政要·论政体》指出："臣又闻古语云：'君，舟也；人，水也。水能载舟，亦能覆舟。'陛下以为可畏，诚如圣旨。"把民意比作载舟的水，可见其至关重要性。全过程人民民主从中华优秀传统文化中汲取智慧和养分，坚持以人民为中心。为了获得真实的民意，中国共产党主动寻求人民需求、主动组织策划、主动合作协商、主动调控制度、主动推动执行、主动接受监督，推动全过程人民民主理念深入人心，强化了马克思主义的凝聚力和引领力，提高了中国人民的民主自信。

三、中国式现代化的生态叙事

党的二十大报告指出，"在新中国成立特别是改革开放以来长期探索和实践基础上，经过十八大以来在理论和实践上的创新突破，我们党成功推进和拓展了中

---

① 习近平：《高举中国特色社会主义伟大旗帜 为全面建设社会主义现代化国家而团结奋斗——在中国共产党第二十次全国代表大会上的报告》，北京：人民出版社，2022年，第18页。

国式现代化"①，并形成了基于自身国情的中国特色。其中，人与自然和谐共生从生态叙事的角度揭示了中国式现代化的鲜明特征，为正确处理人与自然之间的关系、创造人类文明新形态提供了崭新思路。明晰和把握中国式现代化的生态理念，部署与推进中国式现代化的生态实践，领会和坚守中国式现代化的生态价值，构建与承担中国式现代化的生态担当，这对于彰显中国式现代化道路的生态自信、全面建设社会主义现代化国家具有重要意义。

（一）生态理念：人与自然和谐共生

人与自然和谐共生的生态理念不是凭空产生的，而是中国在生态治理实践中形成的理论成果。这一理念从生命共同体的维度出发，正确把握人与自然之间的关系，实现了对人类中心主义和生态中心主义的超越，开创了中国式现代化生态文明的新境界。

1.从生命共同体的维度把握人与自然的关系

生命共同体是人类经过理性反思形成的一种全球生态文明新理念和生态治理新模式。2013年11月，习近平在《关于〈中共中央关于全面深化改革若干重大问题的决定〉的说明》中指出山水林田湖是一个生命共同体，"人的命脉在田，田的命脉在水，水的命脉在山，山的命脉在土，土的命脉在树"②，首次从生命共同体的维度阐释自然单元之间的关系，并随着实践的发展和认识的深化将生命共同体的范围扩大到了人与自然、国家与世界之间，相继提出了"人与自然生命共同体"和"地球生命共同体"的理念，进一步丰富了生命共同体的内涵。

自从"山水林田湖"生命共同体理念提出以来，中国共产党又分别在2017

---

① 习近平：《高举中国特色社会主义伟大旗帜 为全面建设社会主义现代化国家而团结奋斗——在中国共产党第二十次全国代表大会上的报告》，北京：人民出版社，2022年，第22页。

② 中共中央文献研究室：《习近平关于社会主义生态文明建设论述摘编》，北京：中央文献出版社，2017年，第47页。

年、2021年将"草"和"沙"并入生命共同体和系统治理大局之中，彰显了我国对生态系统认识的进一步深化。山水林田湖草沙七个自然单元联系紧密、缺一不可，共同构成了一个完整的生态圈层。自从"山水林田湖草沙"系统治理观念提出以来，我国紧密围绕这一思想开展了一系列生态保护和修复工程，取得了突出成效。据统计，我国在统筹山水林田湖草沙系统治理中，2022年全年完成造林383万公顷、种草改良321.4万公顷[①]，充分彰显了我国一体化工程实施的显著成效。

2017年10月，习近平在党的十九大上首次提出了"人与自然是生命共同体"的理念，明确人类要在符合自然规律的基础上开展实践活动。在工业文明时代，资本家们将自然界作为可以随意掠夺与破坏的事物，酿成了许多悲剧。1952年12月，伦敦爆发了大规模环境污染事件，许多人患上了不同程度的呼吸病，短短5天就有4000多人死亡，这类事件也为人们敲响了警钟，反向体现了人与自然和谐共生的重要意义。马克思强调，"人对自然的关系直接就是人对人的关系，正像人对人的关系直接就是人对自然的关系，就是他自己的自然的规定"[②]，表明了人类的自然性关系，揭示了人类在处理与自然界的关系时应该遵守其内在规律。人与自然生命共同体观念正是在新时代背景下人类遵守自然运作规律的创新型理念。

2021年10月，地球生命共同体的理念在《生物多样性公约》第十五次缔约方大会领导人峰会上被提出，该理念以地球为单位反映各个国家与地区之间生命共同体的关系。在过去，一些国家由于缺乏全球性治理意识，导致其仅重视本国范围内的生态保护，这种零碎化的治理方式不能从根本上解决极端气候事件频发、生物多样性锐减等一系列现实问题，人类需要从更高层次思考并寻找"如何应对全球性生态危机"这一问题的答案。地球生命共同体蕴含着人与自然和谐共生的

① 《2022年中国国土绿化状况公报》，《人民日报》，2023年3月16日。
② 《马克思恩格斯文集》（第一卷），北京：人民出版社，2009年，第184页。

生态伦理观，将生态文明建设纳入国际治理体系中，超越了以国家为单位开展生态文明建设的狭隘界限，有利于充分发挥各个国家在生态治理中的作用。

2. 实现了对人类中心主义与生态中心主义的超越

人类中心主义者认为人是整个生物圈的中心，人类的主观能动性决定了其内在的价值属性，自然界中的一切其他存在物都必须依附于人类，这决定了自然界是作为人类活动的工具而存在，仅具有工具属性。人类中心主义是一种随着人类对自身在宇宙中地位的思考而不断变化发展着的观念，表现为宇宙人类中心主义、神学人类中心主义和生态人类中心主义三种历史形态[1]，分别从空间方位、目的意义、人类利益三个方面揭示人在宇宙中的地位，为以人类为中心寻求合理基点。在人类中心主义的指引下，人类毫无芥蒂地将自身权利凌驾于万物之上，漠视其他生物的权利，尤其在工业化时代更是导致人与自然的关系呈现对立形态，具有较大的局限性。

生态中心主义者对于生态保护起到了一定程度的积极作用，但是由于过分强调自然权利而走向了另外一个极端，将自然利益凌驾于人类利益之上，把人类的实践活动当作生态危机爆发的根源，强调自然界的最优状态应该是人类未曾涉足过的"荒野"。自然界具有内在价值是生态中心主义的逻辑起点，正是由于对自然界的错误认知导致其过分强调自然的权利与价值，从而忽视了主观能动性是人类的特有本质这一事实认定。在人类主观能动性的作用发挥下，科学技术得到了进步与发展，但这些进步却被生态中心主义者视为一种对生态环境造成破坏的工具而存在。不可否认，在工业化进程中人类的确对生态环境造成了极大的破坏，但目前已经有越来越多的国家和人民认识到生态保护的必要性，并且科学技术也成为人类进行自然修复的重要手段。

---

① 汪信砚：《人类中心主义与当代的生态环境问题——也为人类中心主义辩护》，《自然辩证法研究》，1996年第12期。

总之，无论是人类中心主义还是生态中心主义均将人类或自然看作孤立存在的个体，没有立足整体全局分析人与自然之间的关系，未能发现二者共存的最优状态。习近平立足辩证唯物主义看待自然界和人类社会的关系，形成了相对完善的生态治理体系，强调将科学技术应用于经济结构转型和自然修复中，在全社会加快形成绿色生产与生活方式，将人的实践活动控制在对生态环境破坏最小的限度之内，实现了对人类中心主义和生态中心主义的超越。

3.不断开创中国式现代化的生态文明新境界

马克思将资本主义制度视为人与自然矛盾产生的根源，并以社会有机理论正确解答了人与自然的关系。马克思揭示了在资本主义生产方式下，人与劳动、人与自然界之间的关系发生了异化，劳动不再能使人们获得身心愉悦，而是成为资本积累的源泉，正是由于资本家们对自然资源的大肆掠取，才导致人与自然的矛盾不断激化。为了正确揭示人与自然之间的关系，马克思强调，"人在肉体上只有靠这些自然产品才能生活，不管这些产品是以食物、燃料、衣着的形式还是以住房等等的形式表现出来"，"自然界，就它自身不是人的身体而言，是人的无机的身体。人靠自然界生活"①，阐释了自然界在人类物质与精神生活中所起的基础性作用，将人类社会与自然看作一个整体，反映出人与自然和谐共生的必要性。

从历史逻辑来看，马克思主义基本原理与中华优秀传统文化具有相同的内在机理。其一，中华优秀传统文化蕴含着以和为贵的思想精华，与马克思主义顺应规律的世界观相对应。荀子提出"万物各得其和以生，各得其养以成"表明要顺应世界万物的生长规律，遵守能够使人与自然保持和谐的条件；《资治通鉴》强调"取之有度，用之有节"，表明人对自然界的索取应该在一定的限度之内，不能破坏自然界的规律。其二，中华优秀传统文化中的"天人合一"与马克思主义系统

---

① 《马克思恩格斯文集》（第一卷），北京：人民出版社，2009年，第161页。

观相对应。庄子提出了"泛爱万物，天地一体也"，强调天地本是一个整体，要对世间的万事万物都充满爱怜；董仲舒"天人感应说"强调人与天地是一个整体，人类可以感应到天地的存在，将人类社会的发展和以天为代表的自然条件结合起来。总之，以上种种都显示出了马克思主义基本原理与中华优秀传统文化的内在契合性。

在党的二十大报告中，习近平明确提出要把马克思主义基本原理同中国具体实际相结合、同中华优秀传统文化相结合的"两个结合"的思想主张，[①]中国被实践证明了的生态治理思想都坚持了两个结合的原则。其一，"人与自然和谐共生"的理念正确揭示了二者之间的关系，为中国式现代化生态领域的实践提供前进方向。其二，"生命共同体"的理念反映出人与人、人与自然之间是一个相互联系的有机整体，有利于人类摒弃单一、片面的生态治理观，以系统观念把握全局。其三，"尊重自然、顺应自然、保护自然"注重在遵守规律性的同时发挥人的主观能动性，以包容性思维实现了对西方现代化模式的革命性超越，有利于为其他国家的发展呈现文明形态方面的借鉴。总之，"两个结合"的思想观念既有利于推动中国的生态文明建设，也有利于中华优秀传统文化在新时代焕发新的生机活力。

（二）生态实践：绿水青山就是金山银山

中国式现代化的生态实践秉承绿水青山就是金山银山的治理原则，从"五位一体"战略高度科学部署生态文明建设，在经济发展与生态保护的协同中推进可持续发展，积极推动生产方式与生活方式的绿色转型，彰显了中国式现代化在生态领域的新成效。

---

① 习近平：《高举中国特色社会主义伟大旗帜 为全面建设社会主义现代化国家而团结奋斗——在中国共产党第二十次全国代表大会上的报告》，北京：人民出版社，2022年，第17页。

1. 从"五位一体"的战略高度科学部署生态文明建设

中国特色社会主义事业总体布局一直到党的十八大将生态文明建设纳入其中，才形成"五位一体"的总体布局。生态文明是一个复合词，既包括生态环境能够向好发展，也包括整个社会能够形成有利于生态环境持续向好发展的价值风尚，生态文明建设事关中华民族的千年大计。习近平强调，"我们要把生态文明建设放在突出位置，融入经济建设、政治建设、文化建设、社会建设各方面和全过程"[①]，"五位一体"总体布局的形成标志着我们党对中国特色社会主义的认识达到了新的境界。

正确认识和理解生态文明建设在"五位一体"总体布局中的地位与作用，有利于准确把握中国式现代化的生态图景。一方面，生态文明建设具有相对独立性，是中国特色社会主义各项事业得以良性发展的先决条件，自然界先于人类社会而存在，人类社会一切活动的开展都建立在自然界所提供的物质基础之上。另一方面，生态文明建设的相对独立性又根本服从于"五位一体"总体布局，与其他四个方面的建设结构性融合，与中国特色社会主义事业中的各项建设相辅相成，共同推进中国式现代化的发展。其一，生态文明建设是实现经济高质量发展的内生动力，要以高品质的生态环境支撑高质量的经济发展，充沛的自然资源与良好的生态环境能为经济发展保驾护航，较高水平的经济发展又能有效推动生态结构的转型升级。其二，生态文明建设是发展民主政治的应有之义，良好的民主政治氛围为生态文明建设提供政策理论和法律保障，相反，生态文明建设在某种意义上能够有效推进我国政治建设达到新的认识和践行力度。其三，生态文明建设是开展文化建设的重要抓手，大力推进生态文明建设有利于弘扬中华优秀传统文化，社会主义先进文化有利于为良好生态环境的打造提供"软支撑"。其四，生态文明

---

① 中共中央文献研究室编：《习近平关于社会主义生态文明建设论述摘编》，北京：中央文献出版社，2017年，第43页。

建设是推进社会建设的重要环节，"我们要实现好、维护好、发展好最广大人民根本利益"①，人民对于良好生态环境的诉求要求我们必须高度重视生态文明建设，全社会形成保护环境的良好风尚有利于生态文明工作的开展与进行。

2. 在经济发展与生态保护的协同中推进可持续发展

西方国家在工业化进程中，对自然资源过度索取，"竭泽而渔"的掠夺方式遭到了自然的反噬，爆发了"世界八大公害"的事件。长期以来，人们受到西方现代化模式的影响，认为经济发展和环境保护属于相互对立的两个方面，生态修复就意味着经济发展的停滞，二者之间的矛盾不可调和。但是马克思强调，"撇开社会生产的不同发展程度不说，劳动生产率是同自然条件相联系的。这些自然条件都可以归结为人本身的自然（如人种等等）和人的周围的自然"②，马克思将自然也作为生产力的一种形式，警醒人们不能只发展社会生产力，要看到自然生产力的巨大潜力。中国式现代化继承了马克思主义生态观念，致力于通过经济与生态的协调发展助力可持续发展目标的实现。

1987年，世界环境与发展委员会在《我们共同的未来》这一报告中阐释了"可持续发展"的概念，呼吁世界各国都要为实现生态可持续的目标而努力。我国积极响应联合国号召，在经济发展过程中高度重视对于生态环境的保护，习近平的"两山论"从"绿水青山"与"金山银山"的关联角度阐述经济发展和生态环境保护的关系，以全局性的立场将我国的生态建设历程概括为三个阶段。第一阶段是"用绿水青山换取金山银山"，人们为了实现经济快速增长的目标，对自然资源无限索取给生态环境造成了极大的破坏；第二阶段是"既要绿水青山也要金山

---

① 习近平：《高举中国特色社会主义伟大旗帜 为全面建设社会主义现代化国家而团结奋斗——在中国共产党第二十次全国代表大会上的报告》，北京：人民出版社，2022年，第46页。

② 《马克思恩格斯全集》（第23卷），北京：人民出版社，1972年，第560页。

银山"，这个阶段生态环境和经济发展的矛盾凸显出来，人们受到自然环境的"报复"，突发性生态危机的爆发和自然资源的短缺导致人们认识到一定要加强保护生态环境的力度；第三阶段是"绿水青山就是金山银山"，人们将自然潜力转化为生产动力，积极发展绿色产业，开发可循环的生态经济，以良好的生态环境拉动经济效益的提高。

我国坚持德法兼治的生态治理观，一方面用最严格制度和最严密法治强化生态建设的法律保障，另一方面以可持续发展的生态价值观引领生态文化建设。2014年，历经四次审议全国人民代表大会常务委员会颁布了号称"史上最严"的《中华人民共和国环境保护法》，首次提出经济发展要和环境保护相协同，并在此基础上形成了针对水污染、固体废物污染等一系列具体领域的法律，并以多种方式切实避免破坏生态的行为。以《中华人民共和国环境保护税法》为例，该法律规定了政府有权直接向排放污染物的个人或组织征收固定税额，将生态文明建设与税收紧密结合，以经济手段形成对环境保护主体的监督与处罚。在文化领域，我国逐步形成了以习近平生态文明思想为核心的生态治理体系，有利于生态价值理念的缔造与传播，引领构筑绿色发展的新生态。

3.积极推动生产方式与生活方式的绿色转型

我国在生态文明建设过程中，将绿色发展观念贯穿到生产与生活的全过程，强调各部门、各主体要加快形成绿色生产方式和生活方式，推动我国经济的高效转型升级。

在生产方面，我国持续打好蓝天、碧水、净土保卫战，在"创新、协调、绿色、开放、共享"的新发展理念指导下推动经济高质量发展，在工业、农业方面同向发力，实现工农业的健康绿色生产。在工业方面，我国相继出台了《中华人民共和国水污染防治法》《中华人民共和国大气污染防治法》等一系列针对具体污染领域的规划及责任界定，推出生产领域的"绿色工厂"，加强对高污染、高耗能企业的污染防治工作，推动生产方式的转型升级。《新时代的中国绿色发展》白皮书表明中国"十三五"期间累计退出钢铁过剩产能达1.5亿吨以上，水泥过剩产能3亿吨；风电、光伏发电等清洁能源设备生产规模居世界第一，多晶硅、硅片、电池、组件产量占据全球产量70%以上。①在农业方面，我国积极推动"绿色农业"的生产方式，发展集约循环农业，切实提升耕地质量与使用效率，降低化肥农药的使用数量，修复农业生态系统。

在生活方面，我国致力于普及"绿色消费"的理念，倡导消费方式转型升级，借助科技手段将健康可持续的消费理念深入人心。支付宝平台的"蚂蚁森林"借助用户线上消费和绿色出行的方式将5亿人的低碳行动转化为沙漠中的植树造林活动，并在2019年赢得联合国"地球卫士奖"这一荣誉。"低碳出行""光盘行动""垃圾分类"等一系列口号的背后是人民在中国式现代化进程中消费理念的创新性转变，也是全社会克服重重困难实现生活方式根本转变的信心与决心。据统计，2022年全国万元国内生产总值（GDP）能耗比去年下降0.1%，以国民为单位凸显出我国碳排放量的总体能耗下降。

（三）生态价值：人民至上

中国共产党是全心全意为人民服务的政党，始终坚持人民至上的生态价值理念，为了满足人民对美好生活的需要，中国共产党致力于解决生态民生中的"急难愁盼"问题，引领全社会形成共建共享共治的生态自觉。

1.良好生态是人民美好生活需要的重要内容

中国共产党坚持马克思主义的人民性，并结合中国的具体实际提出了"人民至上"的观点，将人民作为一切活动的出发点和落脚点。人民对于中国共产党来

---

① 中华人民共和国国务院新闻办公室：《新时代的中国绿色发展》白皮书（全文），2023年1月19日，http://www.scio.gov.cn/zfbps/zfbps_2279/202303/t20230320_707649.html.

说，是可以团结到的最广大的同胞力量，中国特色社会主义事业始终围绕人民展开，人民生活的全方位改善是党一切奋斗的源泉与动力。中国共产党将生态治理与全面小康的物质需要结合起来，与建成社会主义现代化强国的目标结合起来，将人民至上的理念贯穿到生态文明建设的全过程。

新中国成立后很长一段时间以来，人民处于温饱不足的生活状态，在这种条件下人民将温饱富足作为民生问题的全部内容。但随着生产力的发展，人民的生活水平实现了由温饱不足到总体小康、全面小康的历史性跨越，因此，对于民生问题的理解也更加多元与全面。习近平在庆祝中国共产党成立100周年大会上宣告"经过全党全国各族人民持续奋斗，我们实现了第一个百年奋斗目标，在中华大地上全面建成了小康社会"[①]，生态环境发生历史性变化是全面小康的应有之义，良好生态环境是全面小康最亮丽的底色，也是民生问题的表现形式之一，将生态治理与全面小康结合起来，彰显了中国共产党对民生问题认识的进一步深化。

"生态环境是关系党的使命宗旨的重大政治问题，也是关系民生的重大社会问题"[②]，生态问题就是民生问题，将生态环境建设好也是利民惠民的一项重要举措。党的十九大中首次将"美丽"写入社会主义现代化强国的目标，党的二十大报告进一步强调，"全面建成社会主义现代化强国，总的战略安排是分两步走：从二零二零年到二零三五年基本实现社会主义现代化；从二零三五年到本世纪中叶把我国建成富强民主文明和谐美丽的社会主义现代化强国"[③]，生态文明建设是美丽中国的本质要求，建成美丽中国是社会主义现代化强国的内在机理，也是人民

① 习近平：《在庆祝中国共产党成立100周年大会上的讲话》，北京：人民出版社，2021年，第2页。

② 《习近平谈治国理政》（第三卷），北京：外文出版社，2020年，第359页。

③ 习近平：《高举中国特色社会主义伟大旗帜 为全面建设社会主义现代化国家而团结奋斗——在中国共产党第二十次全国代表大会上的报告》，北京：人民出版社，2022年，第24页。

对生态环境建设的愿景呈现，美丽中国的目标与中国式现代化人与自然和谐共生的基本特征相呼应，共同推进我国生态建设事业向前发展。

2.着力解决人民在生态民生中的"急难愁盼"问题

随着人民生活水平的提高，人们的生活需求也逐渐从之前的"盼温饱"到生态领域的"盼环保"进行转变，"良好生态环境是最普惠的民生福祉"，中国共产党始终注重解决人民在生态民生中面临的"急难愁盼"问题。具体来讲，民生问题就是事关人民群众衣食住行四大方面的根本问题，将这四个方面与生态环境建设目标紧密结合，有利于切实解决人民在生态民生中面临的具体问题。

服装被有毒化学物浸泡、维权难的问题是人民在"衣"的方面面临的主要问题，对此，有关部门建立健全《中华人民共和国安全生产法》《中华人民共和国产品质量法》《中华人民共和国消费者权益保护法》等一系列法律法规，以法律形式加强对该行业的监督与管理，切实保障人民的服装安全。

食物来源与生产过程是否稳定、安全是人民在"食"的方面最为关心的问题。在粮食种植领域，党和国家严格划立18亿亩国家耕地红线与地区耕地红线，规定任何组织和个人都不能随意更改土地属性，在此基础上布局绿色农业，确保食物来源的安全可靠。在食物生产领域，国家积极推进食物生产全链条的公开化与透明化，以法律的形式为食品安全的治理工作提供基础性支撑，并以每年举办3·15晚会的形式形成全社会自主监督体制，确保人民舌尖上的安全。

居住地区方面是否能满足人民的基本生活需求是人民在"住"的方面面临的主要问题。我国在精准扶贫、精准脱贫的政策引领下，推动易地扶贫搬迁工作，由政府统一组织，秉持自愿原则鼓励那些原本居住环境恶劣的人民群众搬迁到宜居宜农地区，保障人民的生活与生产需求。除此之外，在各个居住区不断推进"口袋公园"建设，为人民提供休闲娱乐、管理规范的活动场地，满足人民群众对切实感受良好生态环境的需求，根据《2021年中国国土绿化状况公报》显示"全国累计建设'口袋公园'2万余个，建设绿道8万余公里"①。

出行是否顺畅、是否符合低碳理念是人民在"行"的方面面临的主要问题。我国不断推动构建高质量国家公路网建设，打通人民顺畅出行的公共交通"最后一公里"。国家发展改革委和交通运输部联合印发《绿色出行创建行动方案》，推动形成覆盖广泛、功能完备的公路网格局，坚持公共交通优先的原则倡导绿色出行，加快推进新能源汽车的使用。

3.良好生态需要人民共建共治共享

良好生态环境取之于民、用之于民，人民共同参与是建设优美生态环境的有效保障。我国在发展过程中也曾因为过度追求工业化导致生态环境一度退化，但自然资源并非取之不尽、用之不竭的，自然界为人类生产与生活提供了物质基础，人类也需要充分发挥主观能动性将对自然资源的使用控制在合理的限度之内，确保生态环境的可持续发展。

理念是行动的先导，根据人类历史可以看出自然保护意识淡薄是生态环境持续恶化的根源，树立全民生态环境保护意识是自然环境发生根本性扭转的治本之策。习近平生态文明思想以全局视野和以人民为中心的发展理念致力于激发人民群众的主体性，实现人民对生态环境的共建共治共享。我国坚持以习近平生态文明思想为引领，号召全社会在生活与生产实践中形成绿色与协调并重，经济与生态并行的行为方式，鼓励人民从细微处着手、从身边事展开为生态环境保护贡献一份力量，从而推动全社会树立保护自然、绿色发展的新理念，并且已经取得了一系列丰富的成果，分别以湖南邵阳与北京两地为例。

湖南省邵阳市生态环境保护志愿者联合会推出"滩主制"，以桥梁为界将邵水两岸河段划分为27个相对独立的网格，设立37个志愿者作为"邵阳滩主"，滩主

---

① 国家林业和草原局：《2021年中国国土绿化状况公报》，2022年3月11日，http://www.forestry.gov.cn/main/4461/20220311/234931556552081.html.

以在规定时间内清理垃圾、向两岸居民宣传环保理念、设立安全警示牌等方式共同维护邵阳生态环境，水清地绿的优美生态环境成为当地常态，2022年邵阳的国家地表水考核断面水质综合指数居全国339个地级市第24位，地表水质创历史最高水平。北京开展了"无痕徒步 生态共生"的自然友好型徒步活动，鼓励居民在感受自然、亲近自然的过程中做到无痕化处理，为绿色文化在当地落地生根创造良好的社会条件。

（四）生态担当：推动构建人类命运共同体

中国不仅致力于解决中国面临的生态问题，而且以主动担当的精神参与并不断推进全球生态治理；面对其他国家之间不合理的生态行为敢于发声，积极凝聚全球生态共识；与世界各国携手同行，推动构建人类生态共同体。

1.主动参与，推动全球生态治理

习近平生态文明思想不仅以传承创新的视角为解决中国面临的生态问题提供了实践方案，而且引领中国共产党人以强烈的使命担当积极融入全球生态环境建设大局，从国内治理与国际协作两个角度为良好生态环境建设贡献了"中国力量"。

从国内治理来看，自从2013年我国政府向污染宣战以来，国家相继发布了"大气十条""水十条"和"土十条"，将打赢蓝天碧水净土保卫战作为一项战略任务，在污染防治、生态修复、生态建设三个方面均取得了较为突出的成效，为全球生态治理树立良好典范。在污染防治领域，我国根据不同地区生态情况、不同产业发展现状实施具体减污降碳举措，在气候寒冷的东北地区增强秸秆禁烧管控力度，在钢铁、化工等行业执行重污染天气应急减排举措。"十四五"时期，我国严控煤炭消费增长，非化石能源消费比重提高到20%左右，京津冀及周边地区、长三角地区煤炭消费量分别下降10%、5%左右，汾渭平原煤炭消费量实现负增长。①在生态修复领域，开展大规模国土绿化行动，对事关中华民族永续发展的重点区域与典型领域不断增强生态保护与修复力度，以"共抓大保护、不搞大开发"为原则推进长江岸线生态修复，建立健全黄河沿线城镇污水处理设施及配套管网建设，定期开展"清废行动"。在生态建设领域，人民在党的带领下创造了三北防护林、塞罕坝林场等一个又一个生态奇迹，真正做到了荒原变林海的伟大实践，有效解决当地水土流失与荒漠化问题，并激励着人们继续稳步推进生态文明建设活动。目前我国拥有2.31亿公顷的森林面积，森林资源面积居世界第五位，人工森林面积多年来一直稳居世界之首。

从国际视野来看，我国始终从负责任大国的地位出发践行联合国可持续发展倡议，并以强烈的使命担当推动形成全球生态治理与协作格局。我国积极履行作为世界大国的义务，响应联合国环境与发展大会、联合国气候变化大会等会议精神，严格遵守《里约环境与发展宣言》《二十一世纪议程》等章程规定，以自觉担当的精神为全球生态治理贡献中国力量。在全球生态治理格局中，我国密切关注全球气候变化，在2016年签署了气候变化《巴黎协定》，率先垂范并积极号召其他成员国签署并落实协定内容；自行制定"双碳战略"，提出要在2030年前实现二氧化碳排放总量达到峰值、2060年前通过科技手段与造林活动吸收并抵消全社会二氧化碳排放量，彰显出中国人民应对全球生态问题的决心与定力。

2.敢于发声，凝聚全球生态共识

在国际舞台上，习近平多次向世界发出携手共建美丽地球家园的生态倡议，推动构建公平合理、合作共赢的全球生态治理格局，中国不仅敢于直面自身发展过程中面临的问题，还为世界生态环境建设提供思路，以相同但有区别的责任厘清发达国家和发展中国家的责任与义务，勇于对破坏环境的行为发声，凝聚全球

---

① 《中共中央国务院关于深入打好污染防治攻坚战的意见》，2021年11月7日，https://www.gov.cn/zhengce/2021-11/07/content_5649656.htm.

生态共识。

从生态破坏程度来看，发达国家进入工业化时代较早，对生态环境破坏范围与破坏程度更深，理应承担更多的生态环境修复义务，但以美国为首的西方国家不但不愿意承担更多的义务，而且在 2020 年时不顾世界反对公开退出《巴黎协定》，推诿逃避本该承担的义务。从科技发展程度来看，发达国家拥有更先进的污染处理技术，能够在经济发展的过程中创造更多的生态效益，但是发展中国家正面临工业发展和生态修复的双重压力，这对于发展中国家是极不公平的，发达国家和发展中国家对于全球生态建设理应承担相同但有区别的责任。中国厘清发达国家和发展中国家的责任与义务，在国际上对非洲国家坚持相同但有区别的责任原则，提出共建"一带一路"，与有关国家及国际组织签署 50 多份生态环境保护合作文件，彰显出了中国帮助沿线发展中国家推进生态环境建设的责任担当。

当前阶段，全球生态问题越来越受到政治因素的影响，日本以政治手段强力推行核污水排海计划、美国一手炮制俄乌冲突，都对全球生态产生了极为恶劣的影响。2011 年日本福岛第一核电站爆炸后放射性物质发生泄漏，日本国内乃至周边国家海域都受到了影响，日本为了尽快转嫁危机采取公关游说而不是事实认定的方式获取国际原子能机构报告，以核污水符合安全标准为由计划后期将核污水排放入海。中国坚决反对日本强力推行核污水排海计划，勇于在全世界面前揭露日本的恶劣行径，发出"中国声音"，坚决维护生物多样性与海洋安全。在俄乌冲突中，因为大规模使用威慑力极强的武器装备造成大量人员伤亡，对两国乃至周边国家环境也产生巨大破坏，中国勇于在全世界表明调停立场并为战争调停贡献中国力量。

3.携手同行，构建人类生态共同体

"人类命运共同体，顾名思义，就是每个民族、每个国家的前途命运都紧紧联系在一起，应该风雨同舟，荣辱与共，努力把我们生于斯、长于斯的这个星球建

成一个和睦的大家庭，把世界各国人民对美好生活的向往变成现实。"①"人类命运共同体"思想落实到生态领域表现为人类生态共同体，世界上的所有国家都是共同体的成员国，需要共同承担生态环境中存在的问题。

冰川消融、气候变暖、臭氧层耗竭等生态问题对于地球上的任何一个国家和地区都是无法回避的现实，地球只有一个，大规模生态危机一旦爆发，对于所有人来说都是一场巨大的灾难。2019年亚马孙林火，10个月过火面积超9万平方千米；2019年澳大利亚大火，一年间过火面积24.3万平方千米，对当地空气质量和全球气候变化都产生了直接的影响；2023年加拿大森林大火，全国13个省份和地区大部分受到林火影响，过火面积超过8万平方千米，美国、西班牙等地也受到了烟霾的影响，林火直接排放的二氧化碳数量已经超过10亿吨，也影响了全球双碳战略走向。

中国秉持的人类命运共同体观念为其他寻求人类与自然共生共存的国家提供了全新选择，为世界各国携手同行进行生态文明建设提供了中国方案。中国积极承担照顾发展中国家的责任，与非洲国家一路同行，成立气候变化南南合作基金，将绿色发展纳入中非"九项工程"之中，超越国家与地区界限，将菌草技术带到太平洋岛国，既助力当地减贫工作，又有效解决当地水土流失等生态问题，以独特情怀推进全球生态文明建设之路。除此之外，中国为世界生态环境建设提供平台，围绕生物多样性保护、湿地保护等多项领域举办缔约方大会，以自身行动贯彻落实生态领域的人类命运共同体理念，从全球生态文明建设的重要参与者、贡献者逐渐成为引领者。

---

① 高祖贵：《人类命运共同体理念的丰富意蕴和重大价值》，《人民日报》，2023年5月22日。

第五章

中国式现代化的
功能价值

一、中国式现代化的本质属性

"中国式现代化，是中国共产党领导的社会主义现代化，既有各国现代化的共同特征，更有基于自己国情的中国特色。"[①]其本质属性在于中国共产党的领导，其核心在于实现中华民族伟大复兴中国梦，实现跨越式发展，是一种基于共产主义最高理想和社会主义优越性的特质。

（一）中国式现代化的基本内容

中国式现代化的本质要求是：坚持中国共产党领导，坚持中国特色社会主义，实现高质量发展，发展全过程人民民主，丰富人民精神世界，实现全体人民共同富裕，促进人与自然和谐共生，推动构建人类命运共同体，创造人类文明新形态。

1. 人民立场：中国式现代化的本质内涵

第一，现代化建设以人民群众为主体力量。在中国式现代化建设中，人民群众扮演着不可或缺的主体力量角色。中国式的现代化建设，人民既是中心，也是根本。正是依靠广大人民群众的积极参与和共同努力，中国式现代化才能不断取得丰硕成果。人民群众作为现代化建设的主体力量，肩负着重要责任，推动了国家与社会的发展进步。他们是生产者、创新者、实践者，通过不断的努力和奋斗，推动着中国式现代化建设的进程。在经济、科技、教育、文化等诸多方面，人民群众都是主要力量，人民群众的智慧和勤劳为中国式现代化的发展注入了源源不断的动力。

现代化建设成效如何，人民群众不仅是建设者、参与者、贡献者，也是发展成果与发展水平的评判人。中国式现代化建设的成功与否，并不仅仅是指经济增

---

① 习近平：《高举中国特色社会主义伟大旗帜 为全面建设社会主义现代化国家而团结奋斗——在中国共产党第二十次全国代表大会上的报告》，北京：人民出版社，2022年，第22页。

长的速度和规模，更重要的是人民群众的获得感和幸福感是否增加。人民对于现代化建设的质量和成果有着直接的感受和评价，他们的满意程度是衡量中国式现代化是否成功的重要标准。

作为现代化建设的主体力量，人民群众也要分享现代化建设的成果。在中国式现代化建设中，始终坚持以人为本，注重人民群众的获得感、幸福感，这本身就是中国式现代化所要实现的目的与本质要求。通过构建更加公平、包容的社会制度和机制，使每个人都能分享到现代化建设的成果，实现共同富裕的目标。人民作为现代化建设的主体力量，不仅是建设过程中的重要参与者和推动者，也是评判成果的重要标准和最终受益者。只有把人民利益放在第一位，才能形成真正符合我国国情的现代化模式，才能实现人民群众对美好生活的向往和追求。

第二，现代化建设的成效如何，人民群众才是裁判。中国式现代化的本质属性之一是人民立场，人民群众在现代化建设中具有举足轻重的作用和地位。人民群众作为现代化建设成效的最终裁判，对现代化建设的成效有发言权、监督权。

人民群众作为现代化建设的主体力量，其作用无处不在。他们是实际参与者和推动者，通过自己的努力和智慧，共同创造了中国式现代化的伟大成就。在这个过程中，人民不仅是被动接受者，更是积极参与者，他们的意见和建议对于现代化建设的进程起到了至关重要的作用。现代化建设成效如何，百姓评判。他们对于现代化建设的结果有着高度的关注和期待。人民对于国家的发展有自己的期望和要求，而这些期望和要求成为评判现代化建设成效的标准。当现代化建设取得成效时，人民会给予赞赏和支持，反之，如果现代化建设没有达到人民的期望，他们也会提出批评和建议。人民群众的评判力量，促进了现代化建设的日臻完善。

民众分享现代化建设的成果，也是中国式现代化的本质内涵之一。让老百姓的生活水平提高，让老百姓的幸福感和获得感提高，这才是现代化的最终目的。中国式现代化强调要实现共同富裕的目标，让人民群众共享现代化建设的成果，消除贫困和差距，确保每一个人都能够享受到现代化带来的福利。人民对于现代化建设成果的共享有着不可忽视的影响，他们的满意度和福利感也成为评判现代化建设成效的重要指标。人民作为现代化建设的主体力量和最终评判者，他们的意见和评判力量推动着现代化建设的不断发展和完善，同时，现代化建设的成效也必须以人民的共享和满意度为标准。只有在人民立场下，中国式现代化才能真正实现其本质属性，为人民谋福祉，推动国家的繁荣发展。

第三，人民群众共享现代化建设成果。中国式现代化进程中必不可少的一环，就是人民群众共享现代化建设成果。作为现代化建设的主体力量和评判者，人民在这一过程中不仅扮演了关键的角色，也是直接受益者。共享现代化建设成果不仅体现了中国式现代化的本质内涵，也是实现共同富裕、协调发展、和谐共生、和平发展的重要途径之一。

人民共享现代化建设成果意味着人民能够分享到现代化发展所带来的经济收益。通过推动国家经济的高速发展，中国式现代化使人民生活水平显著提高。不仅是城市居民，相对贫困的农村地区也得到了有效的扶持和发展。老百姓就业多了，收入高了，教育好了，医疗保障完善了，可以享受到更多的福利。人民群众共享现代化建设成果，还体现在社会保障体系建设上。中国始终把人民群众的获得感和幸福感放在第一位，不断完善社会保障和公共服务体系，在注重社会保障覆盖面和质量提升的同时，保障了人民群众的基本生活需求。人民能够享受到全面的社会保障待遇，减少了因个人疾病、意外事故等原因造成的经济负担，增强了人民的获得感与幸福感。

人民共享现代化建设成果还体现在公共服务设施的普及和提升上。随着现代化建设的不断推进，人民群众的生活环境明显好转。交通基础设施的建设和完善，让百姓出行更加便捷顺畅。教育、医疗、文化等公共服务的普及程度不断提高，人民可以更加便利地享受到优质的教育资源、医疗服务和文化活动。公共设施的普及和提升，不仅提高了人民的生活质量，也推动了中国式现代化的进程。中国式现代化的本质属性之一，就是人民共享现代化的成果。这不仅体现了中国式现代化的本质内涵，也是实现共同富裕、协调发展、和谐共生、和平发展的重要途径之一。通过推动现代化建设，中国人民得以分享到经济收益、社会保障和公共服务的改善，提升了人民的生活水平和幸福感。在未来的发展中，中国将进一步推动共享现代化建设成果的进程，实现更加平等、普惠、可持续的现代化发展。

2.共同富裕：中国式现代化的目标追求

第一，生产力高度发达是发展中国式现代化的基础。生产力的高度发达，在新时代中国式现代化的目标追求中，被视为中国式现代化的基础。生产力的发展是一个国家实现现代化的关键要素，对于中国而言更是至关重要。作为世界上现今最大的发展中国家，中国的现代化进程与高速发展的生产力密不可分。

中国式现代化所追求的生产力高度发达不仅仅是指经济产出和技术水平的提升，更包括了人力资源的充分利用和创新能力的不断提升。在过去几十年的改革开放中，中国的生产力水平得到了显著提升，经济实力在世界范围内得到了认可。但我国生产力与发达国家相比还有差距，特别是在核心技术、高端制造业、创新能力等方面还存在差距。因此，中国式现代化需要更加注重推动科技创新和人力资源的培养，以提高生产力的质量和效率。政府应加大对科研机构和高等教育的投入，培养更多的创新人才，并提供良好的制度环境和政策支持，吸引和激励企业进行技术研发和创新投资。同时，鼓励企业加大自主创新和技术转化力度，也需要加大知识产权保护力度。

除了技术创新，提高生产力还需要关注实际生产过程的改进和优化。提升生产效率和质量、降低能耗和资源消耗，是加强生产线智能化改造的一项至关重要的工作。通过引进先进的生产工艺和设备，提高工人的技能和实践能力，可以有效提高生产力水平。生产力高度发达是中国式现代化的基础，必须通过科技创新、培养创新人才、优化生产过程等措施来不断提升。只有先进的生产力才能支撑起一个强大的现代化国家，实现共同富裕和协调发展的目标。在中国式现代化的新时代道路上，中国将继续努力，不断迈出坚实步伐。

第二，实现更平衡、更充分的发展是推动中国式现代化的内在要求。中国式现代化的目标追求之一，就是要实现更平衡、更充分的发展。这就意味着，经济、社会、环境等各方面，都可以达到比较均衡、比较充分的发展。中国正通过一系列政策和举措，努力推动这一目标的实现。

均衡发展，就是要实现区域之间、城乡之间的均衡发展。过去的发展模式导致了城市间发展的巨大差距，同时也产生了城乡发展的水平差异。中国政府不断加大对中西部地区的支持力度，促进这些地区的经济发展和社会进步，以实现更平衡的发展。同时，农村基础设施建设也得到了加强，农民生活水平得到了提高，城乡之间的发展差距也得到了缩小。充分开发，就是使资源得到合理利用，社会得到全面发展。中国正面临着资源压力和环境问题的严峻挑战，因此必须通过促进绿色发展和可持续发展来实现资源的合理利用。在产业转型升级过程中，中国正在加快能源结构的调整，推动清洁能源的发展，减少对传统能源的依赖。同时，中国还加大了环境保护和生态建设力度，以提高生态系统的稳定性和健康性。

均衡充分发展还需要建立健全的社会保障制度。我国正在推进全面覆盖、公平公正的社会保障制度改革和完善。通过建立健康保险、养老保险、失业保险等多层次、广覆盖的社会保障体系，中国保障了人民的基本权益，促进了社会的稳定和可持续发展。发展得更均衡、更充分，这是中国式现代化建设的内在诉求。中国正在积极推动经济社会的均衡发展，加强资源的合理利用和环境的保护，建立健全的社会保障体系，努力实现社会各个方面的全面发展。这将为实现中国式现代化提供坚实基础和持续动力。

第三，公平合理的分配制度是实现中国式现代化的重要保障。在实现共同富裕目标的过程中，必须注意优化资源配置，实现公平分配财富。中国式现代化要求建立起一套公平、开放、透明的分配机制，切实保障人民的合法权益。这就意味着，在社会资源分配中坚持市场化、法治保障，让市场在资源配置中起决定性作用，既要保障法律的严格执行，也要防止垄断、不正当竞争等不公平现象的发生。

追求分配制度的合理性，这是中国式现代化的必然选择，包括对财富的获取、分配和再投资进行制度设计。既要关注财富创造的公平，也要关注收入分配的公平，还应该关注再分配的公平。在市场经济的背景下，应鼓励创业和创新，为人们提供良好的机会，让他们能够凭借自己的努力获得应有的回报。同时，通过税收政策等手段，将一部分富裕阶层的财富再投资到教育、医疗、社保等公共事业中，以缩小贫富差距，实现更公平的社会分配。要实现分配制度的公平合理，还需要建立完善的监督体系。为保证市场竞争的公平透明，要加强对市场经济的监督。同时，要完善法律法规，严惩各种损害公平分配的行为，确保制度的有效执行。此外，应加强对弱势群体的保护，关注社会的弱势群体，为其提供更多的机会和资源，使其能够享受到公平的分配。

公平合理的分配制度是中国式现代化的必要保障，它涉及社会的公正和稳定。只有通过建立公平、开放、透明的分配机制，保障人民的合法权益，才能够实现中国式现代化的共同富裕目标。同时，在保障分配制度合理有效之际，还应加强监督、强化法律执行。这样，中国式现代化的发展就能够以公平的方式惠及广大人民，实现社会的和谐与可持续发展。

3.协调发展：中国式现代化的方法举措

第一，推动文化繁荣，以物质文明和精神文明的协调发展增强文化自信。实现物质文明和精神文明的协调发展，在中国式现代化的进程中至关重要。其中，促进文化繁荣和增进文化自信成为重要的任务和目标。文化是连接过去、现在与未来的桥梁，是一个国家和民族的灵魂。因此，在中国式现代化的过程中，必须注重培育和传承优秀的传统文化，推动当代文化的创新发展。

传统文化的传承需要得到重视，这样才能促进文化的繁荣。我国有着悠久的历史和文化传统，这些传统文化孕育着深厚的精神内涵和价值理念。通过教育、宣传、传承、弘扬等方式，让更多的人了解传统，学习传统，传承传统文化。在现代化进程中，不能忽视传统文化的重要性，要保持文化的延续性，保持传统的根脉。

增强文化自信，需要重视当代文化的创新发展。随着时代的变迁和社会的发展，当代文化呈现出多样性、包容性、创新性的特征。我们应当积极推动文化创新，注重当代艺术的发展和文化产业的繁荣，鼓励人们进行创造性的表达和思考。同时，要加强对外文化交流与合作，吸收其他文化的优秀元素，以开放的姿态面对世界文化的多样性，增强文化自信。

推动文化繁荣、增强文化自信，需要多方面共同推进。加大文化产业发展力度，使文化在提升文化经济价值的同时，成为拉动经济增长的重要力量。同时，加强文化教育的推广，提高人民的文化素质和修养，培养具有创新力和竞争力的文化人才。还要加强文化交流与合作，推动文化产业国际化和走出去，向世界展示中国文化的魅力和自信。此外，加强文化创新的研究与实践，鼓励创造性的艺术表达和文化产品的创新。最后，要加大文化保护和传承力度，把物质文化遗产、非物质文化遗产保护好、传承好。

第二，以物质文明和精神文明协调发展，增强应对风险挑战的战略定力。在中国式现代化的新时代发展进程中，以物质文明和精神文明的协调发展至关重要。其中，增强战略定力以应对风险挑战是中国式现代化的一个重要方面。中国式现代化所面临的风险挑战是多样而复杂的，包括经济领域的风险、社会领域的风险、环境领域的风险等。为了应对这些风险挑战，中国必须增强自己的战略定力，以保持发展的稳定性和持续性。

中国需要不断加强经济领域的战略定力。这就意味着要坚持稳定发展的基本方针，坚定不移地推进供给侧结构性改革，加快转变经济发展方式，提高创新能力和竞争力。同时，在防范系统性风险方面，也要以防范金融风险为重点，加强金融监管。

加强社会领域的战略定力。社会稳定是现代化的重要基石，对各种社会问题要保持高度的关注和警惕。要推动社会治理创新，加大基本民生保障力度，落实好教育、医疗、养老等民生领域的改革，为社会的和谐发展提供坚实保障。

加强环境领域的战略定力。环境问题已经成为制约中国式现代化的重要因素，必须加快生态文明建设，落实好节能减排和资源环境保护的各项政策措施。加大生态环境治理力度，提高生态文明程度和国际竞争力，着力改善环境质量。

增强战略定力以应对风险挑战是中国式现代化不可或缺的一个方面。只有提高自身的综合实力和应对能力，中国才能在不断变化的国际环境中实现持续稳定的发展，推动中国式现代化不断向前迈进。通过加强经济、社会和环境领域的战略定力，中国将能够更好地应对风险挑战，并取得更加可持续的发展成果。

第三，解决社会矛盾，以物质文明和精神文明协调发展满足人民群众对美好生活的新期待。在新时代中国式现代化的基本内容中，以物质文明和精神文明的协调发展为核心，解决社会矛盾、满足人民对美好生活的新期待成为重要任务。中国式现代化在实践中秉持人民立场，以人民群众的根本利益为出发点和落脚点，集中力量解决社会各方面的矛盾和问题。

以物质文明和精神文明协调发展的模式，积极推动文化繁荣发展。文化作为民族和国家的精神血脉，对于中国式现代化的实现意义非凡。通过积极培育和弘扬社会主义核心价值观，提升人民群众文化自信，提升国家文化软实力，中国式现代化注重以文明引领发展，以文化推动现代化进程。通过促进物质文明和精神文明的协调发展，我们能够更好地解决社会多元化带来的文化矛盾，满足人民丰富多样的文化需求。

以物质文明和精神文明协调发展的方式，增强战略定力，做到应对风险、应对挑战。在中国式现代化的进程中，我们必然会面临各种风险和挑战，因此拥有强大的战略定力至关重要。通过物质文明和精神文明的协调发展，我们能够更好地识别、预测和应对各种风险，确保实现中国式现代化的目标不受干扰。同时，通过提升人民的文化素质和创新能力，增加国家的文化创造力，使我们能够在面对风险和挑战时保持清醒的头脑和坚定的信心。

用物质文明和精神文明协调发展的方式，化解社会矛盾，满足人民群众对美好生活的新期待。中国式现代化的核心目标，就是要让老百姓的生活水平不断提高，幸福感不断提高。通过物质文明和精神文明的协调发展，能够更好地解决社会各个方面的矛盾，不断改善人民的生活环境和福祉。在创新科技、科学管理下，满足人民群众对优质教育、医疗、住房等方面的需求，提高群众收入水平，实现群众对美好生活的新期待，提供良好的就业机会。

以物质文明和精神文明协调发展的方式，解决社会矛盾并满足人民对美好生活的新期待，是新时代中国式现代化的重要内容之一。在这个过程中，必须始终坚持以人为本的发展思路，为中国式现代化建设不断取得新成就，不断促进物质文明与精神文明协调发展。

4.和谐共生：中国式现代化的内在品质

第一，健全生态文明建设顶层设计。建设生态文明是中国式现代化的本质属性之一。完善生态文明建设顶层设计，对实现这一目标具有不可忽视的作用。生态文明建设顶层设计是指从政策、法律、制度等方面来引导和推动生态文明建设的一系列规划和措施。

在国家发展战略中强调生态文明建设。作为中国式现代化的基本内容之一，完善生态文明建设顶层设计需要得到充分的重视和支持。这涉及政府部门的决策和规划，需要将生态文明作为国家长远发展的重要目标，并将其纳入国家发展战略的核心部分。

制定科学合理的政策和法律法规，切实推进生态文明建设。这就意味着我们需要在立法层面上加强对环境保护、生态修复和资源利用的规范和监管。通过制定具体的政策和法律，我们可以为生态文明建设提供明确的指导和支持，推动相关行为的规范化和可持续发展。

加强对科技创新和技术支持的指导，还需要完善生态文明建设的顶层设计。科技创新和技术支持在促进生态环境保护和可持续发展中厥功至伟。因此，我们需要加强对科技研发和创新的支持，鼓励开展环保技术的研究和应用，以提高生态文明建设的效果和质量。完善生态文明建设顶层设计是中国式现代化中一个重要的方面，需要政府、科技界、社会各界的共同努力和积极参与。只有通过完善生态文明建设顶层设计，我们才能更好地促进生态文明建设和可持续发展，在中国式现代化的道路上实现绿色、可持续的发展目标。

第二，经济社会发展全面实现绿色转型。经济社会发展要实现全面绿色转型，这是中国式现代化进程中的重要目标之一。为促进现代化建设实现可持续发展，中国追求经济的绿色转型，以实现资源的高效利用、环境的保护和增进人民的健康福祉。

我国致力于促进能源结构的优化，并广泛应用清洁能源。我国大力发展风能、太阳能、水能等可再生能源，以减少对传统化石能源的依赖。通过投资和政策扶持，中国可再生能源装机容量稳步增长，清洁能源在能源消费结构中所占比重不断提高。这种转型不仅减少了对煤炭等传统能源的需求，同时也减少了对环境的污染。

我国推动绿色产业发展成效显著。我国通过对绿色产业发展的引导和扶持，使其在经济体系中的作用日益凸显。绿色产业发展同时带动经济增长，创造了大量就业机会。同时，绿色产业的发展也推动了技术创新和产业升级，为中国实现经济社会的绿色转型提供了基础支撑。

中国式现代化的重要内容之一，就是实现经济社会发展的全面绿色转型。通过优化能源结构、推动绿色产业发展和加强环境保护，我国在实现绿色转型的道路上取得了显著进展。这不仅对我国的可持续发展至关重要，也为全球实现绿色转型作出了表率。在未来的发展中，我国将继续坚持绿色转型的发展思路，以实现经济社会的总体绿色升级。

第三，践行对世界的绿色承诺。中国式现代化的内在品质之一就是践行对世界的绿色承诺。绿色发展已经成为全球关注的重要议题，而中国作为全球第二人口大国和第二经济大国，在绿色发展领域扮演着重要的角色，既是中国式现代化的担当，也是实现可持续发展目标的重要举措，践行着对世界的绿色承诺。

我国通过出台一系列环保法规和政策措施，构建完善的环境治理体系，积极推动完善生态文明建设顶层设计。政府提出了建设美丽中国的目标，将生态环境保护纳入国家发展战略，并制定了一系列环保产业扶持政策，促进了绿色产业的发展。此外，中国还加强了环境监测和治理能力，投入大量资源进行环境保护工作，改善了环境质量，保护了生态系统的稳定性。

为实现经济社会发展的全面绿色转型，我国推动了产业结构优化升级，鼓励和支持绿色技术和环保产业的发展。在绿色能源方面，我国在电力领域加大了可再生能源的开发和利用，推动了清洁能源的发展，大规模建设了太阳能电站和风力发电厂。在交通领域，我国推动了新能源汽车的普及，减少了传统燃油车的使用，降低了交通排放的污染。此外，中国还加强了资源的节约利用，推动了循环经济的发展。

我国还积极履行对世界的绿色承诺，参与了全球环境治理的进程。我国积极参与国际环保合作，已加入多个国际环保组织，签署了一系列国际环保协定。我国还积极推进绿色"一带一路"建设，鼓励沿线国家共同参与绿色发展，促进区域绿色合作。同时，为帮助其他国家改善环境质量，实现可持续发展，我国也为发展中国家提供了环保技术和经验方面的支持。

5.和平发展：中国式现代化的发展过程

第一，历史传承中的和平基因。在中国式现代化的发展过程中，历史传承中的和平基因起到了重要作用。中国作为一个悠久的文明古国，历史上多次形成统一的大帝国，维持着相对稳定的政治局面。这样的历史传承，让和平成为价值追求，也是中国人做人的准则。

和平的政治文化。统一后的国家强调和谐稳定，注重治国安邦，使得和平成为国家的核心价值观。这种思想传统根植于中国人民的心中，形成了中国式现代化发展中的和平基因。

中国对外交流的历史源远流长。汉唐时期，丝绸之路的发展促进了东西方贸易往来，并由此带来了文化、科技等多方面的交流，在与许多国家和地区的交往中，丝绸之路的发展不仅丰富了中国的国内文化，也使得中国在与其他国家的交往中能够保持相对和平的态度。历史传承中的和平基因深深嵌入中国人民的心中，塑造了中国式现代化发展的路线。和平基因使得中国在发展过程中能够注重稳定、追求和谐，保持与世界各国的和平共处。中国式现代化在追求经济、科技发展的同时，始终将和平作为核心价值观，并以此驱动着国家向着更高的目标不断前进。

第二，抵御外侮过程中形成的和平认知。中国人民经历了苦难，也经历了中国式现代化发展进程中抵御外侮的挑战。由于近代以来的种种历史原因，中国曾遭受着列强入侵、国家分裂和人民苦难等深重打击。然而正是在这个抵御外侮的过程中，中国人民深刻领悟到和平的重要性，并树立了和平认知。

在抵御外侮的过程中，中国人民经历了无数次的战争与血与火的考验，从中深刻认识到战争的残酷和破坏力。中国人民不仅面对着外来侵略，还要面对内部的困难和挑战。这些内部问题可能会导致社会的动荡和分裂，进一步削弱国家的实力和国民的利益。因此，中国人民深刻认识到，内外和平是互相依存的，只有在安定和谐的社会环境中，才能实现国家兴旺发达、人民幸福安康。

中国人民也在对外斗争的过程中，积累了丰富的和平经验与和平智慧。平安，不只是国与国的平安，更是人与人的平安。只有通过相互尊重、平等对待和合作共赢，才能构建和谐的社会关系和国际秩序。因此，中国人民始终坚持以和平为导向的外交政策，始终主张通过对话和协商解决争端，为世界的和平与发展作出积极贡献。

第三，和平意识对全人类的卓越贡献。中国式现代化所追求的和平发展，秉承着对人类命运共同体的责任感，主动为人类社会的富强与进步添砖加瓦，绝不仅仅局限于国内的安定、经济的兴旺。对于国际争端和热点问题，中国在实践中始终坚持独立自主的和平外交政策。

中国本着和平基因的传承，将和平视为国家传统和核心价值观，始终将和谐发展放在第一位。自古以来，中国就崇尚和平，推崇以和谐共处为目标的外交方式。在近代史上，中国虽然经历了种种苦难和挫折，但始终坚守着和平的原则。这种和平基因的传承使得中国有着深厚的和平认知，对于和平的追求更加坚定和自觉。历史上，中国曾经遭受过帝国主义列强的侵略和压迫，这一段痛苦的经历使得中国人民深知战争和冲突所带来的破坏和伤害。因此，中国珍爱和平，重视通过对话和协商解决争端，以维护和推动地区与世界的和平。

中国坚持和平发展的战略目标，不仅仅是为了自身利益，也是为了人类社会的共同繁荣和进步。中国一直倡导和平共处五项原则，推进人类命运共同体建设，致力于国际合作和全球治理体系的改革与完善。为促进世界和平与发展，中国积极参与维和行动、发展援助和全球公共事务等领域。

（二）中国式现代化的新历史方位

中国式现代化为中国发展带来了全新的历史机遇和发展机遇，推动中国迈向更为广阔的前景。

1. 接续全面建成小康社会的伟大成果

第一，由全面建成小康社会向全面建设社会主义现代化国家的转变。全面小康的实现，标志着中国在中国式现代化进程中向历史新的时代定位迈进。全面小康是中国特色社会主义事业发展到今天的一个标志性的重要阶段。

实现全面小康，为我国全面建设社会主义现代化国家奠定了坚实基础。全面建成小康社会要求人民群众的物质生活普遍达到小康水平，意味着社会生产力的显著提升和经济发展取得了巨大成就。这为推动中国式现代化向纵深发展提供了强大动力。

从全面小康向社会主义现代化国家转变，包括经济建设、政治建设、文化建设等各个领域的全面发展。在经济建设上，要在促进产业结构升级、提高经济质量和效益上进一步加大科技创新力度。在政治建设上，坚持党的领导，加强社会主义法治建设，推动民主广泛参与、有效运转。在文化建设方面，我们要弘扬中国传统文化，提高国民素质，培养具有创新精神和国际竞争力的人才。

此外，还要加强各级政府和各部门的协调配合，实现由全面小康向社会主义现代化国家的转变。只有通过政府、企业、社会各方力量的共同努力，我们才能够迅速适应并引领现代化发展的趋势，推动中国式现代化不断取得新的成就。

第二，全面摆脱绝对贫困向共同富裕的历史性转化。在中国式现代化的新时代历史方位中，全面摆脱绝对贫困，实现共同富裕是一个重要的转变。这一转变意味着中国正在从面对绝对贫困问题的阶段，迈入了一个全面建设社会主义现代化国家的新阶段。

中国全面摆脱绝对贫困的内在要求就是坚持以人为本，实现社会主义现代化。

中国始终坚持人民的根本利益至上，致力于保障人民的基本权益，特别是针对贫困人口。通过多种政策和措施，中国成功全面建成小康社会，改善了人民的生活水平，充分彰显了社会主义现代化的核心理念。

中华民族实现伟大复兴的重要目标就是共同富裕。中国具有庞大的人口基数和巨大的发展潜力，实现共同富裕符合中国特色社会主义的发展方向。共同富裕的实现，既需要在经济上实现增长，提高人民的收入水平，也需要在社会上实现公平，确保每个人都能享有基本的福利和机会。

实现从绝对贫困到共同富裕的整体脱困转化，不是一朝一夕之功，需要政府、社会和个人三方面共同努力，形成合力。在发展经济的同时，政府应加大对贫困地区、贫困群众的扶持力度，鼓励和引导社会资本和各方力量参与扶贫攻坚。社会各界应该增强社会责任感，积极参与公益事业，为贫困地区和贫困人口提供支持和帮助。而个人则应该通过提高自身素质、努力工作、追求创新等方式，为实现共同富裕贡献自己的力量。

中国式现代化的重要标志，也是中华民族伟大复兴的重要目标之一，就是全面摆脱绝对贫困向共同富裕的转变。这一转变不仅意味着贫困人口的福祉得到保障，也体现了中国特色社会主义的优势和中国式现代化的本质属性。通过全社会的共同努力，中国将不断迈向更加美好的明天，逐步开启人类文明新形态的新篇章。

2. 为实现强国梦的社会主义现代化而奋斗

第一，破解发展瓶颈，推动生产力水平的提升。在中国式现代化的道路上，突破发展瓶颈、推进生产力变革是至关重要的一步。在经济发展过程中，中国面临的挑战和困难很多，其中发展瓶颈问题最为突出。然而中国人民始终秉持着不畏艰难、不断求索的精神，不断进行创新和改革，推动生产力的变革。

发展瓶颈的突破需要通过系统性的改革和创新来实现。首先，我们需要打破垄断，促进市场竞争。在过去的发展阶段中，一些行业存在垄断现象，导致市场资源配置不平衡、效率低下。因此，我们需要加强市场监管，鼓励企业竞争，推动市场资源的有效配置，激发市场活力。必须加大力度进行科技创新，促进科技进步。在当今世界日新月异的科技创新浪潮中，我们不能满足于跟随者的地位，而应积极探索自主创新的路径。通过加大科研投入、提升科技人才队伍建设，我们必将在核心技术领域获得更大突破。只有通过引领科技创新，我们才能够更好地适应新时代的发展需求，推动生产力的持续提升。

我们还需要加强改革举措，优化经济结构。在过去的发展中，中国经济过度依赖外需和投资驱动，而这种模式已经无法满足新时代的发展需求。所以我们要对经济结构进行优化，通过改革促进经济转型成为高质量的发展。这就意味着要加强消费的引领作用，加大对服务业和创新型产业的扶持力度，提高我国产业链的附加值。优化经济结构才能实现经济持续健康发展的目标。在推动生产力变革的进程中，生态环境保护同样需要重视。要追求经济发展与生态环境协调发展，不能以牺牲生态环境为代价来发展生产力。因此，我们需要加大环境保护的力度，推动绿色经济的发展，倡导节约资源和可持续发展的理念。只有确保生态环境良好，才能持续发展、良性发展。

第二，抓住"两个大局"这一重要战略机遇，顶住外部压力，奋力拼搏。在中国式现代化的新时代历史方位中，我们必须面对来自外部的各种压力和挑战。然而中国始终坚持顶住外部压力，以逆势而行的勇气和智慧，抓住"两个大局"的重要战略机遇期。顶住外部压力，中国便能在经济领域推进各项发展战略，推动生产力的变革。面对外部不确定性和不利因素的影响，中国坚持深化供给侧结构性改革，加快推进创新驱动发展战略，积极培育新兴产业，提升经济发展的质量和效益。通过加强科技创新和人才培养，中国正逐步从传统的劳动密集型经济向更为现代化、智能化的形态转变。

中国在对外政策上积极开展多边合作，推动构建人类命运共同体，抓住了"两个大局"的重要战略机遇期。中国坚持走和平发展道路，积极参与全球治理体系改革，推进构建开放型世界经济，同世界各国深化互利合作。尤其是在共建"一带一路"的推动下，中国与沿线国家共同发展，为全球经济增长注入了新的动力，也为世界的和平与稳定作出了积极贡献。中国作为一个正在崛起的大国，应对外界的压力，必须有应对的能力和智慧。只有坚持不懈地顶住外部压力，紧紧抓住"两个大局"的重要战略机遇期，中国式现代化才能取得更加卓越的成就。

在这一过程中，中国将继续加强国内改革，深化开放型经济体制建设，稳定社会发展，不断提高人民生活质量。同时，为人类文明发展开启新形态，中国也将积极参与国际合作，以合作共赢为核心，推动构建全球治理新体系。

3.逐步开启人类文明新形态

第一，超越国强必霸逻辑，创新国家崛起新模式。创新国家崛起新模式，超越国强必霸逻辑，成为中国式现代化进程中的关键任务。传统的国际关系理论中常常将国家的强大与霸权联系在一起，认为只有成为霸主国家，才能在国际舞台上实现自身利益的最大化。这种霸权逻辑与中国式现代化的初衷和理念并不相符。

中国始终坚持和平发展的外交政策，强调与各国的合作共赢。在超越国强必霸逻辑的背景下，中国提出了创新的国家崛起新范式。这一范式强调国家之间的相互依存与合作，在实现自身发展的同时，积极为其他国家提供公共产品，共同推动全球治理体系的建设。在这一范式中，中国强调对国家软实力的提升，即经济、文化、科技等方面的实力，而不仅仅是军事实力。中国通过加强与其他国家的交流互动，推动共同发展，为其他国家提供发展机遇，建立了国家崛起的新模式。

此外，中国还通过互利合作、共同发展的方式，推动全球治理体系的改革。中方主张建立公平、公正、包容的国际秩序，提出了建设人类命运共同体的思路。

通过与各国合作，共同应对全球性挑战，促进全球治理体系朝着更加民主、更加公正的方向发展。这种新型的国际合作模式，突破了传统的大国霸权逻辑，为实现中国式现代化提供了新模式。

第二，跨越文明冲突，开启人类命运共同体新时代。在世界的发展进步中，文明的冲突始终是一个重要的课题，但是中国式现代化的本质属性，就是要跨过这道坎儿，开启人类命运共同体的新时代。

中国式现代化以超越国强必霸逻辑为核心，创新了国家崛起的新模式。中国不仅仅追求自身的发展和壮大，而是倡导共赢、和平合作的理念。在国际舞台上，中国坚持以对话和平等协商解决争端，致力于建设共同繁荣的世界。这一理念的核心在于超越零和博弈的观念，通过互利合作实现共同发展。中国式现代化致力于促进不同文明之间的交流与融合，跨越文明的冲突。中国倡导多元文化共存互尊，推进人类命运共同体建设。中国历史上就有着多元文化的交融与共生，这种传统一直延续至今。中国通过举办文化交流活动、支持民间交流组织，积极促进不同文明间的对话与互鉴。这种跨越文明冲突的努力，为构建人类命运共同体提供了坚实基础。

人类命运共同体的新时代，将在中国式现代化中开启。人类共同面临的挑战有很多，比如气候变化、贫穷和恐怖主义等。跨越文明冲突，实现人类命运共同体，才是应对这些挑战的关键所在。中国积极参与全球治理，提出共建共享的合作倡议，促进全球治理机制的变革与完善。中国式现代化将以实际行动示范，为建设人类命运共同体作出更多贡献，推动世界进入一个更加和谐、繁荣的新时代。

中国式现代化，是人口规模巨大的现代化，是全体人民共同富裕的现代化，是物质文明和精神文明相协调的现代化，是人与自然和谐共生的现代化，是走和平发展道路的现代化。中国式现代化的本质属性，是在中国共产党的领导下，推动中国的跨越式发展、高质量发展，实现中华民族伟大复兴中国梦，接续全面建成小康社会的宏伟发展目标，真正逐步实现民族复兴、国家富强、人民幸福。

二、中国式现代化的主导逻辑

中国式现代化是一种独特而具有魅力的发展模式，引发了全球的广泛关注。"中国式现代化是切合中国实际、符合中国国情的现代化，是政治、经济、文化、社会、生态协调推进的现代化，是坚持和发展中国特色社会主义、实现中华民族伟大复兴的现代化。"[①]然而需要明确的是，中国式现代化并非简单地基于单一逻辑的应用，而是通过多种逻辑的相互融合、相互作用和共同主导，最终形成了其独特的面貌。

（一）政党引领逻辑

政党引领逻辑是中国式现代化的重要基石。党的二十大报告强调："全面建设社会主义现代化国家、全面推进中华民族伟大复兴，关键在党。"[②]在中国特色社会主义发展进程中，中国共产党作为执政党，发挥着关键的领导作用，不断推进和拓展中国式现代化。

首先，政党引领逻辑强调坚持党的领导。中国式现代化，是中国共产党领导的现代化，坚持和加强党的全面领导，是中国式现代化最鲜明的特征和最突出的优势，是推进中国式现代化必须坚持的首要原则。党的领导保证了中国特色社会主义事业始终沿着正确的方向前进，为实现中国式现代化奠定了坚实基础。

其次，政党引领逻辑注重科学决策和集体领导。中国共产党高度重视科学决

---

① 孙绍勇：《推进拓展中国式现代化的逻辑主线及理路构建》，《管理学刊》，2022年第6期。

② 习近平：《高举中国特色社会主义伟大旗帜 为全面建设社会主义现代化国家而团结奋斗——在中国共产党第二十次全国代表大会上的报告》，北京：人民出版社，2022年，第63页。

策，通过充分调研和广泛征求意见，确保国家发展战略的科学性和可行性。党内实行集体领导和个人分工负责相结合的制度，通过民主集中制的方式，形成了集思广益的决策机制。这样的决策机制保证了国家发展策略的科学性、合理性和可持续性，为我国的现代化建设提供了强大动力。

最后，政党引领逻辑强调发挥党员的先锋模范作用和党组织的战斗堡垒作用。党员要以身作则，发挥示范和引领作用，积极提升自身素质，为党的事业作出贡献。党组织要维护党的纪律和组织的严肃性，加强党员教育和培养，统一思想行动，提供组织保障。党员的先锋模范作用和党组织的战斗堡垒作用相辅相成，共同推动着党的事业发展。只有党员的先锋模范作用和党组织的战斗堡垒作用充分发挥，才能保证党的领导的巩固，实现党的事业的长远胜利。

不过，我们也必须明确认识到，中国式现代化发展模式在政党引领方面也面临一系列挑战和问题。

首先，党的领导是实现现代化的关键，但也需要保持党的正确方向和优良作风，防止党的领导权被滥用或脱离群众。其次，政党引领需要更加注重民主和人民的参与，确保决策的民主性、透明度和公正性，避免权力集中和腐败问题。最后，政党引领也需要与国际社会的合作与沟通相结合，积极参与全球治理，携手共同应对全球性挑战。

综上所述，中国共产党作为执政党，在推动中国现代化的过程中发挥着不可替代的作用。在中国共产党的坚强领导下，中国人民凭着"逢山开路、遇水架桥"的闯劲韧劲，实现了从"赶上时代"到"引领时代"的伟大跨越。中国式现代化的政党引领逻辑，凭借其独特的特点和有效的机制，发挥着关键的作用，推动着我国的现代化建设，并为中国式现代化的实现提供了根本保障。

（二）创新驱动逻辑

创新驱动逻辑是推动中国式现代化的强大动力。创新是实现中国式现代化的关键因素。党的二十大报告指出："坚持创新在我国现代化建设全局中的核心地位。"[①]我国高度重视创新发展，将创新作为推动现代化的重要引擎，不断提升国家的经济竞争力、科技实力和社会发展水平。

在经济领域，我国积极推动创新驱动发展战略，加大科技研发投入和人才培养力度，鼓励创新企业和创新团队的成长。通过建设创新型国家、建设世界科技强国，我国在高端制造、人工智能、新能源等领域取得了重大成就。例如，我国在5G通信技术方面取得了全球领先地位，推动了数字经济的快速发展。我国不仅培育了一批世界级科技企业，还在科技创新成果的转化和产业化方面取得了显著进展。

在科技领域，我国不断提升自主创新能力，加强基础研究和前沿技术的攻关，推动科技与经济社会融合发展。我国大力发展人工智能、云计算、大数据、生物技术等新兴科技领域，推进数字经济的快速发展，为中国式现代化提供了强大支撑。例如，我国在人工智能领域有着强大的研发和应用实力，应用于人工智能的技术正在改变诸多传统行业的发展方式和模式，提高了经济效率和竞争力。

在教育和人才培养方面，我国重视培养创新型人才，注重培养学生的创新思维和实践能力。通过改革教育体制、推动教育创新和人才培养体系的调整，不断培养出优秀的科学家、工程师、创业家等创新人才，为我国的现代化进程提供了持续的人才支持。例如，我国的高等教育在科研和人才培养方面取得了显著成就，培养了一大批在国内外有影响力的学者和专家。

此外，我国还在政治、文化、社会等各个方面推动创新驱动的现代化进程。在政治方面，我国通过制度创新与政治改革，推动国家治理体系和治理能力现代

---

① 习近平：《高举中国特色社会主义伟大旗帜 为全面建设社会主义现代化国家而团结奋斗——在中国共产党第二十次全国代表大会上的报告》，北京：人民出版社，2022年，第35页。

化。在文化领域，我国不断弘扬创新精神，促进文化产业的繁荣与创意产业的发展。在社会领域，我国创新社会治理模式，提升社会服务水平和社会管理效能。例如，我国在社会治理方面探索了一系列创新实践，如社区治理、全民参与及"互联网+政务"服务等，提高了公共服务质量和公众满意度。

尽管我们在创新领域已经取得了一些显著成就，但仍然面临一些新的阻碍和挑战。

首先，技术壁垒可能成为创新的障碍。某些前沿技术和核心技术可能受到其他国家或组织的技术壁垒和知识产权保护的限制，使得获取和应用这些技术变得困难。解决这个问题需要加强国内研发和创新能力，同时加强国际合作与交流，推动技术创新的自主发展。

其次，人才供给与需求之间的不平衡可能成为创新的瓶颈。创新驱动需要高素质的人才，但人才的供给与需求之间可能存在不平衡。有时可能存在人才不足、人才流失或人才配置不合理的问题。解决这一问题需要通过加强人才培养与引进，搭建良好的人才发展和流动机制，以及改善人才评价和激励体系，从而满足创新的人才需求。

再次，资金和资源的限制也会阻碍创新的发展。创新活动需要大量的资金投入和资源支持，但在面临有限的资金和资源时，如何合理分配和利用这些资源成为一个挑战。解决这个问题需要建立多元化的创新资金来源和支持机制，鼓励企业和投资者增加对创新的投入，同时加强政府对创新的政策支持和引导作用。

最后，创新驱动逻辑也面临着创新风险和不确定性的挑战。创新过程充满着风险和不确定性，可能面临技术失败、市场失败或商业模式不可持续等问题。解决这个问题需要加强创新管理与风险评估，鼓励创新试错和快速迭代的文化，同时提供支持和保护机制，降低创新风险，提高创新的成功率。

总体来说，应对这些挑战和问题，需要政府、企业、科研机构及社会各界的共同努力。通过加强支持政策、破除制度壁垒、培养人才、加大投入、激励创新等方面的工作，才能更好地推动创新驱动逻辑的实施，实现经济社会的可持续发展，以推动中国式现代化不断迈向新的高度。

（三）人民至上逻辑

人民至上是中国式现代化的根本指向。习近平曾指出，为人民谋幸福"是我们党领导现代化建设的出发点和落脚点"[①]。党和政府始终坚持以人民为中心的发展思想，将人民的利益放在首位，将人民的幸福和福祉作为衡量现代化进程的重要标准。在这一逻辑指导下，中国式现代化取得了显著成就，并在不断推进中。从经济发展、社会建设、政治治理和生态文明建设四个方面来看，人民至上逻辑深刻地影响了中国式现代化进程的各个方面。

首先，在经济发展方面，我国坚持解决人民的就业问题，稳定物价水平，推动经济增长惠及全体人民。通过深化供给侧结构性改革，以扩大内需、促进区域发展协调为重点，我国不仅实现了持续稳定的经济增长，还提高了人民的收入水平，改善了就业和社会保障制度，不断满足人民对美好生活的向往。中国式现代化经济发展不是简单追求国内生产总值（GDP）增长，而是更加注重增长的质量和效益，追求人民生活水平的全面提升。

其次，在社会建设方面，我国致力于保障人民的基本权益和福利，加强社会保障体系建设。通过推进医疗保障制度改革、扩大教育资源投入、加强公共文化服务等措施，我国大幅提高了人民的健康水平、教育水平和文化素质，不断提升人民的生活品质和幸福感。中国式现代化不仅要经济发展，更要实现社会的公平与公正，不让任何一个人落后，让每个人都能够共享发展的成果。

再次，在政治治理方面，我国积极推进依法治国，建设社会主义法治国家。

---

① 《习近平：深入学习坚决贯彻党的十九届五中全会精神　确保全面建设社会主义现代化国家开好局》，新华社，2021年1月11日。

通过加强法治宣传教育、推动司法体制改革、提升行政效能等措施，我国不仅保障了人民的合法权益，还提供了公民更多参与管理的机会和渠道。在现代化过程中，人民不仅是发展的受益者，更是发展的参与者和推动者。人民至上的逻辑要求充分发挥人民的主体作用，让人民真正成为国家的主人。

最后，在生态文明建设方面，我国坚持绿色发展理念，保护生态环境，改善人民的生活质量。我国通过环境保护法规的制定和执行，减少了污染排放，推动了能源节约和清洁能源的利用，有效地应对了环境挑战，改善了人民的生态环境，确保了人民的健康和安全。中国式现代化强调可持续发展，追求人与自然的和谐共生，即在发展的同时，也要保护和改善人民的生活环境。

综上所述，人民至上逻辑是中国式现代化的根本目标。党的二十大报告指出："江山就是人民，人民就是江山。"①中国式现代化不仅追求经济的增长和科技的进步，更注重人民的获得感、幸福感和安全感的提升。

尽管我们在各个领域已经取得了一定的成就，但我们也必须正视在发展过程中出现的新问题和新挑战。

首先，平衡不同利益群体的关系是一个挑战。人民至上逻辑意味着政策和决策应该符合人民的利益，但人民的利益可能存在多样性和冲突性。在实践中，如何平衡不同群体的利益，确保普惠性和公正性，是一个需要解决的问题。

其次，民主参与和公共治理需要进一步加强。人民至上逻辑强调人民的参与和意见的重要性，然而在实际情况下，民主参与的程度和效果可能存在挑战。如何建立起有效的民主机制，促进人民参与政策制定、决策和监督，是一个需要不断完善的过程。

---

① 习近平：《高举中国特色社会主义伟大旗帜 为全面建设社会主义现代化国家而团结奋斗——在中国共产党第二十次全国代表大会上的报告》，北京：人民出版社，2022年，第46页。

最后，保障人民权益和提供公共服务需要持续努力。人民至上逻辑要求政府和相关机构保障人民的基本权益和提供公共服务，但在实际操作中，可能面临资源有限、能力不足等问题。解决这个问题需要加强公共部门的能力建设，优化资源配置，创新公共服务的提供方式，确保人民得到应有的权益和服务。

总体来说，人民至上逻辑的实施需要在不断探索和实践中解决各种挑战和问题。通过坚持以人民为中心，关注人民的利益和福祉，在经济、社会、政治和文化等方面不断取得进步。正如我们所见，我国正在朝着实现人民至上和实现中国式现代化的目标迈进。

（四）文化自觉逻辑

文化自觉逻辑为中国式现代化提供了强大内核。文化是现代化的内在尺度，没有文化的现代化发展，就没有真正意义上的现代化。[1]作为一个有着悠久历史和丰富文化传统的国家，我国注重文化传承和文化创新，坚持文化自信和文化独立性，将文化自觉作为推动现代化的重要因素。

首先，文化自觉逻辑强调对传统文化的价值认同和继承。中华优秀传统文化是中国式现代化最为深厚的文化基础，是其中国特色的文化源头。[2]中华文化深厚而丰富，并深深根植于中国人民的日常生活和思维方式。对传统文化的深入研究和继承，不断挖掘传统文化的智慧和精髓，为现代化进程提供了重要的精神支持。中华传统文化中强调的道德伦理观念、家庭价值观念等可以为中国式现代化提供稳定的道德和文化基础。

其次，文化自觉逻辑注重文化的创新性和开放性。我国倡导创新精神，鼓励人们更新传统观念、尝试新思维，推动文化创新与发展。我国通过与世界文化的

---

[1] 刘雪璟：《论中国式现代化的文化逻辑》，《理论视野》，2023年第5期。

[2] 颜晓峰、任倚步：《中国式现代化视域中马克思主义基本原理同中华优秀传统文化相结合的学理探析》，《思想教育研究》，2023年第6期。

对话和交流，充分吸收外来文化的优秀成果，注入新鲜血液，丰富自身文化，为现代化的多元发展提供了强大支持。例如，我国在传统文化基础上推动的文化产业发展，通过文化创意、艺术表演、影视娱乐等领域的创新，为经济增长注入新动力，同时也丰富了人们的生活。

最后，文化自觉逻辑强调文化在现代化进程中的重要性和价值。我国意识到文化的巨大潜力和影响力，积极推动文化产业的发展和文化软实力的提升。通过培育文化创意产业、保护和传承非物质文化遗产、加强文化教育和文化交流，不仅推动了文化产业的繁荣发展，还促进了人们对本土文化的认同和传承，为中国式现代化注入独特的文化动力。

然而我们也必须意识到在发展过程中会面临新的挑战和问题，需要正视并解决。

首先，全球化与本土化的平衡。在全球化的背景下，各种文化因素相互交流和渗透，文化同化和文化冲击的现象也不可避免。在保持自身文化特色的同时，如何与全球文化互动，在开放中保持独特性，既接纳外来文化，又坚持本土文化的独立性和价值，是一个需要解决的问题。

其次，文化创新与传承的平衡。文化自觉逻辑不仅仅是传承和保护传统文化，还需要积极推进文化创新。但传统文化与现代文化之间可能存在冲突和矛盾，如何在创新中保持传统特色，让传统文化与现代社会相融合，是一个具有挑战性的任务。

再次，文化教育与人才培养的问题。文化自觉逻辑需要通过教育培养新一代青少年对自己文化的认同和理解。但在现实实践中，文化教育的传承和推广可能面临资源不足、传承方式陈旧等问题。解决这个问题需要加强文化教育的力度，改革培养模式和方法，使文化自觉成为广大人民自觉的行动。

最后，国际文化交流与对话的挑战。文化自觉逻辑强调本土文化的保护和传承，但与此同时，国际文化交流和对话也是不可或缺的。如何在文化对话中保持自身独特性，既学习借鉴他国文化的优秀之处，又坚持本土文化的独立性和创造性，是一个需要思考和实践的问题。

总体来说，文化自觉逻辑的实施需要在保持自身文化特色的同时与时俱进，充分发展和利用自身的文化资源，同时保持开放的心态，不断与其他文化进行交流和对话。通过加强文化创新与传承、推进文化教育与人才培养、拓展国际文化交流与合作等方面的工作，才能更好地实现文化自觉的目标。

综上所述，文化自觉逻辑在推动中国式现代化的发展中起到了重要作用。对传统文化的继承与创新、对多元文化的开放与包容，充分表现出我国注重文化自信和自立，注重文化在现代化进程中的价值和作用。文化自觉逻辑为我国提供了丰富的精神资源和创新动力，为中国式现代化的推进提供了重要支持。

（五）绿色发展逻辑

绿色发展逻辑是中国式现代化的可持续发展之路。中国式现代化的绿色发展逻辑是指在推进现代化建设进程中，以绿色发展为导向，坚持可持续发展和生态文明建设，推动经济增长与环境保护相协调。这一逻辑秉持着尊重自然、生态优先的理念，强调经济与环境、社会的协同发展，并使中国式现代化具有可持续性和生态友好性。

首先，绿色发展逻辑注重生态环境保护。作为一个人口众多、领土广阔的国家，我国面临着巨大的环境压力和生态破坏问题。然而我国高度重视生态文明建设，并将环境保护置于经济社会发展的重要位置。通过加强生态保护、推进生态修复和环境治理，我国努力实现生态环境质量的提升，保护生态系统的完整性和稳定性。例如，我国大力推动森林资源保护和生态修复工作，在全球范围内落实了最大规模的退耕还林还草政策，并通过植树造林、防沙治沙等措施改善生态环境。此外，我国也加强了对大气、水体和土壤污染的治理，积极推进环境监测和环境规划，对环境违法行为进行打击和惩处。这些举措使得我国的环境质量得到了显著改善，为人民提供了更加清洁、健康的生活环境。

其次，绿色发展逻辑注重资源的可持续利用。资源是支撑经济发展和社会进步的基础，但资源的稀缺性和不可再生性使得资源的高效利用和循环利用变得尤为重要。为了应对这一挑战，我国提出了资源节约型、环境友好型的发展模式，并鼓励推动资源的高效利用和循环利用。我国通过推动绿色技术和创新，优化资源配置，探索低碳发展路径，努力实现经济增长与资源消耗的脱钩。例如，我国加快了对清洁能源的发展和利用，积极推广太阳能和风能等可再生能源的利用，并大力发展核能等清洁能源。同时，我国也加强了节能减排和资源回收的工作，推动产业结构的优化和转型升级，使得资源的利用效率有了显著提升。这些努力使得我国在应对气候变化和能源安全等全球性挑战方面处于世界领先地位。

最后，绿色发展逻辑注重社会公平与可持续发展的结合。贫困问题和区域发展不平衡会阻碍可持续发展，因此我国致力于推动绿色发展与社会进步的有机结合。通过推进绿色产业发展、推动农村可持续发展和改善城乡环境等措施，努力实现经济社会的协调发展和社会公平。我国在扶贫攻坚上取得了显著成绩，通过发展绿色产业和生态旅游等方式，帮助减少贫困人口数量，提高人民生活水平。此外，我国还加强了教育、医疗和社会保障等公共服务体系建设，促进社会公平和可持续发展的良性循环。

可见，我国积极探索可持续发展的路径，努力促进经济增长与环境保护的协调发展，但在这一过程中，仍需关注以下几个重要问题。

首先，平衡经济增长与环境保护的关系。绿色发展要求在经济发展过程中减少对环境的负面影响，但在实践中，经济增长与环境保护之间可能存在紧张关系。如何在经济发展的同时保护生态环境，确保资源的可持续利用，是一个需要解决的难题。

其次，技术创新与转型的挑战。绿色发展需要依靠科技和创新，推动资源的高效利用和环境的可持续保护。但在实际操作中，技术创新需要大量的投入和发展周期，技术转型也需要企业、政府和社会各方的共同努力。如何加强技术研发和转化，推动产业结构的转型升级，是一个需要应对的挑战。

再次，公众意识和行动问题。绿色发展需要全社会的支持和参与，需要公众对环保重要性有所认识。但在实际情况下，不同地区和群体的环保意识和行为可能存在差异。如何加强环保教育，增强公众的环保意识，激励个人和组织积极参与环保行动，是一个需要努力的方向。

最后，国际合作与全球问题的挑战。绿色发展是一个全球性的问题，需要各国共同合作应对气候变化、生物多样性保护和环境治理等挑战。如何加强国际合作，促进共识达成和行动落地，是一个需要应对的挑战。

总体来说，绿色发展逻辑的实施需要在经济发展中充分考虑环境保护、资源利用和生态平衡等因素。通过加强政策引导，推动技术创新和转型升级，培育公众环保意识，加强国际合作等方面的努力，才能实现绿色发展的目标，实现经济与环境的良性循环。

综上所述，绿色发展逻辑是中国式现代化的可持续发展之路。"中国式现代化是人与自然和谐共生的现代化"[①]，通过注重生态环境保护、资源的可持续利用和社会公平与可持续发展的结合，我国努力推进经济增长与环境保护的协调发展，实现经济社会的可持续性和生态友好性。此外，我国的绿色发展经验也为世界上其他国家和地区提供了借鉴，共同迈向可持续发展的未来。

---

① 习近平：《高举中国特色社会主义伟大旗帜 为全面建设社会主义现代化国家而团结奋斗——在中国共产党第二十次全国代表大会上的报告》，北京：人民出版社，2022年，第23页。

着科技革命和信息革命的相继推动，传统现代化发展模式的评价标尺则愈发地显得单一和片面，"再现代化""第二次现代化"等说法相继登上人类社会发展史的舞台，中国式现代化正是诞生于这样的时代背景。因此，中国式现代化对于现代化内涵的核心有了更深入的理解，在实现工业化、建设工业化社会的基础上，中国式现代化进一步提出了创新能力和创新体系。将这两者添加进现代化理论的内涵中，并以此作为评价标准，是因为人类现代化历史上的数次技术革命都来源于创新，仅实现工业化，忽略创新在现代化各个环节中的重要作用，会导致现代化建设的脚步停滞不前，直到被时代所抛弃。对此，在中国式现代化的战略目标中明确指出"到2035年要基本实现现代化目标，迈入创新型国家前列"。这是中国式现代化对传统现代化理论中内涵的深刻认识在布局方面的表现。在这一目标的指引下，中国正逐步向创新型国家转型，随着中国式现代化在科技、文化、产业等方面的创新不断取得傲人的成绩，中国对现代化建设内涵的深入理解也得到了各个国家的认可，并吸引了更多国家的加入，这使得创新是现代化理论中内涵的重要组成部分也成为广泛的共识，在对内涵的认识上提高现代化建设理论的水平。

第二，拓展了现代化建设理论的覆盖范围。传统现代化建设理论主要是围绕着经济建设展开对现代化的论述，把经济建设作为现代化建设中的重要组成部分本身并没有错，但是单一地围绕经济建设开展现代化建设的相关实践，会导致其他方面与经济之间的发展程度产生落差。这会进一步导致作为实践主体的人民只能获得物质上的满足，在其他方面所取得的进步与物质上的收获严重的不协调，这不仅会降低人民参与现代化建设的积极性，更不利于人民整体素质的全面发展，现代化建设或是因为作为主体力量的人民综合素质落后而被时代所抛弃，或是因为作为主体力量的人民被经济建设带来的"拜金主义""享乐主义"等负面情绪影响而使现代化建设走偏。对此，中国式现代化立足人的全面而自由的发展，根据人民的需要讲求发展的全面性，把现代化建设理论所覆盖的领域从单一的经济建设，拓展到强调物质文明和精神文明相协调，强调人与自然和谐共生，强调政治文明和社会文明同步发展，使现代化建设理论从单一走向全面，在覆盖范围上提高现代化建设理论的层次。

第三，升华了现代化建设理论的价值目标。传统现代化理论中的目标局限于实现本国的现代化水平，忽略了一个民族、一个国家、一个地区的现代化对于推动实现整体人类社会的重要作用和应尽的责任。这是各个国家在现代化建设的过程中相互剥削、相互斗争、相互孤立的重要原因，是阻遏实现人类文明整体进步的关键因素。对此，中国式现代化以博大的胸襟推动构建人类命运共同体，将人类文明新形态纳入现代化建设理论体系的目标之中，倡导人类社会中各民族、国家和地区积极展开交流与合作，彼此之间各施所长、互相帮助，建立便于沟通和贸易的平台，推动实现人类命运共同体这一人类社会新形态。这一理论的提出将现代化建设理论的目标从一个民族、一个国家、一个地区上升到整个人类文明，这为人类文明的未来发展提供了切实可行的实践路径，为人类文明的未来发展搭建科学民主的制度体系，为人类文明的未来发展凝聚强大不竭的主体力量，更为人类文明的未来发展指明光辉璀璨的前进方向，极大地拓展了现代化建设理论的价值目标，在价值目标上提升了现代化建设理论的格局。

人类社会对于现代化探索的脚步从未停止，作为中国现代化建设的最新理论成果，中国式现代化以创新深化了现代化建设理论内涵的认识，以全面打开现代化建设理论的范围，以包容提升了现代化建设理论的格局，用科学的眼光、人民的立场和人类文明的胸怀推动世界现代化建设理论向前发展，这进一步凸显了中国式现代化的理论价值。

（二）中国式现代化的现实功能

中国式现代化的开创，必须放置于中国共产党百余年的奋斗历程与当代世界历史发展进程中予以理解。中国式现代化在实现中华民族伟大复兴的民族语境中展开，与西方殖民化、扩张化的现代化道路历史传统不同，中国式现代化不照搬西方国家发展模式、不走依附性的现代化发展道路，而是结合中国实际坚持中国特色社会主义发展道路。中国式现代化的开创，不仅彻底终结了"历史终结论"，并且超越了以往区域主导现代化的弊端，秉持开放、包容、共赢的和平发展道路，逐渐成为当今世界现代化唯一可能的建设性逻辑和建设方案。

首先，中国式现代化拓展了全球现代化的新路径。中国式现代化在不断的历史实践中回答了"什么是社会主义、什么是社会主义现代化"，相比于西方的现代化路径，中国式现代化形成于革命、建设、改革的长期历史实践中，不仅在中国本土创造了经济快速发展和社会长期稳定的两大奇迹，而且其推进构建人类命运共同体，主张兼济天下、协和万邦、美美与共的和谐世界的发展逻辑，倡导和平、发展、公平、正义、民主、自由的全人类共同价值，超越了"西方中心论"的固有逻辑，为当今世界现代化进程提供了新的路径。作为一个历史悠久、地域广袤、人口众多的发展中国家，坚持党的集中统一领导、人民当家作主、依法治国有机统一是中国式现代化的显著特色。中国式现代化在推进国家现代化治理中，突出强调发挥党的集中统一领导优势，加强统筹兼顾与协调发展，不断推进全方位的国家治理体系与治理能力现代化提升，调动各方面的积极性，打造共建、共治、共享新局面，增进公共利益、维护公共秩序，真正实现了发展为了人民、依靠人民、惠及人民，为世界上那些既希望加快发展又希望保持自身独立性的国家和民族提供了全新路径选择。中国式现代化积极倡导建立一种世界各民族"平等相待、互商互谅、公道正义、共建共享、开放创新、包容互惠、和而不同、兼收并蓄、尊崇自然、绿色发展"的发展理念，充分体现了这条道路坚持的开放、平等、和平原则，这些原则使世界各国的现代化进程建立在一种积极的、建设性的共识之上。

其次，中国式现代化推动共同价值新融合。"党既为中国人民谋幸福、为中华民族谋复兴，也为人类谋进步、为世界谋大同"，"构建人类命运共同体成为引领时代潮流和人类前进方向的鲜明旗帜"。①中国式现代化为推动构建人类命运共同体提供了一种全新的发展理念和秩序原则，这一理念原则坚持将生存价值与发展价值统一为共同价值，超越西方的"普世价值"，并以现代化发展为基础重构世界发展规范和交往秩序。

中国式现代化不仅是中国共产党百年不懈探索的成功发展道路，也是推动新型国际关系和构建人类命运共同体的实践路径，尽管世界各国历史、文化、制度发展水平不尽相同，但各国人民追求和平、发展、公平、正义、民主、自由的现代化发展目标始终一致，中国共产党愿为世界和平发展、人类文明进步作出新贡献的愿望与决心始终坚定。中国式现代化始终坚持"和平、发展、公平、正义、民主、自由"的共同价值导向，不仅立足实现中华民族伟大复兴，还通过国与国、地区与地区之间的联动，共享发展机遇、共担风险挑战、共建公平秩序，代表着最广范围的根本利益、整体利益和长远利益，为世界各国提供一种共同的价值取向、共同的利益需求及共同的行为准则。中国式现代化为解决人类发展问题，建设持久和平、普遍安全、共同繁荣、开放包容、清洁美丽的世界贡献了中国智慧、中国方案、中国力量，在立足本民族的发展惠及造福其他国家，不断为世界和平与发展注入强大正能量。中国式现代化所倡导的共同价值选择，进一步引领和构建起一种与全球化和资本主义现代性为代表的资本主义文明形态完全不同的全新共同价值体系，超越了现代资本主义文明的历史局限性和困境，诠释了现代社会主义文明的优越性，为构建人类命运共同体与新文明形态提供了一种全新的共同价值秩序。这一共同价值秩序不仅以民族共同体为归宿，而且能够超越民族共同体以人类命运共同体为归宿。中国式现代化的重大贡献，正是基于其秉持的共同

---

① 本书编写组：《习近平讲党史故事》，北京：人民出版社，2021年，第343页。

价值理念始终赞同不同国家对发展道路内涵的认识，尊重不同国家人民对发展实现路径的探索，倡导把全人类共同价值具体地、现实地体现到实现本国人民利益的道路实践中。

最后，中国式现代化不断创造人类文明新形态。中国式现代化是百年来在中国共产党坚强的领导下，依靠广大人民群众艰苦奋斗而创造的，这条道路坚持和发展中国特色社会主义，推动物质文明、政治文明、精神文明、社会文明、生态文明协调发展，为人类文明发展规律的认识提升带来新的飞跃。中国式现代化归根结底是一条中国特色社会主义的现代化道路，其始终坚持以人民为中心，用人民的逻辑超越资本的逻辑；坚持实现共同富裕，以共同利益来优化个体利益；坚持物质文明和精神文明协调发展，以促进人的全面发展和社会全面进步为目标，成功创造社会主义现代化文明发展的新形态，超越资本主义文明发展的旧范式，创新了人类文明发展的新模式。这条道路超越了现代资本主义文明的历史局限性和困境，超越了资本主义现代性文明单纯的资本逻辑和工具理性的统治，消解了西方中心主义主导的全球化和全球化中西方价值的狭隘性，积极倡导不同文明对人类共同价值的认识与追求。因此，中国式现代化所倡导的尊重不同国家人民现代化路径选择，坚持把全人类共同价值具体地、现实地体现到实现本国人民利益的立场中，为积极吸收人类文明成果提供了开放性、包容性的探索。

作为创造人类文明新形态的必由之路，中国式现代化始终坚持世界各民族文化共性和文化特殊性的辩证统一，生动诠释了现代社会主义文明的优越性，为推动人类文明新形态提供了一种新的秩序。从人类文明发展的历史进程上看，中国式现代化以开放的视野，广泛兼容着中华文明与人类现代化文明优秀成果，充分涵纳这些文明个性和特色作为自身的有机组成部分，倡导构建国与国、地区与地区之间的联动，推动建立共享发展机遇、共担风险挑战、共建公平秩序的现代化新秩序。这一秩序不仅以民族共同体为归宿，而且能够超越民族共同体并以人类

命运共同体为最终归宿，用"和平、发展、公平、正义、民主、自由"的中国式
现代化价值追求，为更多追求和平发展的国家树立了良好的榜样，贡献了极具生
命力和影响力的新文明形态。

（三）中国式现代化具备现代化的普遍性

深刻理解中国式现代化新道路的普遍性维度，不仅有利于推动中国式现代化
新道路全球化共同价值的构建，并且成为中国式现代化新道路开放性、时代性的
必然要求，促使中国式现代化新道路理念在共同利益、共同需求、共同发展的基
础上形成一种新的全球化普遍性共识。中国式现代化新道路的普遍性要立足现代
化道路探索的历史考察。现代化是人类社会演变的历史产物，在基于一定价值引
领的人类社会实践中，不断摸索、创造，进而实现更新发展的历史过程。在西方
现代化语境下，作为西方理性启蒙运动和现代化历程所形成的文化模式和社会运
行机理，现代化依托理性的精神内核，是在不断"祛魅"，实现以自由、平等和公
正为价值取向的现代化过程推进。中国式现代化新道路有其独特的历史逻辑，与
西方现代化历史演进不同，中国式现代化在中国革命、发展历程中选择建立在社
会主义基础上，始终在为实现中华民族伟大复兴的民族语境中展开，与西方殖民
化、扩张化、现代化历史传统选择不同，不走依附性现代化国家的道路，选择秉
持开放、包容、共赢理念的和平发展式的现代化道路。中国的崛起及其中国式现
代化新道路发展态势，使其在国际舞台上日益成为重要角色，甚至逐步转为主导
角色，这种地位的提升促使中国自身发展及其在全球化治理中的作用转向普遍性
维度。中国道路终结了"西方中心论""历史终结论"的神话，中国式现代化新道
路的普遍性维度超越了以往区域主导全球化的弊端，逐渐成为当今实现全球化唯
一可能的建设性逻辑和建设方案。

中国式现代化新道路的普遍性来源于中华优秀传统文化核心价值体系框架。
中国式现代化以其独特的文化传统、独特的历史命运、独特的基本国情，注定了

第六章

国外中国式现代化
研究评析

一、国外共产党对中国式现代化的评价

作为中国共产党领导的社会主义现代化，中国式现代化得到了世界各国共产党的热烈关注与广泛讨论。中国共产党探索现代化的历程已有百年之久，在这一过程中也逐渐形成了关于中国式现代化的理论与实践，使其成为人类现代化历史的重要组成部分，为其他国家共产党谋求自身发展、探索现代化道路提供了重要的借鉴与启发。当前，国外共产党通过党报党刊、国际会议、网站、访谈等多种形式围绕中国式现代化的主要特征、成功之道、世界意义等方面展开丰富的讨论，进一步深化了对于中国式现代化的认知。

（一）国外共产党积极阐发中国式现代化的主要特征

国外共产党关注到中西方现代化存在的差异，积极探讨中国式现代化的主要特征，主要围绕以下几个方面展开。

中国式现代化追求人与自然和谐共生。人与自然和谐共生是中国式现代化的内在要求。不同于西方现代化的"先污染后治理"，中国式现代化从相互依存的角度谋求人与自然的和谐发展。国外共产党高度认同中国式现代化关于生态文明建设的重要理念，批判了西方国家在现代化过程中破坏环境、打破生态平衡的恶劣行为。民主德国总理、德国左翼党元老委员会主席汉斯·莫德罗充分肯定了中国为事关地球上所有人类的全球气候保护和生活条件维护所作出的巨大贡献，强调"中国领导人深知对世界气候所担负的责任，并采取了相应的措施。他们努力同步实现生态保护与经济发展。在环境保护领域，世界需要并高度评价中国的贡献"[①]。俄罗斯联邦共产党中央委员会书记斯坦尼斯拉夫·阿尼霍夫斯基认为：

[①] ［德］汉斯·莫德罗：《中共建党一百年：前进步伐毫不停歇》，《光明日报》，2021年4月26日。

"中国为全球生态保护和绿色发展作出了榜样，长江大保护实现了生态保护与经济发展的平衡，禁渔、岸线整治、化工厂绿色转型，这些都是造福子孙后代的工程，非常了不起！"①西班牙共产党党员卢卡斯·古铁雷斯·罗德里格斯则批判了西方资本主义国家在发展过程中罔顾生态环境的不负责任行为，指出"大部分历史污染物排放主要来自工业发达的资本主义国家"；"西方资本主义国家必须承担他们欠下的历史生态债务"②；同时他高度赞扬了中国共产党将生态文明建设与中国社会主义现代化建设的长期目标紧密相连的举措，认为中国政府展现出了负责任的大国担当。

中国式现代化坚持走和平发展道路。习近平强调："中国式现代化不走殖民掠夺的老路，不走国强必霸的歪路，走的是和平发展的人间正道。"③英国共产党总书记罗伯特·格里菲斯在总结各国工业化特点时描述道："英国的工业化在很大程度上建立在奴隶贸易、奴隶制度和帝国掠夺基础上，美国的工业化则建立在种族灭绝及对移民和奴隶的过度剥削基础上。然而，中国的工业和技术转型并未以牺牲国内外任何一部分人为代价。"④

在国外共产党看来，中西方有着不同的发展模式，应去除西方国家对中国进行的种种"妖魔化"。对此，南非共产党（SACP）第二副总书记、中央政治局委员、国际事务部部长克里斯·马特哈科表示，"西方国家频频制造关于中国的'妖魔化'论调，部分原因是他们不能完全理解中国的现实，对中国的历史及直到今

---

① 强郁文、王骁波：《感受中国发展成就 见证人民幸福生活》，http://world.people.com.cn/n1/2023/0609/c1002-40009570.html.

② 姜辉：《共同见证百年大党——百位国外共产党人的述说》（下册），北京：当代中国出版社，2021年，第502~503页。

③ 习近平：《携手同行现代化之路》，《人民日报》，2023年3月16日。

④ 姜辉：《共同见证百年大党——百位国外共产党人的述说》（下册），北京：当代中国出版社，2021年，第391~392页。

天仍在继续的革命性变革仅作一种肤浅的分析，抑或当世界别的地方出现问题时，便把中国当作替罪羊。说到底，这是傲慢与偏见的结果"。他还进一步指出，"中国人民在习近平主席的领导下致力于走互利共赢的和平发展道路，这为非洲大陆提供了与中国互利合作的机会。对于中国因在地区和全球事务中发挥日益重要的作用而受到美西方的意识形态攻击，我们必须予以重视"。①

国外共产党普遍认可中国在维护世界和平方面所作出的卓越贡献。老挝人民革命党中央总书记、国家主席通伦认为"在世界正经历复杂变化的形势下，中国是维护世界和平稳定的中流砥柱，致力于促进人类共同发展和构建人类命运共同体"②。值得一提的是，国外共产党纷纷希望与中国共产党开展合作，共同捍卫人类的和平发展，比如2022年7月24日在北京举行的"新时代——中国意大利瑞士马克思主义理论创新国际研讨会"上，意大利重建共产党总书记毛里奇奥·阿切尔博在会议发言中指出，"综观当今世界，资本主义对剩余价值的无节制追求导致了生态环境恶化，社会公平缺失，和平与民主遭受重创，而马克思主义和社会主义给出了更优的解决方案，提出了可持续发展、共同富裕等目标，是和平与民主的捍卫者。呼吁意大利和西方的共产党人与中国共产党人并肩而行"③。

中国式现代化着眼于脱贫攻坚，以中国的脱贫促进世界的减贫。国外共产党将注重"脱贫攻坚"视为中国式现代化的一大鲜明特征与重要成果，肯定了中国共产党在脱贫攻坚方面取得的显著成就，并赞扬了中国脱贫攻坚壮举对世界减贫

---

① ［南非］克里斯·马特哈科：《新时代中国的历史方位和世界角色》，《光明日报》，2021年4月17日。

② 《习近平同老挝人民革命党中央总书记、国家主席通伦举行会谈》，http://www.news.cn/2022-11/30/c_1129174589.htm.

③ 赵妍：《"新时代——中国意大利瑞士马克思主义理论创新国际研讨会"在京召开》，https://news.cri.cn/20220725/d46d7cde-6755-b004-28f1-967f39aa1c98.html.

工作所作出的巨大贡献。俄罗斯国家杜马第一副主席、俄罗斯联邦共产党中央委员会第一副主席、中俄友好协会主席伊万·梅尔尼科夫在中国共产党二十大前夕回答《人民日报》提问时总结了中国共产党的成就，他认为，"战胜贫困是中国建设成为强大繁荣的社会主义现代化强国的重要一步"，并列举了近30年来全球贫困人口数量变化的事实："1990年代初，东亚占世界贫困人口的一半以上。如今，这一数字下降到5%以下，全球贫困人口从20亿减少到6.73亿。如果没有中共的巨大努力，就不可能取得这样的结果，因为中共已经使8.5亿中国人摆脱了贫困。"①爱尔兰共产党科克地区负责人格雷厄姆·哈灵顿也表示："在中国共产党的领导下，中国实现了历史上最成功的脱贫计划。在中国共产党庆祝百年华诞之际，中国共产党领导的国家在改革开放的几十年里实现了数亿人的脱贫，消除了极端贫困，这是一项伟大的成就。这不仅使中华人民共和国在中国共产党百年华诞之际建成了一个小康社会，也表明社会主义而不是扩大不平等的新自由主义的资本主义才是解决贫困问题的途径。"②

国外共产党还讨论了中国式现代化的其他特征，比如认为中国式现代化注重物质文明和精神文明协调发展，肯定了中国式现代化"两个文明"都要搞好的重要意义。对此，蒂尔默·久洛表示，中国式现代化不仅着眼物质的发展，而且着眼文化和道德的改善。它带来了比资本主义更高的效率，同时更有效地支持社会正义。③

---

① В преддверие XX Съезда КПК: Иван Мельников ответил на вопросы «Жэньминь Жибао», https://kprf.ru/party-live/cknews/213889.html.

② ［爱尔兰］格雷厄姆·哈灵顿：《没有共产党，就没有新中国》，《光明日报》，2021年5月7日。

③ 王春燕：《百年变局中的世界社会主义运动与中国式现代化》，http://www.cass.cn/yaowen/202307/t20230711_5667297.shtml.

（二）国外共产党深入挖掘中国式现代化的成功之道

在国外共产党看来，中国成功找到了符合国情的现代化道路，究其原因所在，主要表现为坚持和发展马克思主义、中国共产党的领导、以人民为中心三个方面。

首先，坚持和发展马克思主义是中国式现代化的理论保障。马克思主义是中外共产党共同的理论武器，在谈及对马克思主义的坚持与发展这一问题时，国外共产党侧重于从两个方面分析中国共产党对于马克思主义的坚持。一方面，国外共产党认为中国共产党始终坚持马克思主义的根本指导地位毫不动摇。乌克兰共产党中央委员会委员格奥尔吉·克留奇科夫认为马克思主义在意识形态领域的领导地位是"中国经验最重要的一条"①。另一方面，国外共产党认为中国共产党成功实现了马克思主义的中国化。2022年11月，巴西共产党副主席沃尔特·索伦蒂诺在第三届"中国共产党与世界"国际学术会议上表示："中国共产党开创了中国特色社会主义道路，引领中华民族迈向伟大复兴，这是世界范围内绝无仅有的丰功伟业。中国作为社会主义国家的先行者，创造性地将马克思主义理论同现代社会发展相结合，走出了极具特色的中国道路。"②德国统一社会党原总书记、民主德国国务委员会主席埃贡克·伦茨指出："中国共产党理解了将马克思、恩格斯和列宁的认识与中国条件相结合的真谛。"③

其次，中国共产党的正确领导是中国式现代化的首要前提。国外共产党通过列举苏联解体的史实，说明了共产党保持领导地位的至关重要性。格奥尔吉·克留奇科夫在《中国共产党对马克思主义的创新性发展》一文中指出："20世纪八九

---

① 姜辉：《共同见证百年大党——百位国外共产党人的述说》（上册），北京：当代中国出版社，2021年，第174页。

② 《中外政要和学者共议"中国式现代化与人类文明新形态"》，http://world.people.com.cn/n1/2022/1127/c1002-32575276.html.

③ 姜辉：《共同见证百年大党——百位国外共产党人的述说》（上册），北京：当代中国出版社，2021年，第195页。

十年代，东欧剧变、苏联解体的根本原因正是放弃了共产党的领导。今天，以美国为首的西方国家把中国视为'头号敌人'，把中国社会主义建设成就视为首要威胁，也是因为它们敌视共产党的领导。"[①]

同时，国外共产党一致认为中国共产党的领导是中国式现代化取得成就的根本力量。英国共产党总书记罗伯特·格里菲斯在接受采访时表示："中国在短短几十年时间里，不断发展成为一个现代化的、技术先进的、社会和谐稳定的国家，应归功于中国共产党的领导，这是一个来自人民、由人民创建、始终贴近人民的政党。"[②]越南驻华大使范星梅在北京接受新华社记者专访时也强调中国共产党的领导是新中国成立70多年来取得巨大成就的最根本和最具有决定性的因素。[③]在央视新闻的采访中，秘鲁共产党（团结）总书记路易斯·比利亚努埃瓦说："我认为'中国奇迹'要归功于中国共产党的领导。"[④]南非共产党总书记、南非高等教育和科创部部长恩齐曼迪表示："中国共产党带领中国发展走向现代化，最令人印象深刻的是，中国共产党极大提升了中国社会的生产力。"[⑤]

此外，国外共产党还肯定了中国共产党的组织性与纪律性。秘鲁共产党（团结）总书记路易斯·比利亚努埃瓦在采访中肯定了中国共产党所具有的高度的组织性和纪律性，并将其视为中国共产党取得成功的重要因素。他还进一步肯定了

---

① 姜辉：《共同见证百年大党——百位国外共产党人的述说》（上册），北京：当代中国出版社，2021年，第174页。

② 白阳：《始终贴近人民的政党——访英国共产党总书记罗伯特·格里菲斯》，《人民日报》，2021年4月26日。

③ 《专访：中国取得巨大成就的决定性因素是中国共产党的领导——访越南驻华大使范星梅》，http://www.xinhuanet.com/world/2021-07/21/c_1127677640.htm.

④ 《多国政要："中国奇迹"来自中国共产党的坚强领导》，http://news.youth.cn/gj/202106/t20210618_13032379.htm.

⑤ 《多国政要："中国奇迹"来自中国共产党的坚强领导》，http://news.youth.cn/gj/202106/t20210618_13032379.htm.

中国共产党基础组织的发达，感叹"在各行各业和社区都能看到他们的身影，中共党员讲纪律，有担当，做事有目标"①。

最后，以人民为中心是中国式现代化的根本指向。国外共产党普遍认为中国式现代化取得重大成就的一个重要因素在于它的人民性。中国共产党坚持以人民为中心，维护人民群众的根本利益，这是中国式现代化取得成功的重要法宝。在2023年7月召开的第十一届国际共产主义运动论坛上，匈牙利工人党主席蒂尔默·久洛指出："中国的现代化建设是以人民为中心的。"②西班牙共产党主席何塞·路易斯·森特利亚·戈麦斯对中国的现代化建设较为关注，他在总结中国共产党成立100年的成就时指出："回顾这100年，中国共产党在中华人民共和国成立、发展、繁荣的历程中发挥了无可替代的重要作用。这得益于中国共产党始终保持本色特征，即始终坚持人民的利益高于一切。正是因为坚守这一信念，中国共产党在成立之初，面对外来的军事侵略，面对帝国主义的压迫，经受住了重重压力，经过艰苦卓绝的斗争，摧毁了帝国主义妄图统治中国人民、控制中国经济的野心，带领中国人民实现了民族独立，成立了新中国，展开了社会主义现代化建设。"③他还强调："中国共产党始终反映、代表并服务于广大人民群众的根本利益，因此才能带领全体人民朝着繁荣富强奋勇前进。这也是中国共产党带领中国人民开展社会主义现代化建设的重要性和迫切性之所在。在这一进程中，中国共产党建立并巩固了合乎宪法的、完整稳定有效的制度，始终保持党的先进性，实

---

① 《多国政要："中国奇迹"来自中国共产党的坚强领导》，http://news.youth.cn/gj/202106/t20210618_13032379.htm.

② 王春燕：《百年变局中的世界社会主义运动与中国式现代化》，http://www.cass.cn/yaowen/202307/t20230711_5667297.shtml.

③ ［西］何塞·路易斯·森特利亚·戈麦斯：《中国共产党百年成就源于始终保持本色》，《光明日报》，2021年3月31日。

现人民的根本需求，从而保证了人民对党的信任。"①2023年3月，森特利亚在第二届"民主：全人类共同价值"国际论坛开幕式上作主题发言时进一步指出："中国式现代化的一个根本原则是，把人放在现代化的中心。中国式现代化以人为本，一切进步都是以人民为主体，为人民服务。""如果一个国家只有百分之一的人民享受到现代化，那就不是真正的现代化。中国所做的是致力于让所有人民都享受到现代化。"②英国共产党总书记罗伯特·格里菲斯在接受采访时表示："这是一个来自人民、由人民创建、始终贴近人民的政党。""中国共产党之所以能成功带领中国取得辉煌成就，核心秘诀是始终保持和人民的紧密联系，得到了人民的高度信任和广泛支持。正是有了人民的信任与支持，中国共产党才可能动员十几亿中国人，同心协力取得遏制新冠肺炎疫情、消除绝对贫困等重大胜利。"③墨西哥劳动党主席阿尔韦托·安纳亚认为："中国共产党作为有着百年历史的世界大党，之所以能不断取得成功，始终保持活力，在于一直将人民的利益放在首位，始终与人民想在一起、干在一起，为人民的事业而奋斗，为人民的福祉而努力。"④

（三）国外共产党高度评价中国式现代化的世界意义

俄罗斯共产党中央委员会主席根纳季·久加诺夫表示："过去数十年来，中国发展取得辉煌成就，这再次证明了中国现代化方针的正确和'以人民为中心'思

---

① ［西］何塞·路易斯·森特利亚·戈麦斯：《中国共产党百年成就源于始终保持本色》，《光明日报》，2021年3月31日。

② 张辉：《西班牙共产党主席：构建人类命运共同体为人类发展指明方向》，http://www.chinatoday.com.cn/zw2018/ss/202303/t20230326_800326678.html.

③ 白阳：《始终贴近人民的政党——访英国共产党总书记罗伯特·格里菲斯》，《人民日报》，2021年4月26日。

④ 刘旭霞：《"'中国奇迹'来自于中国共产党的正确领导"——访墨西哥劳动党主席阿尔韦托·安纳亚》，《人民日报》，2021年9月20日。

想的伟大。这是意义重大的现代化建设，也为世界树立了榜样、指明了方向。"①
关于中国式现代化的世界意义，国外共产党人开展了深入的讨论，主要围绕推进
国际共产主义运动、提供现代化的路径启示、维护世界和平稳定，以及推动构建
人类命运共同体等方面展开。

第一，中国式现代化推动国际共产主义运动的发展。国外共产党普遍意识到
中国式现代化在国际共运中发挥了重要作用。德国共产党主席帕特里克·科波勒
认为："在中国共产党的领导下，世界上人口最多的国家成立了中华人民共和国，
建立了可靠的社会主义工农业基础。在几十年间，中国使很大一部分人口脱离了
贫困。这里不仅包括与营养不良作斗争所取得的成功，也包括对饮用水、电力、
教育、医疗保健和安全住房的供应，为绝大多数人提供了基本的生活保障。与其
他无法摆脱殖民主义和新殖民主义依赖的国家相比较，这是一个令人难以置信的
成功，为世界大部分地区树立了榜样，带来了激励，并且还推动了世界社会主义
运动的发展，展现了良好的社会主义发展前景。"②斯里兰卡共产党总书记维拉辛
哈·吉加纳奇指出："中国是世界发展的决定性力量之一。新中国的成立是世界社
会主义运动进程中一次伟大的飞跃，中国革命的胜利极大地鼓舞了全世界的被压
迫民族和被压迫人民的解放运动。中国革命的胜利不仅再次证明社会主义革命并
非只能在发达资本主义国家首先取得胜利，而且驳斥了那些关于马克思主义是一
种建立在欧洲发达生产力条件下的欧洲中心主义学说的谬论。中国革命的胜利对
长期遭受帝国主义统治和剥削的亚洲、非洲和拉丁美洲人民产生了巨大影响。"
"中国共产党具备伟大的国际主义精神，一直在世界社会主义运动中发挥重要作

---

① 《俄共领导人久加诺夫：中国找到符合国情的现代化道路》，http://news.
youth.cn/gj/202211/t20221118_14138431.htm.

② ［德］帕特里克·科波勒：《中国共产党建党100周年与世界社会主义运动》，
《光明日报》，2021年7月25日。

用。"①保加利亚共产党人、党中央委员会书记敏乔·敏切夫认为"当前国际共产主义运动是不团结的",而"在未来的国际共产主义运动中,中国共产党必将起到更加重要的引领作用"。②

第二,中国式现代化为发展中国家走向现代化提供了路径选择。国外共产党普遍认为中国成功推进和拓展中国式现代化启迪广大发展中国家谋求更好的现代化路径,为人类实现现代化提供了新的选择。在中共二十大召开之际,老挝人民革命党中央委员会表示:"中国共产党和中国人民取得的历史性成就,为包括老挝在内的广大发展中国家提供了宝贵经验、树立了成功典范,也为全球发展事业作出了重大贡献。"③久加诺夫指出:"中国式现代化创造了人类文明新形态,拓展了发展中国家走向现代化的途径。中国的快速发展已成为人类文明发展进程中一项重大成就,中国式现代化的成功经验将为更多国家和人民开辟通往美好未来的道路。"④国外共产党一致认为中国式现代化探索出了一条不同于资本主义现代化的社会主义现代化之路,其打破了"现代化等于西方化"的谬论,丰富了世界现代化的理论与实践。正如老挝国会副主席宋玛·奔舍所强调的:"中国式现代化印证了现代化并非西方化,每个国家都应拥有和追求适合本国的现代化。"⑤

第三,中国式现代化促进世界和平发展,人类社会共同繁荣。国外共产党认

① [斯里兰卡]维拉辛哈·吉加纳奇:《中国共产党推动世界社会主义运动前进》,《光明日报》,2021年6月21日。

② 姜辉:《共同见证百年大党——百位国外共产党人的述说》(上册),北京:当代中国出版社,2021年,第254页。

③ 《朝鲜越南老挝古巴党中央热烈祝贺中共二十大召开》,《人民日报》,2022年10月17日。

④ 《"这是人类发展史上真正的奇迹"——国际社会热议中国式现代化的世界意义》,http://www.news.cn/2022-10/19/c_1129071539.htm.

⑤ 《"这是人类发展史上真正的奇迹"——国际社会热议中国式现代化的世界意义》,http://www.news.cn/2022-10/19/c_1129071539.htm.

为，中国式现代化内涵丰富，特点鲜明，将为更好地推进人类文明发展和维护世界和平稳定释放更多活力。中国式现代化打破了以西方中心论为代表的文明冲突论，为维护世界和平与稳定发挥积极的作用。汉斯·莫德罗指出："中华人民共和国通过为14亿多国民提供足够的衣食和教育、保障良好的健康和未来，为保障世界和平作出了巨大贡献。鉴于世界其他地区充斥着无数冲突和危机，一个稳定的中国是对人类的一大恩赐。在不同体制的现实相互竞争中，中国提供了'一带一路'倡议这一基础设施建设之国际性大手笔，有利于维护全球平衡。"①巴西共产党中央委员会委员、国家政治委员会（政治局）成员何塞·雷纳尔多·卡瓦略认为："随着实力提升，中国对于世界大国力量对比具有决定性影响。中国外交政策在20世纪下半叶的反殖民反帝斗争中发挥了积极作用，激励了民族解放运动，支持了所有热爱和平、自由与独立的人民。今天，中国继续为世界和平、合作与发展作出贡献。作为一个新兴大国，中国是当前平衡国际力量的重要因素，是维护世界和平、反对霸权主义、捍卫民族独立与发展、发展社会主义的重要力量。这是中国共产党对人类和平、发展、福祉和繁荣的重要贡献，也是对国际共产主义运动的重要贡献。"②古巴共产党中央政治局委员、中央组织书记莫拉莱斯在访华时强烈表示："古巴坚定奉行一个中国原则，坚定支持中方提出的全球发展倡议、全球安全倡议、全球文明倡议，愿同中方加强多边协作，共促世界和平发展正义。"③梅利尼科夫同样认为："中国共产党及其领导人以创新的思想丰富国际议程，中国共产党为维护世界和平、推动国际关系民主化、反对霸权主义和强权政

① ［德］汉斯·莫德罗：《中共建党一百年：前进步伐毫不停歇》，《光明日报》，2021年4月26日。

② ［巴西］何塞·雷纳尔多·卡瓦略：《中共一百年：建设伟大国家 捍卫世界和平》，《光明日报》，2021年6月10日。

③ 《李强会见古巴共产党代表团》，http://cpc.people.com.cn/n1/2023/0424/c64094-32672544.html.

治作出了重大贡献。"①总的来说，国外共产党认识到中国式现代化谋求全人类共同发展，推动所有国家实现共赢局面。

第四，中国式现代化为构建人类命运共同体贡献中国智慧与中国力量。作为中国式现代化的本质要求，构建人类命运共同体不仅是中国共产党的美好愿景，也是全世界共产党人的共同目标。国外共产党高度评价了中国共产党为人类命运共同体建设所作出的巨大贡献，积极肯定了中国政府提出的共建"一带一路"与人类命运共同体理念对于全世界人民发展的重要意义。秘鲁共产党主席莫雷诺认为，当今世界在经济、政治、科技和环境等领域面临一系列全球性问题，需要全球性解决方案。一些西方国家奉行霸权主义和强权政治，加剧了国际局势动荡和不确定性。中国提出构建人类命运共同体理念顺应了时代需求。"倡导和平、发展、合作，积极支持多边主义，主张打造互惠互利的人类未来，彰显了中国共产党的全球视野和使命担当。"②印度共产党中央政治局委员萨利姆指出，"除自身发展外，中国也在帮助其他国家发展方面作出重要贡献。中国在外交、金融、贸易等领域同发展中国家加强联系与合作，是推动构建人类命运共同体的典范"。"中国较好地解决了地区间发展不平衡的问题。在访问中发现，中国相对发达的省份在助力落后地区发展，发达省份和欠发达省份之间不是竞争关系，而是作为同胞手牵手、共同发展。"③俄罗斯共产党中央委员会副主席德米特里·诺维科夫认为："当今世界面临非常严峻的挑战。习近平总书记提出的每一项新的重要倡议都是对和平、责任意识、可持续与和谐发展的呼吁。落实习近平总书记提出的构建人类

---

① 李明琪：《梅利尼科夫：中国共产党将带领中国人民再创佳绩》，http://world.people.com.cn/n1/2022/1215/c1002-32587802.html.

② 邹志鹏：《中国共产党的全球视野和使命担当——访秘鲁共产党（红色祖国）主席莫雷诺》，《人民日报》，2021年6月4日。

③ 《中国是推动构建人类命运共同体的典范——访印度共产党（马克思主义）中央政治局委员萨利姆》，http://www.news.cn/2022-10/11/c_1129060519.htm.

命运共同体理念，是切实建设公正的世界秩序的关键。"①对于中国近十年来现代化建设成就，诺维科夫多次到访中国并指出，中国式现代化开创了人类文明的新形态，将对世界历史进程产生越来越大的影响。②

国外共产党还认识到共建"一带一路"作为构建人类命运共同体的具体实践所带来的积极效应。印度共产党中央政治局委员萨利姆认为，为促进地区和全球发展，中国提出共建"一带一路"倡议。许多国家都加入共建"一带一路"倡议并已从中受益。③维拉辛哈·吉加纳奇表示："中国的'一带一路'倡议为世界提供了一个能够实现经济增长和社会繁荣的历史机遇，中国通过加强互联互通和贸易投资为参与'一带一路'倡议的所有国家带来了共赢局面；'一带一路'倡议旨在通过加强世界各国的互联互通，促进贸易投资和人员往来，把世界紧密相连。'一带一路'倡议可能是当今世界和平的最佳促进方案，这是因为'一带一路'倡议是通过发展经济和增强沟通等和平共处的方式推动社会进步与发展。"④森特利亚在北京接受《今日中国》记者独家专访时指出："一带一路"倡议与全球发展倡议、全球安全倡议和全球文明倡议是一个有机整体，有其内在联系，都在推动构建人类命运共同体。如果没有经济发展，世界也无法实现和平与进步。"因此以'一带一路'倡议为沿线各国经济发展搭建了一个很好的合作平台。"⑤

---

① 《"全球文明倡议值得深入研究并坚持不懈地加以落实"——访俄罗斯共产党中央委员会副主席诺维科夫》，http://www.news.cn/2023-03/16/c_1129436926.htm.

② 《"全球文明倡议值得深入研究并坚持不懈地加以落实"——访俄罗斯共产党中央委员会副主席诺维科夫》，http://www.news.cn/2023-03/16/c_1129436926.htm.

③ 《中国是推动构建人类命运共同体的典范——访印度共产党（马克思主义）中央政治局委员萨利姆》，http://www.news.cn/2022-10/11/c_1129060519.htm.

④ ［斯里兰卡］维拉辛哈·吉加纳奇：《中国共产党推动世界社会主义运动前进》，《光明日报》，2021年6月21日。

⑤ 张辉：《西班牙共产党主席：构建人类命运共同体为人类发展指明方向》，http://www.chinatoday.com.cn/zw2018/ss/202303/t20230326_800326678.html.

第二，国外媒体介绍了中国在现代化进程中取得的科技发展成就。他们认为，在近几十年的时间里，中国经济的飞速发展已成为全球共识。不仅在经济规模上成为世界第二大经济体，还在高科技领域如人工智能和5G技术等方面表现出卓越的创新能力。

国外媒体认为，在当前的全球科技创新竞赛中，中国正迅速崭露头角，展现其科技大国的风采。美国知名企业家彼得·戴曼迪斯对此给予了高度评价："中国科技创新的快速发展，正在对我们的商业和生活方式产生前所未有的影响……体现在生物技术、长寿研究、智能制造、自动驾驶、电动汽车和可再生能源方面。此外，中国还正在探索诸多尚未被大众所熟知的新技术市场。"[1]同时，彼得·戴曼迪斯强调，这一变革并非仅仅局限于中国，中国的科技发展也为全球作出了贡献："中国的科技正在改变从智能城市基础设施到个性化医疗的一切。但他们不仅为中国，也为全球的初创企业和市场带来了巨额资本和尖端技术。馅饼不是变小了，而是变大了。"[2]

马丁·雅克同样称赞中国在技术领域的飞速发展提供了全球瞩目的科技产品并涉及多个科技领域："中国显著的技术进步——微信、高铁、5G、太空探索、量子计算、人工智能及其即将席卷全球的电动汽车——不仅让中国而且让全球发展中国家感到非常自豪。"[3]马丁·雅克进一步指出："中国已经证明自己拥有强大的创新经济。深圳已经成为硅谷的竞争对手，而华为、腾讯和阿里巴巴可以与微软、谷歌、脸书和亚马逊比肩。中国不再只是模仿，而是进行越来越多的突破性创新：

① Exponential China-Something You Can't Ignore，https://www.diamandis.com/blog/china-ai-future-of-your-business.

② Chinas Bat Baidu Alibaba Tencent Peter Diamandis，https://www.linkedin.com/pulse/chinas-bat-baidu-alibaba-tencent-peter-diamandis.

③ Martin Jacques. Chinese Modernization Leads to Age of Great Majority，https://www.globaltimes.cn/page/202305/1290541.shtml.

去年，中国在全球专利申请总量中几乎占了一半。"①此外，马丁·雅克在《中国的成功来自于寻求自己的现代化形式》一文中指出了中国对科技人才的重视，"习近平的讲话着重强调了培养新一代中国科技专家以促进中国现代化的重要性"②。

关于中国科技的发展，《德国之声》报道："中国政府官方政策目标是到2030年成为全球领先的人工智能大国。为此，中国不惜投入巨资。仅在今年，这个世界第二大经济体就计划投资150亿美元，用于人工智能项目——短短两年内增长了近50%。这些投资旨在帮助中国与美国在人工智能聊天机器人的开发方面竞争时能并驾齐驱。"③

印度智库观察家研究基金会（ORF）在其深度分析中详细描述了中国在科技领域的持续发展与投资："中国在虚拟现实、人工智能和数字货币的发展中表现出了战略远见。中国仍然坚定不移地追求开发新兴技术。在中国，元宇宙的概念正在获得显著的势头。南京、上海和郑州等城市正在采取积极措施来推进这个虚拟领域的研发。南京推出中国元宇宙技术和应用创新平台，以利用学术和企业资源加强元宇宙相关研究。上海正在推进其元宇宙目标，预测到2025年元宇宙行业收入将达到3500亿元……中国承诺的资金和激励措施反映了其进行元宇宙革命的决心，为全国虚拟现实和沉浸式数字景观的重大进步开辟了道路。"④

第三，国外媒体介绍了中国在现代化进程中基础设施建设与城市化的发展。中国在基础设施建设上的成绩不仅获得了国内的赞誉，更在国际上引起了广泛关

---

① Martin Jacque.This Decade Belonged to China.So Will the Next One，https://www.theguardian.com/commentisfree/2019/dec/31/decade-china-west-china-ascent.

② https://pakobserver.net/chinas-success-comes-from-seeking-its-own-form-of-modernization-martin-jacques/.

③《争夺人工智能领导地位 中国的优势与劣势》，www.dw.com/zh/a-66368828.

④ Ahead of the Curve Chinese Tech Dominance，https://www.orfonline.org/expert-speak/ahead-of-the-curve-chinese-tech-dominance.

注。穿越城乡的高速铁路网络、拥有先进设施的大型港口和充满活力的现代化城市，如同一颗颗璀璨的明珠，串联起中国的现代化进程。这种迅猛的发展并非偶然，背后是中国政府对基础设施的持续投入和高效建设。面对这样的建设速度，国外媒体给予了肯定，认为中国在基础设施领域已取得的成就是值得其他国家学习的。

耶鲁大学林业与环境研究学院地理与城市化教授的凯伦·濑多指出："中国城市化的规模在人类历史上是前所未有的……中国的经济繁荣与城市化齐头并进。城市化正在推动中国的经济发展……毫无疑问，城市化的发展将对整个国家的经济福祉产生巨大影响。"[1]拉马纳特·贾哈博士是孟买观察家研究基金会的杰出研究员，他在《中国奇迹般增长的催化剂：快速城市化、综合城市规划》一文中指出："在过去的几十年里，中国城市化最引人注目的是其无与伦比的速度。该国以无与伦比的速度推动了从以多数农村人口向以城市人口为主的人口转型。"[2]威利·迈耶（Willy Meyer）对于中国城市化进程的观察也相当深刻："中国城市释放的活力与创造力是前所未有的。无论是首都北京，还是长沙，上海，抑或是那些不那么为人所知的小城市，都成了现代化的前沿阵地。这种活跃的城市化进程不仅使得中国这个世界上人口最多的国家成为制造业强国和专利数量最多的国家，还使得中国成为经济转型的领导者，在科研创新和新技术等领域中处于领先地位。"[3]

① Karen C. Seto. What Should We Understand about Urbanization in China? https://insights. som. yale. edu / insights / what-should-we-understand-about-ur - banization-in-china.

② Catalysts for Chinas Miracle Growth，https://www.orfonline.org/expert-speak/catalysts-for-chinas-miracle-growth.

③ Willy Meyer. Viaje a La Nueva China，https://rebelion.org/viaje-a-la-nueva-china.

国外媒体认为，中国的基础设施建设和城市化速度惊人，成为世界范围内的典范。然而中国不仅关注自身发展，其对外基础设施建设投资也为许多国家带来了实实在在的益处。以巴基斯坦为例，《每日时报》详细报道了中国帮助巴基斯坦建设的多个基础设施项目。其中不仅体现了中国建筑的高水平专业能力，更为巴基斯坦解决了长期的能源短缺和污水处理等关键问题。"中巴基础设施建设正在取得丰硕的成就……中国建筑集团有限公司在巴基斯坦建造了许多重大项目，这显示了该公司的能力和专业精神……卡拉奇是巴基斯坦人口最稠密的城市，那里长期存在的巨大问题是污水处理。中国建筑集团有限公司在解决这个问题方面发挥了关键作用，通过建造卡拉奇污水处理厂，对卡拉奇的城市生活产生了持久的积极影响。"①全球建筑评论网站进一步指出："近年来，得益于中国资助的大规模建设，特别是燃煤发电厂，巴基斯坦的电力供应得到了显著提升。"②这些合作项目不仅加深了两国间的友好关系，更为两国的共同发展打下了坚实基础。

（二）成功原因：中国式现代化的内在动力

中国式现代化之所以能够取得如此突出的成就，有其内在的成功原因。在外媒看来，中国政治体制的优越性起到了至关重要的作用。

马丁·雅克在《为什么中国的制度可以提供比西方民主更多的选择》中比较了中国与西方的治理体系。在他看来，虽然西方主张民主多党制，但其并非全球普遍适用且正面临挑战。相比之下，中国的政治体制体现了优越性。一方面，"从历史上看，中国展示了其重塑自我、持续兴盛的非凡能力，超过了其他任何

---

① Pak China Infrastructure Construction Leading to Fruitful Achievements，https://dailytimes.com.pk/1098404/pak-china-infrastructure-construction-leading-to-fruitful-achievements.

② GCR Staff.China Completes Work on $1.7bn Project to Transform Pakistan's Dysfunctional Grid，https://www.globalconstructionreview.com/china-completes-work-17bn-project-transform-pakist.

文明……中国具有非凡的能力，可以以其他国家或文明无法做到的方式重塑自己；证明了中华文明的力量、韧性和活力及其治理能力"①。另一方面，"一党制，当然是中国的形式，能够提供比任何西方民主国家更多的选择——包括非常深远的选择"②。

国外媒体认为，相对于西方多党制政府经常由于选举周期的影响而作出短视的决策，中国政府有能力进行长期规划并实施规划。中国的政治体制使其有可能进行长期的经济发展规划和政策，这对于需要持久努力和长期投资的领域如环境保护、教育改革、科技发展等方面具有优势。彼得·戴曼迪斯认为："中国在科技创新领域取得快速增长的重要原因是中国政府是世界上最重视人工智能的政府。中国政府发布了使中国成为全球人工智能创新中心的计划，当中国国务院发言时，每个人都在倾听。在国家的政治制度激励下，各地政府官员以慷慨的补贴和优惠政策吸引人工智能公司和企业家。全国各地（主要是中国东部）政府已经建立了创新区、孵化器和政府支持的风险投资基金，甚至为人工智能初创公司和加速器支付租金并开辟道路。"③

在《拉美摘要》上，帕斯夸尔·曼加尼耶洛明确指出，对许多国际政治分析家而言，中国共产党对中国的发展是不可或缺的。这支有百年历史的政党，其领导层和成员展现出了坚毅的决心，使得它在历史上的各个时期成功地抵抗了来自内外的挑战。帕斯夸尔强调："正是这种坚定的组织力量、革命思想、明确的政策

① Martin Jacques.Why Chinese System Can Offer More Choices than Western Democracy，https://pakobserver.net/why-chinese-system-can-offer-more-choices -than-western-democracy-martin-jacques.

② Martin Jacques.Why Chinese System Can Offer More Choices than Western Democracy，https://pakobserver.net/why-chinese-system-can-offer-more-choices -than-western-democracy-martin-jacques.

③ Exponential China-Something You Can't Ignore，https://www.diamandis. com/blog/china-ai-future-of-your-business.

纲领以及不懈的斗争，使中国共产党最终取得了胜利。中国共产党第二十次代表大会再次重申了党和人民团结一致的信念，这为中华优秀传统文化与马克思主义的紧密结合提供了强有力的支撑，同时也确保了中国继续走人与自然和谐共生的现代化道路。"①

梅丽莎·坎布希探讨了中国发展的根源，认为国家的发展与政治和社会凝聚力是息息相关的。特别是在中国，这种观点得到了明确的体现。她观察到，中国共产党领导的多党合作和政治协商制度，是这种凝聚力在实践中的真实反映。她认为这种制度成功地挑战了西方资产阶级民主制度的固有局限。同时，梅丽莎·坎布希引用荀子的名言"水能载舟，亦能覆舟"来强调中国共产党坚持了以人民为中心的发展思想，并根据哈佛大学的研究论证了中国人民对中国共产党领导的广泛支持："哈佛大学进行了长达16年的研究，2019年的结论显示，超过93%的中国人民赞同中国共产党的领导。"②梅丽莎·坎布希得出结论，"中国共产党的政权是建立在党、国家和社会坚持中国特色社会主义制度之上的。七十年来，这一制度确保了政治凝聚力，这是中国从1949年的贫穷国家到2010年之后成为世界第二大经济体的原因之一"③。最后，她再次强调了国家制度的重要性，指出国家的政治制度和其制度安排必须是建立在人民历史进程和具体条件的基础上。只有这样，制度才能真正发挥其应有的作用，为国家的繁荣和发展提供动力。"如果没

---

① Resumen Latinoamericano.China La Gran Marcha De La Revolución No Se Detiene，https://www. resumenlatinoamericano. org/2022/11/23/china-la-gran-marcha-de-la-revolucion-no-se-detiene.

② Melissa Cambuhy.Relação Entre Partido e Estado Na China é Engenharia Social Avançada，https://www.resistencia.cc/relacao-entre-partido-e-estado-na-china-e-engenharia-social-avancada.

③ Melissa Cambuhy.Relação Entre Partido e Estado Na China é Engenharia Social Avançada，https://www.resistencia.cc/relacao-entre-partido-e-estado-na-china-e-engenharia-social-avancada.

有政治凝聚力，就没有国家发展。在中国，这是通过1949年的社会主义革命以及此后中国共产党的领导而实现的。"①

何塞·雷纳尔多·卡尔瓦略在深入探讨中国政治制度和发展经验时，对中国共产党领导下的中国发展表示了高度的赞赏。他坚信，历史已经证明中国共产党有着坚强的领导力和决策智慧。这一点不仅体现在党对外争取独立、领导革命取得胜利这一过程中，还表现在后续的人民政权建设、社会主义制度的确立、改革开放和中国特色社会主义建设过程中。"中国共产党经受住了历史的考验，面对一切挑战，有能力领导中国人民争取独立，领导社会主义革命胜利，确立社会主义基本制度，推进社会主义建设，进行改革，开辟了中国特色社会主义道路，推动中国特色社会主义进入新时代。"②卡尔瓦略进一步分析指出，无论历经何种变革，中国共产党始终没有忘记初心，即坚持人民至上、全心全意为人民服务。"在所有这些阶段中，中国共产党都坚持和巩固了人民至上这一社会主义根本方针。这样，中国人民就成了国家的主人，当了自己命运的主人。"③在卡尔瓦略看来，中国取得的成就堪称令人瞩目的奇迹："在中国共产党的领导下，中国战胜了饥饿，摆脱了绝对贫困，促进了经济发展，创造了真正的经济奇迹，创造了社会主义现代化

---

① Melissa Cambuhy.Relação Entre Partido e Estado Na China é Engenharia Social Avançada，https://www.resistencia.cc/relacao-entre-partido-e-estado-na-china-e-engenharia-social-avancada.

② Socialismo Na Nova Era Garantia Da Realizacao Do Sonho Chines，https://www. resistencia. cc / socialismo-na-nova-era-garantia-da-realizacao-do-sonho-chines.

③ Socialismo Na Nova Era Garantia Da Realizacao Do Sonho Chines，https://www. resistencia. cc / socialismo-na-nova-era-garantia-da-realizacao-do-sonho-chines.

的奇迹。"①此外，他还指出："习近平还强调了党的自我更新能力、创新能力、实践能力、在马克思主义指导思想下完成其历史使命的能力，使之适应国家实际，适应中国革命和社会主义建设的条件。"②

（三）全球影响：中国式现代化的启示

在国外媒体看来，中国式现代化对世界产生着深远影响，其成功为其他发展中国家提供了宝贵的经验借鉴。此外，中国式现代化还在全球治理中发挥着积极作用，通过参与全球事务，为推动世界多极化发展作出了积极贡献。

一方面，国外媒体认为，中国式现代化体现了一种"非西方"的现代化道路，实现了发展模式的多元化创新。国外媒体认为，传统的现代化理论往往倾向于一种西方中心主义的观念，强调工业化、民主化以及市场经济等西方模式为全球现代化的必经之路。然而中国的发展经验提供了另一种可能性，强调在非西方文化背景下，通过结合本国文化和实际国情，可以走出一条符合自身特点的现代化道路。这种在非西方语境下的现代化模式，为全球南方国家和发展中国家提供了一个新的发展参考，打破了西方现代化理论的普适性。

马丁·雅克在与西方现代化的比较中认为中国式现代化打破了西方现代化对发展模式的垄断。他认为，西方和中国的现代性具有不同的含义，因为它们是两个不同历史和不同发展阶段的产物。"西方的现代化概念始于英国，后来传遍西欧，又传到东欧。这个概念经历了各种迭代。在我看来，它对世界其他地区的哲学和态度基本上是基于殖民主义的观点。而中国对现代化有不同的看

① Socialismo Na Nova Era Garantia Da Realizacao Do Sonho Chines，https://www. resistencia. cc / socialismo-na-nova-era-garantia-da-realizacao-do-sonho-chines.

② Socialismo Na Nova Era Garantia Da Realizacao Do Sonho Chines，https://www. resistencia. cc / socialismo-na-nova-era-garantia-da-realizacao-do-sonho-chines.

法。对于中国来说，现代化始于发展中国家，这就是它形成共建'一带一路'理念的原因。"①

马丁·雅克认为，迄今为止，现代化是世界上少数特权国家的专利，世界上绝大多数国家被排除在外。中国式现代化改变了过去将现代化等同于西方化的历史传统。"中国将证明这种新可能性的决定性因素。它的人口规模、独立性和认同感、丰富的历史遗产和卓越的政治领导力使它能够走上一条中国现代化的道路。"②同时，他肯定了中国拓展了世界各国特别是发展中国家实现现代化的可能性，"我们正处在一个截然不同的世界的前夜。中国一直是这种可能性的设计者。它一直是发展中国家能够实现发展目标的典范——大幅减少贫困、非凡的经济增长、人民生活的转变、与美国相媲美的经济"③。除了自身的发展为第三世界国家开创了发展的典范，马丁·雅克论证了中国式现代给世界带来的有别于西方式现代化产生的现实影响。在他看来，西方式现代化使世界分成了富裕国家与落后的殖民地，"它为殖民主义铺平了道路，把世界一分为二，一部分非常小而富有，另一部分非常大和贫穷"④。而中国式现代化通过共建"一带一路"等方式展现了中国在追求现代化的同时能够与其他国家实现双赢。此外，"西方时代是少数人的时代，而中国的时代将是绝大多数人的时代"⑤。

---

① China Will Be a Different Kind of Power than the US，https://kathmandu-post. com / interviews / 2023 / 04 / 02 / china-will-be-a-different-kind-of-power-than-the-us.

② Martin Jacques. Chinese Modernization Leads to Age of Great Majority，https://www.globaltimes.cn/page/202305/1290541.shtml.

③ Martin Jacques. Chinese Modernization Leads to Age of Great Majority，https://www.globaltimes.cn/page/202305/1290541.shtml.

④ Martin Jacques. Chinese Modernization Leads to Age of Great Majority，https://www.globaltimes.cn/page/202305/1290541.shtml.

⑤ Martin Jacques. Chinese Modernization Leads to Age of Great Majority，https://www.globaltimes.cn/page/202305/1290541.shtml.

中国式现代化开创了根据特殊的国家国情来实现现代化的道路。对于全球发展中国家来说，中国打破了西方对现代化实践和理论的垄断。塞尔吉奥·罗德里格斯·盖尔芬斯坦认为，中国式现代化与西方现代化有着根本的不同，"因为它关注的是人民，而不是资本"①。同样，根据中国传统哲学追求的平衡与和谐的思想，中国共产党提出建设"共同富裕"模式而不是贫富两极分化的社会模式……它也一直通过明确的短期、中期和长期目标来发展与改善人民生活条件与社会和谐程度，断然拒绝那些加剧、危及地球生命安全的破坏生态的活动。为实现这些目标，中国已经基于自身的经验创新出了一个与西方不同的全面的发展方式。②

另一方面，中国式现代化为全球治理、和平与发展作出了贡献。中国式现代化提倡"共享发展"，倡导全球治理体系改革，反对任何单边主义和贸易保护主义，倡导建立公正合理的国际秩序。

国外媒体指出，在经济领域，共建"一带一路"不仅推动了全球的基础设施建设，也推动了全球经济的增长和繁荣。一些海外智库与学者对"一带一路"给与了高度评价。马丁·雅克强调："也许中国影响力日益增强的最明显证明是共建'一带一路'——一个由中国在2013年启动资助的公路、铁路、港口和能源基础设施组成的全球网络……目前已有140多个国家（绝大多数来自发展中国家）签署了该协议。绝大多数国家领导人代表出席了2019年初举行的'一带一路'峰

① Hurgando En Los Documentos Del Xx Congreso Del Partido Comunista De China，https://rebelion. org / hurgando-en-los-documentos-del-xx-congreso-del-partido-comunista-de-china.

② Hurgando En Los Documentos Del Xx Congreso Del Partido Comunista De China，https://rebelion. org / hurgando-en-los-documentos-del-xx-congreso-del-partido-comunista-de-china.

会。"①中国在实施"一带一路"项目时，已经获得了126个国家和29个国际组织的加入。它旨在建立一个高质量、可持续、抗风险的基础设施，帮助各参与国充分利用其丰富的资源。②西班牙智库加利西亚国际分析和文献研究所的高级专家胡里奥·里奥斯认为共建"一带一路"在前五年取得的显著成就表明，它符合中国和其他参与国的利益。巴黎第八大学中国问题专家皮埃尔·皮卡德表示，共建"一带一路"为东南亚、中亚、北非等地区带来了新的增长机遇，有利于这些国家的发展。英国48集团俱乐部主席斯蒂芬·佩里则称赞共建"一带一路"是21世纪的变革性概念。柏林自由大学的中国问题专家库恩表示，共建"一带一路"所体现的包容开放，有助于改善全球经济增长、全球治理和经济全球化模式，在单边主义抬头之际，该倡议对国际社会和全球治理体系非常重要。印度智库观察家研究基金会前主席苏德亨德拉·库尔卡尼表示，中国的倡议正在通过重塑全球治理体系，使其更具代表性、包容性、开放性和公平性，从而引领一种新的全球化。中巴研究与商业中心主任罗尼·林斯表示，共建"一带一路"正在引导各国增加对国际合作的参与，有助于优化全球政治和经济秩序。对于塞尔维亚外交官齐瓦丁·约万诺维奇来说，共建"一带一路"已被证明对所有国家和地区开放。它绝不是一个排他性或具有政治约束力的俱乐部。法国国际关系专家、欧洲—中国论坛创始人大卫·戈塞特表示，该倡议对大多数欧洲人来说是一个历史性机遇。埃及苏伊士运河大学孔子学院院长哈桑·拉贾布表示，中国正试图通过实施该倡议来改善世界秩序。他希望这将取得成功，因为中国已经采取了与其他国家双赢的

---

① Martin Jacque. This Decade Belonged to China. So Will the Next One，https://www.theguardian.com/commentisfree/2019/dec/31/decade-china-west-china-ascent.

② Wladimir Pomar. China，70 Anos De Socialismo，https://www.resistencia.cc/china-70-anos-de-socialismo.

方式。①此外，弗拉基米尔·波马尔指出，中国领导的亚洲基础设施投资银行"已经有 80 个国家参与。所有人都有兴趣在中国项目的帮助下发展自己的经济，包括基础设施，使其可以更容易地进入欧洲、中东和亚洲市场，包括中国国内市场，以及发展科学和技术。客观地说，无论是通过亚洲基础设施投资银行、丝路基金、金砖国家新开发银行，还是通过对 112 个国家的生产和基础设施项目的投资，中国正在对全球经济发展产生深远影响"②。

在外交领域，中国促成了伊朗和沙特阿拉伯之间的对话。对此，马丁·雅克肯定了中国作为发展中国家调节者的潜力。"该协议几乎是出乎意料的。中东的长期冲突之一已被冻结。它显示了中国作为发展中国家调解者的潜力。同样有趣的是，伊朗和沙特都信任中国。"③

在文化领域，中国式现代化对世界文明也有着重要意义。马丁·雅克认为，中国式现代化开创了一种尊重历史和文明传承的现代化道路。"将鼓励各国根据自己独特的历史走自己的道路。"④西方现代化要求其他国家走西方道路，追求西方的现代性。"殖民主义（实际上是新殖民主义）的悲剧之一是它试图破坏、消除和摧毁被殖民者的传统和习俗。在这个过程中，这些社会的大部分历史连续性都消失了。西方试图以现代化和西方化的名义消除文明的独立和差异。然而文明和文

---

① Diário do Povo.Xi Jinping e Especialistas Dizem Que Iniciativa do Cinturão e Rota Trará Benefícios Para os Povos，https://www.resistencia.cc/xi-jinping-e-especialistas-dizem-que-iniciativa-do-cinturao-e-rota-trara-beneficios-para-os-povos.

② Wladimir Pomar.China，70 Anos De Socialismo，https://www.resistencia.cc/china-70-anos-de-socialismo.

③ China Will Be a Different Kind of Power than the US，https://kathmandu‐post.com/interviews/2023/04/02/china-will-be-a-different-kind-of-power-than-the-us.

④ Martin Jacques.Chinese Modernization Leads to Age of Great Majority，https://www.globaltimes.cn/page/202305/1290541.shtml.

明差异需要像中国在全球文明倡议中阐述的那样得到承认和尊重。中国作为一个文明型国家，对文化差异的价值有着深刻的理解。"[1]

总体来说，国外媒体对中国式现代化的报道和分析聚焦在其成就、成功原因和对世界的影响。中国式现代化取得了瞩目的成就，在经济、科技和社会建设等方面有显著进步。这一进程对世界产生了深远影响，为其他国家提供借鉴，在全球治理中发挥着积极作用。同时，中国式现代化给世界现代化提供了一个非西方视角，揭示了现代化可以有多样性，可以有不同的道路和模式，对世界现代化理论的发展产生了重要影响。

三、国外学术界对中国式现代化的研究动态

自党的二十大报告中提出"中国式现代化"以来，这一概念便引发了国际学术界的广泛讨论。国外专家学者们以国际论坛发言、接受媒体采访、在国际期刊上发文等形式阐述自己对中国式现代化的研究成果和思想结晶。从对中国式现代化总体特征的把握到对中国式现代化具体问题的讨论，从历史发展的纵深视角到中西方对比的时代视角，从描绘中国式现代化的表面现象到探索中国式现代化的理论本质，国外学者们对中国式现代化的研究空间也随着中国实践发展的深入逐渐拓展。

（一）国外学者对中国式现代化的总体特征的把握

结合"什么是现代化"的根本问题，一些国外专家学者通过自身观察与亲身体验认为中国式现代化是更加公正合理的现代化。英国社会科学院院士马丁·阿尔布劳是率先提出"全球化"概念的学者之一，近年来尤为关注全球治理理论和

---

[1] Martin Jacques. Chinese Modernization Leads to Age of Great Majority，https://www.globaltimes.cn/page/202305/1290541.shtml.

中国社会治理实践。20世纪80年代以来，阿尔布劳多次访华，对中国历史与国情有深入了解。阿尔布劳在中国驻英国使馆举行的座谈会上说，中国向世界传递了稳定性、可预见性和可靠性。他认为当今世界出现分裂趋势、经济全球化遭遇逆风，而中国提供了难得的"稳定性"，这种稳定性让其他国家熟悉中国的处世之道，进而提供了"可预见性"，中国说到做到，其承诺和最终发生的事情一致，继而成就了"可靠性"。面对中国记者的采访，长期关注中国发展的英国48家集团俱乐部副主席基思·贝内特对中国式现代化的"特性"脱口而出，即中国式现代化是人口规模巨大的现代化、全体人民共同富裕的现代化、物质文明和精神文明相协调的现代化、人与自然和谐共生的现代化、走和平发展道路的现代化。他总结道："所有这些都意味着中国的现代化反映了世界现代化理论的发展，反映了中国的智慧、文明和历史，也反映出马克思主义在中国的应用和发展。"①

也有学者在中西方对比的视野中，认为中国式现代化与西方现代化道路有本质区别，不仅符合中国社会发展的特点，还具有平等、包容的特质。英国著名学者、中国问题专家马丁·雅克指出："过去中国在谈论'现代化'时，主要的努力方向是要与西方获得平等的地位，亦即要达到西方的发展水平。"但随着中国与发达国家的发展水平差距逐渐缩小，马丁·雅克认为中国开始寻求："我们的现代化的本质特征是什么？"的答案，他表示："我认为，中国得出的答案是，其现代化所要抵达的彼岸并非简单地达到西方目前的发展水平，而是应当包含共同富裕等符合中国社会特点和现代化目标的因素。""现代化的一大难题就是，长期以来，它主要受美国模式的影响，美国模式的'精髓'是非常严重的不平等。""在美国式的全球化下，不平等现象蔓延至全世界。如果中国能够扭转不平等蔓延的进程，

---

① 杜鹃、许凤：《专访：中国式现代化与西方现代化有"本质区别"——访英国48家集团俱乐部副主席基思·贝内特》，http://www.news.cn/world/2022-11/05/c_1129103264.htm.

在自己的国家创造更加公平的环境，将对全世界产生深远的影响。"他认为，中国式现代化"把解决不平等视为重中之重，中国的方案不仅重视经济增长，也重视平等"。"中国式现代化是包容的，不是排他的。中国式现代化将创造出一种新的和谐，而不是带来更多的不和谐"。①基思·贝内特在接受中国记者专访时说，历史上，一些西方国家的现代化建立在对他国剥削、压迫和殖民的基础上，而中国的现代化并非通过剥削他国，而是通过发展自身来实现，同时帮助他国发展。泰国暹罗智库主席、泰国正大管理学院副校长洪风认为中国式现代化与西方现代化具有"本质区别"，"中国的道路可以激励世界改变"。他们认为，中国的现代化并非通过剥削他国，而是通过发展自身来实现；既不照搬别人，也不强加于人；同时致力于解决全球性难题，帮助他国发展。②英国作家和政治评论员卡洛斯·马丁内斯就这一问题写道："美国和英国等声称其成功秘诀是自由市场资本主义和西式议会民主制度的结合。但西方走向现代化道路的历史现实并没有这般美好。""西方的现代化是帝国主义的现代化，世界其他地方因此而受苦"，而中国式现代化"不是建立在殖民扩张、帝国主义剥削和战争的基础上"，而是建立在中国共产党领导基础上的"和平、可持续、公正的"现代化，这是对人类集体认识的宝贵贡献。③

在中国式现代化的进程中，众多学者肯定了中国共产党对中国式现代化发展的重要意义，认识到中国共产党的领导是推动中国式现代化发展的根本力量，是新时代中国取得辉煌成就的重要原因。柬埔寨民间社会组织联盟论坛项目计划部主任谢莫尼勒认为："中国共产党不仅是小康蓝图的设计者，也是全面建成小康社

---

① 彭大伟：《马丁·雅克：中国式现代化为世界提供新理念、新思维和新目标》，http://www.chinanews.com.cn/gn/2022/10-25/9879857.shtml.

② 《泰国暹罗智库主席、泰国正大管理学院副校长洪风：中国之光将成为人类文明的愿景》，https://www.cssn.cn/skgz/bwyc/202208/t20220803_5465594.shtml.

③ 杜鹃、许凤：《"中国向世界展示现代化道路不只一条"——英国专家学者热议中国式现代化》，https://world.gmw.cn/2022-11/19/content_36171812.htm.

会的领导者。在中国人民奔小康的道路上，中国共产党的作用无可替代。"①沙特阿拉伯出版家穆斯法尔·法拉赫·萨比阿认为，全面建成小康社会彰显出中国共产党卓越的领导能力。"中国共产党敢于直面发展过程中遇到的挑战，带领中国找到了走向繁荣富强的正确道路。"②波兰原副总理、著名经济学家格热戈日·科沃德科指出："在人类历史上，没有哪个国家能像中国一样，在这么短的时间内取得如此巨大的经济和社会进步。"③他高度评价了中国共产党长期执行政策的强大能力。阿联酋迪拜阿勒瓦斯尔研究中心高级研究员、阿中关系与事务专家麦乐耶姆·卜拉希米认为，中国共产党的领导是中国长期稳定发展的保证。从领导人民实现民族独立和人民解放，到实行改革开放和社会主义现代化建设，中国共产党总是能在重大历史关头制定正确的政治策略，战胜风险挑战，不断从胜利走向胜利，充分展现出高超的领导力。肯尼亚国际问题专家卡文斯·阿德希尔也强调，中共二十大报告把"推动构建人类命运共同体，创造人类文明新形态"写入中国式现代化的本质要求，他认为，这体现了中国共产党维护世界和平与发展、促进人类文明共同进步的决心。美国伊利诺伊理工学院斯图尔特商学院经济学教授哈伊里·图尔克认为中国现代化的成功源于实验、循序渐进和灵活性，中国领导层高瞻远瞩，有能力调动资源实现宏大目标。印度尼赫鲁大学外交学教授、加拿大不列颠哥伦比亚大学客座教授斯瓦兰·辛格也明确表示，"中国领导人习近平主席勾画的美好愿景的核心是提供一种新方案，拓展发展中国家走向现代化的新路径"④。

---

① 孙萍：《透过战贫抗疫"中国答卷"，世界解码"中国共产党为什么能"》，http://news.cnr.cn/native/gd/20210304/t20210304_525427778.shtml.

② 《为人类走向现代化探索新路径》，《人民日报》，2021年10月1日。

③ 《国际社会积极评价中国全方位发展成就》，《人民日报》，2021年11月25日。

④ 秦振燕：《国外专家学者高度肯定中国式现代化》，《中国社会科学报》，2022年12月12日。

人民立场是中国共产党的根本立场，履行为人民服务的宗旨，把人民放在心上，始终将发展好人民福祉、实现好人民利益放在重要位置。肯尼亚国际问题学者卡文斯·阿德希尔认为中国式现代化是面向庞大人口的、以人民为中心的现代化。作为世界上人口较多的国家，中国式现代化道路的成功探索是对人类进步事业的巨大贡献。这既是由中国国情决定的，也是中国人民发挥主观能动性的集体智慧的结晶。阿尔及利亚阿尔及尔第三大学教授伊斯梅尔·德贝什自20世纪90年代起一直担任阿尔及利亚–中国友好协会主席，他认为中国高度重视人民生命健康和福祉、大力实施科教兴国战略，在国际上维护地区和国际安全、和平与稳定，将同其他发展中国家共享发展机遇、助力他国发展和人民生活水平提升，推动构建人类命运共同体，这些都体现出人民在中国式现代化道路中的重要性。[1]美国库恩基金会主席罗伯特·劳伦斯·库恩认为，中国大力推动构建人类命运共同体的发展战略，是"以人民为中心"的重要体现。在全程收看习近平向中共二十大作报告的直播后，他表示中国共产党是代表中国全体人民的政党，坚持以人民为中心的发展思想，带领人民实现国家现代化和民族复兴。"构建人类命运共同体"理念将把"以人民为中心"的中国理念进一步带到世界。[2]巴西巴中研究中心主任埃万德罗·卡瓦略则从社会治理角度出发，认为中国式现代化是"物质文明和精神文明相协调"的现代化，强调促进物的全面丰富和人的全面发展，最终实现全体人民共同富裕，促进社会公平正义。[3]

此外，也有学者从"现代化"的定义出发，分析了中国传统文化对中国社会

---

① 《"这是人类发展史上真正的奇迹"——国际社会热议中国式现代化的世界意义》，https://www.gov.cn/xinwen/2022-10/20/content_5719967.htm.

② 杨士龙、张墨成：《专访：构建人类命运共同体是推动改善全球治理的重要理念——访美国库恩基金会主席罗伯特·劳伦斯·库恩》，www.news.cn/politics/cpc20/2022-10/21/c_1129074514.htm.

③ 《物质文明和精神文明相协调的现代化》，《人民日报》，2022年12月1日。

发展根深蒂固的影响，从而在现代化发展道路上可能存在的内生性矛盾。美国波士顿大学副教授琼·格拉索（June Grasso）在其著作《中国的现代化与变革》（*Modernization and Revolution in China*）一书中认为，"现代化"是指使一个社会摆脱旧的习惯和风俗，朝着城市化、工业化，以及思想和行为合理化的方向发展的各种力量。在中国人的意识中，历史的地位可能比在大多数其他民族更高，很少有文明对祖先过去的智慧表现出如此的敬畏。对历史传统的高度敏感和尊重也意味着中国人需要走更长的路，才能使自己的文化适应"现代化"的要求。

（二）国外学者对中国式现代化具体内容的认识

中国式现代化是人的现代化发展，现代化的发展成果由人民共享。人具有社会属性，作为一种社会存在物，人的生活包含了物质生活和精神生活两方面基本内容。同时人还具有自然属性，作为一种自然存在物，人的生活和自然生态环境紧密相连。因此，物质生活、精神生活和生态环境也成为国外专家关注中国式现代化的重点内容。中国式现代化是全面发展的现代化，是物质发展与精神发展相协调的现代化，是生态友好的现代化。

在中国式现代化进程中，物质生活的现代化主要体现在经济发展水平的不断提升。一方面，从经济发展整体上看，中国式现代化推动了中国自身高质量发展，还为世界现代化进程注入强大动力，为世界经济发展作出了重要贡献。澳大利亚墨尔本大学经济系教授郜若素认为，中国已经成长为一个庞大的经济体，经济增长的速度和质量会对世界各国人民产生影响，庞大的经济体量足以对发达国家彼此之间、发达国家与发展中国家之间的交往方式，以及世界各国的政治组织理念和规范产生影响。巴西国际关系中心高级研究员塔蒂亚娜·罗西托认为中国在某种程度上塑造了过去20年的世界。中国对商品的巨大需求，使许多国家受益；中国自身的商品生产，使世界经济在没有通货膨胀的情况下增长；中国发挥着生产链中心的重要作用，特别是在电子领域。另一方面，从经济发展水平不平衡的问题上看，中国式现代化是共同富裕的现代化，为世界各国人民谋福祉，主要体现为以下三点。

首先，共同富裕是解决中国国内经济发展不平衡的方案，在该目标的指引下中国实现了全面脱贫的目标，实现全面建成小康社会的理想。美籍记者、编辑，三大洲社会研究所研究员黛博拉·韦内齐亚尔认为，中国式现代化让基数巨大的全体中国人民都参与并受益。他指出，在 2021 年中国共产党发起全面推进乡村振兴、扎实推进共同富裕等行动，确保这个国家占比最大——目前仍有 7 亿多人——且收入水平较低的农民群体受益于经济发展。巴西里约热内卢州立大学国际关系系主任毛里西奥·桑托罗认为，过去几十年，中国走出了一条中国特色减贫道路，全面建成小康社会的巨大成就振奋人心。中国人民在全面建成小康社会过程中所展现的奋斗精神，给他留下了深刻印象。中柬关系发展学会会长谢莫尼勒认为，"中国的全面小康是全面发展的小康，我到过中国许多大大小小的城市，看到中国人民脸上洋溢着幸福感、自豪感"[1]。这种由内而外的自信与幸福源自国家的强大，也源自老百姓生活水平实实在在的提高。

其次，共同富裕是解决世界经济发展不平衡问题的中国方案，为世界上广大发展中国家提供发展机遇。正如基思·贝内特所言，"与西方国家现代化加大贫富差距不同的是，中国式现代化强调共同富裕"，"中国解决人民日益增长的美好生活需要和不平衡不充分的发展之间的矛盾及实现共同富裕的办法，将为其他国家带来宝贵经验，让发展中国家和发达国家均从中受益"。[2]近年来，中柬合作减贫援助项目不断取得进展。谢莫尼勒表示："柬埔寨很多省份正在学习中国减贫经

---

① 《为人类走向现代化探索新路径》，《人民日报》，2021 年 10 月 1 日。

② 杜鹃、许凤：《专访：中国式现代化与西方现代化有"本质区别"——访英国 48 家集团俱乐部副主席基思·贝内特》，http://www.news.cn/world/2022-11/05/c_1129103264.htm.

验，已经取得积极成效。柬埔寨正在探索如何将中国经验同本国国情结合起来，推动贫困地区实现全面发展。"①南非大学姆贝基非洲领导力研究院高级研究员谭哲理认为中国通过现代化的发展，为大多数发展中国家提供了发展机会，使它们有机会实现现有技术和生产体系的改进和提升，中国现代化将为发展中国家和世界带来机遇。这些机遇将造福世界，尤其是包括南非在内的南南合作成员。塞尔维亚学者达尼耶拉-斯托扬诺维奇研究分析指出，自2009年8月塞尔维亚政府和中国政府签署了《基础设施领域经济技术合作协定》，2010年至2021年期间，塞尔维亚与中国进出口银行就基础设施和能源项目融资签署了11份合同，价值约32亿欧元。其中在2012年和2013年启动的"16+1"多边框架和共建"一带一路"深化了双边合作。2020年，中国成为塞尔维亚第三大贸易伙伴，而贸易总额在过去十年中增长了一倍多。在出口方面的增长幅度更大，与2010年相比，塞尔维亚的出口增长了近45倍。此外仅仅在2020年，中国与17个中东欧国家（CEEC）的贸易额就达到了1031.5亿美元。

最后，共同富裕是中国与世界相处的基本理念，为中国与发达国家的沟通与合作打造更为广阔的平台，为世界经济全球化发展提供新的机遇。在加拿大政治学家亚历山大·奇普曼·科蒂看来，中国的共同富裕政策为外商投资创造了巨大机遇。共同富裕的目标是减少不平等和提高中国人民的生活质量，这会为相关行业带来发展机会。中国经济未来最大的增长点将出现在医疗卫生行业，除了医疗设备、制药和老年护理等传统行业外，数字医疗保健和生物技术等新兴领域可能会出现巨大商机。从中国政府公布的相关报告可知，中国还致力于建设安全健康的发展环境，将会重点投资环境治理、可再生资源开发利用以及绿色技术等领域，这将为积极采用可持续发展理念的企业创造有利的投资机会。

① 《为人类走向现代化探索新路径》，《人民日报》，2021年10月1日。

在中国式现代化进程中，精神生活的现代化主要体现在推动构建一个更加公正合理的政治经济秩序。在国内社会治理维度，中国式现代化不断促进社会公平正义，营造风朗气清的社会氛围。英国知名学者马丁·雅克认为在经济全球化遭遇逆流、西方现代化"老路"遇到瓶颈之际，中国式现代化注重造福于民、致力于实现社会平等，走出了一条现代化的新路径。中国提倡实现共同繁荣、建立更公平的社会，这不仅对中国、对中国人民，而且对世界都是非常重要的信息。在全球治理方面，中国式现代化为构建新型国际关系提出新方案、新倡议，以大国担当积极推动构建人类命运共同体。南非约翰内斯堡大学非洲–中国研究中心主任戴维·蒙亚埃称赞中国式现代化道路是"人类社会发展的一项创举"。他认为，从共享发展机遇到分享发展经验，中国式现代化探寻出一条更加公平的发展道路，中国的发展经验对世界特别是非洲国家和其他发展中国家持续产生深远影响。德国墨卡托中国研究中心前研究员雅各布·马德尔认为，"中国在国际事务中正发挥着比以往更加积极的作用"，"构建人类命运共同体是在培育一种新型国际关系，这是中国特色社会主义进入新时代后中国外交政策发展的主要目标"。①古巴国际政治研究中心中国问题专家爱德华多·雷加拉多认为，中国式现代化是走和平发展道路的现代化，必将为完善全球治理注入更多正能量。

当今世界和平与发展的时代主题面临严峻挑战，中国始终坚定奉行独立自主的和平外交政策，维护国际关系基本准则和国际公平正义，期待中国新发展不断为世界带来新机遇，为开创人类更加美好的未来作出更大贡献。东日本国际大学客座教授西园寺一晃认为，大国的使命不仅是推动本国的建设和发展，也要关心整个国际社会的稳定和繁荣。"习主席在'一带一路'构想中提出，要构建人类命运共同体，实现各国的共赢共享。也就是说，中国的崛起是和平崛起。我相信中

---

① 《"中国在国际事务中发挥越来越重要的作用"》，https://t.doruo.cn/VW‐CTMtTa.

国将会走绝不称霸的和平崛起之路。"①伊斯兰堡战略研究所研究员尼姆拉·沙基尔指出，"人类命运共同体"是回答时代问题的理念，是解决世界问题的中国方案和中国大国外交理念的重大创新。中巴经济走廊和"一带一路"建设，正在通过合作共赢的方式将沿线各国人民联合起来，共同发展，共享利益，为全球落实2030年议程作出了积极贡献。阿尔及利亚阿尔及尔第三大学教授伊斯梅尔·德贝什认为，中国将"推动构建人类命运共同体"写入中国式现代化的本质要求，将推动全球治理朝着更加公正合理的方向发展，为全球发展作出更大贡献。

在中国式现代化进程中，生态环境的现代化主要体现在打造人与自然和谐共生的现代化，发展绿色经济，在改造自然的同时保护自然生态环境。日本语言专家田口奈穗在参与党的二十大报告外文版翻译润色过程中，针对"中国式现代化"的介绍，她注意到了"人与自然和谐共生"这个关键词。针对目前摆脱"大量生产、大量消费"的模式已经成为全球的大趋势，她认为在物质生活丰富的时代，中国作为走在世界前列的大国，能够坚持节约观点非常重要。巴基斯坦政策研究所研究员赛义德·沙阿经常到中国出差旅行，中国各地空气质量的显著改善，让他对中国践行绿色发展理念有了直观感受。在他看来，绿色发展是中国式现代化的一大亮点和鲜明特征。悉尼大学商学院中国工商管理学教授汉斯·杭智科认为，在经历了数十年经济高速发展后，中国更加重视环保和发展绿色经济，各方面的发展需求也刺激了中国走向绿色创新之路。中国将成为全球开发和使用电动交通运输方式的先驱者。中国已有巨大的国内市场使用低排放甚至零排放的汽车、公交车和卡车。同时，中国也正在同其他国家合作开发应用诸如此类的新科技。伦敦政治经济学院外交与国际战略研究中心高级研究员、中国项目主管于洁指出，生态文明建设不仅是环境保护的需要，而且是中国下一步经济转型的需要，是中

---

① 《西园寺一晃：中国的崛起就是和平崛起》，https://oversea.huanqiu.com/article/9CaKrnKmirp.

国对世界的庄严承诺。这也是中国继续履行气候变化《巴黎协定》的积极表现，显示了大国担当。

在学术界对中国式现代化高度赞扬的同时，也有部分学者坚持零和博弈的冷战思维，以西方中心主义视角看待中国的发展，认为中国全方位的现代化是一种区域威胁，对现代化中国发展的军事力量表示担忧。美国乔治敦大学教授凯特琳·塔尔玛奇和美国大学研究了中国核现代化发展对美国国家安全和东亚区域安全的意义，认为十多年来，中国的军事现代化给整个印度洋–太平洋地区蒙上了阴影。例如，中国人民解放军装备的各种导弹和飞机提高了美国、其盟国及其伙伴在常规预断打击面前的脆弱性。此外，不断扩大的水面舰艇、两栖平台和潜艇舰队最终将使中国有能力夺取其梦寐以求的领土，并在其邻国以外的地区持续开展军事行动。这些投资和其他投资不禁让人怀疑华盛顿是否有能力阻止对前线国家使用武力，也让人怀疑如果威慑失败，美国是否有能力击败攻击，并表示很少有观察家对北京的核力量表示严重担忧。尽管多年来中国对其战略威慑力量进行了缓慢而稳步的改进，但这些改进并没有使中国成为美国和俄罗斯的核对手，甚至也没有消除人们对中国核武库可能会遭到第一次打击的担忧。然而这种情况正在开始改变。现在看来，中国正在进行数量和质量上的大规模核集结。根据五角大楼最新发布的2023年版《中国军力报告》，中国政府正在努力"实现核力量的现代化、多样化和扩张"。

（三）国外学者对中国式现代化世界意义的评价

当前，中国拥有14亿多人口，占世界总人口的18%左右，是世界第二人口大国，中国现代化发展的任务是典型的，也是艰巨的。中国式现代化是中国探索现代化发展的成功实践，是世界14亿多人口共同发展、共同富裕的成功探索，对全人类共同发展具有积极意义。

在物质发展层面，中国式现代化发展取得的巨大经济成就使中国有能力为世界其他国家的发展提供更多帮助，为世界整体发展提供更多公共物品，切实推动中国的发展成果由全人类共享。美国伊利诺伊理工学院斯图尔特商学院经济学教授哈伊里·图尔克认为，从资金上看，西方国家对发展中国家直接投资通常不涉及劳动力流动。受益于共建"一带一路"，中国资本和劳动力协同运作，中国不仅对发展中国家进行投资，而且还提供劳动力支持。还有一点形成鲜明对比——西方投资旨在短时间内获得最大回报，而共建"一带一路"立足长远，是发展中国家建设基础设施等长周期项目获取资金的理想渠道。此外，中国海外建设者名声在外、独一无二，即使在艰苦条件下，他们也能勤奋工作、坚守岗位，克服在海外工作的种种困难，这是中国文化的体现。毋庸置疑，中国海外建设者是共建"一带一路"巨大成功背后的"无名英雄"。总而言之，中国正在向发展中国家提供全球公共产品，为这些国家如何走向现代化提供真诚建议，这些经历在它们同西方打交道时没怎么有过。新西兰中国问题专家戴夫·布罗米奇说："中共二十大报告发出明确信号，中国共产党领导下的中国将坚定维护国际关系基本准则和国际公平正义，推动落实全球发展倡议和全球安全倡议，推动构建人类命运共同体。"他认为中国将继续弘扬多边主义，携手国际社会应对全球性挑战，"一个社会稳定和经济强劲的中国将是全世界共同的福祉"[1]。

在发展道路层面，中国式现代化为广大发展中国家提供了新的选择，中国解决发展问题的方案也为世界上想要实现自身长足发展的国家提供可资借鉴的经验，激励了广大发展中国家寻求符合自身国情的发展道路。英国学者马丁·雅克曾大胆预言："中国将提供西方模式的替代品，包括完全不同的政治传统、后殖民时代的发展中国家发展路径、高度成熟的治国方略和儒家传统。"[2]柬埔寨亚洲愿景研

---

[1] 《坚定奉行互利共赢的开放战略》，《人民日报》，2022年10月31日。

[2] 姜加林：《世界视角下的中国道路》，http://theory.people.com.cn/n/2013/0612/c40531-21818233.html.

究院研究员通孟戴维对中国过去十年来在中国式现代化道路上取得的发展成就表示赞叹："这是人类发展史上真正的奇迹。"他认为，中国完成脱贫攻坚、全面建成小康社会，"中国的成功正在激发许多发展中国家勇敢探索发展和繁荣的本国方案"①。委内瑞拉新兴经济体发展高等研究中心学术研究主任路易斯·德尔加罗认为中国经历了伟大的经济和社会变革，中国式现代化为不少面临经济和社会发展问题、需要探索适合自身国情发展道路的国家提供了重要借鉴。巴基斯坦学者、全球化智库研究员明竺则提出："中国是独一无二的。任何一个国家都可以在某些方面向中国学习，虽然没有人可以复制中国的发展道路，但是可以通过观察中国的发展，找到适合自己国情的方法。"②肯尼亚国际问题学者卡文斯·阿德希尔认为作为世界上人口较多的国家，中国式现代化道路的成功探索是对人类进步事业的巨大贡献。中国为包括非洲国家在内的发展中国家作出榜样，就是要坚持走符合自身国情的现代化发展之路，要以全体人民共同富裕为目标实现现代化。

在学术研究层面，中国式现代化独具特色的实践形式丰富了现代化理论，开拓了国际学术界研究现代化问题的视野，深化了现代化理论的内涵。意大利中国问题学者加布里埃尔·阿尔贝托认为，"企业改革创新是中国式现代化道路的重要驱动力"，"一方面是国家主导的产业发展导向型政策，另一方面是以市场为主导的经济发展方式，两者之间复杂而不断演变的相互作用，构成了中国独特经济模式的本质"。③英国学者基思·贝内特也指出，"所有这些都意味着中国的现代化反映了世界现代化理论的发展，反映了中国的智慧、文明和历史，也反映出马克思主义在中国的应用和发展"。英国著名汉学家马丁·雅克认为，中国长期以来"处

---

① 张梦旭：《人口规模巨大的现代化》，《人民日报》，2022年11月29日。

② 秦振燕：《国外专家学者高度肯定中国式现代化》，《中国社会科学报》，2022年12月12日。

③ 王峰：《海外学者论中国式现代化的世界意义》，《中国社会科学报》，2023年3月30日。

于西方的阴影之下"，试图模仿其提出的发展模式，以适应本国的现实。但后来中国意识到这种模式不适合本国的发展。创建一种适合本国发展的现代化新模式的决定为中国和全世界开辟了巨大的机遇："我只想举一个例子，中国所提出的全球福祉理念。这种理念与资本主义社会格格不入。按照美国人对全球化的理解，我们只是在世界范围内播下不平等的种子。中国一度也被拖入了这个过程，因为当时它是唯一的存在模式。今天，中国提出了一条以平等为核心的现代化发展新道路。我相信，中国提议的后果将对世界产生巨大影响。"①

（四）小结

国外专家学者对中国式现代化的整体认识大多数是客观的、积极的。这表明中国式现代化立足人类社会历史，不仅吸收了西方现代化发展的积极成果，还发挥了自身的独特优势，正如巴西瓦加斯基金会法学教授、知名中国问题专家埃万德罗·卡瓦略所言，中国注意学习借鉴其他国家的先进经验，并且没有放弃本国的文化财富和民族智慧。中国共产党是中国式现代化的领导核心，在带领14亿多人口共同发展的过程中展现出的强大执政能力世界有目共睹，中国共产党坚持的马克思主义理念和社会主义制度的优越性得到极大彰显。

细观国外专家学者对中国式现代化的研究以某一领域的问题为切入点较为多见，如对减贫问题的关注，对共同富裕问题的探讨，对促进社会公平问题的评价。立足宏观视角研究中国式现代化的学者相对较少，其中又以中国现当代历史研究的形式描绘中国现代化发展的历史纵深、阐释中国现代化发展历程见长，以系统性思维分析中国式现代化的基本内容和具体实践，整体性把握中国式现代化的研究较少。国外学者们对中国式现代化研究所关注的具体问题存在一定区域发展的差异性。发展中国家的专家学者关注中国式现代化进程的具体实践经验，如以人

---

① 《外国专家称"中国现代化"是西方道路的替代方案》，https://baijiahao.baidu.com/s?id=1748534352298263758.

民为中心发展理念的实现，扶贫政策的落实，绿色经济发展经验等。与此同时，发达国家的专家学者更加关注中国式现代化中宏观经济发展为世界经济发展带来的机遇，对社会公平正义等国际战略和社会伦理问题的影响。

可见，国外专家学者对中国式现代化的研究都是基于某一出发点，这个出发点或是关于其所在国家的发展问题或国际战略，或是出于自身研究旨趣，是一个自身发展主观性与中国发展客观性相结合的产物。因此，国外学者关于中国式现代化的研究与看法，为我们提供了认识中国式现代化的"他者"视角，对我们正确认识中国式现代化之于世界的意义，从而在国际上更好地讲好中国式现代化的故事提供重要参考；与此同时，我们要在国外专家学者们的积极正面的评价中保持战略清醒，以独立自强的姿态持续建设自身，从而更好地发展中国式现代化，为世界作出更大的贡献。

复兴大道

结　语

论中国式现代化与
人类文明新形态的
内在关系

习近平指出："我们坚持和发展中国特色社会主义，推动物质文明、政治文明、精神文明、社会文明、生态文明协调发展，创造了中国式现代化新道路，创造了人类文明新形态。"①这句话深刻揭示了中国特色社会主义和中国式现代化道路、人类文明新形态的内在关系。就中国特色社会主义和中国式现代化关系而言，中国特色社会主义是改革开放以来，中国共产党全部理论和实践的鲜明主题，是党和人民付出巨大代价所取得的根本成就。我们讲"中国式"从根本上就是基于中国特色社会主义而言，离开了中国特色社会主义，中国式现代化就不能成功开创，也不能继续向前推进。就中国式现代化和人类文明新形态关系而言，从语言表述的严谨性和递进逻辑分析，中国式现代化创造了人类文明新形态，人类文明新形态是"五大文明"协调发展的文明样态，是中国式现代化的结果。因此，基于互构-共生理论视角深刻把握三者内在关系，具有重要的理论和现实意义。

党的二十大报告指出："中国特色社会主义是实现中华民族伟大复兴的必由之路。"②由此可见，中华民族伟大复兴是中国特色社会主义、中国式现代化和人类文明新形态的目标引领。就中国特色社会主义和中国式现代化关系而言，中国特色社会主义是改革开放以来，中国共产党全部理论和实践的鲜明主题，是党和人民付出巨大代价所取得的根本成就。正是在党的坚强领导下，进行了中国特色社会主义伟大实践、开创了中国特色社会主义伟大成就、推进了中国特色社会主义伟大事业。我们讲"中国式"从根本上就是基于中国特色社会主义而言，离开了中国特色社会主义，中国式现代化就不能成功开创，也不能继续向前推进。中国式现代化是推进中华民族伟大复兴的现实路径选择，是党和人民为解决人类面临

---

① 习近平：《在庆祝中国共产党成立100周年大会上的讲话》，北京：人民出版社，2021年，第13页。

② 《高举中国特色社会主义伟大旗帜　为全面建设社会主义现代化国家而团结奋斗——在中国共产党第二十次全国代表大会上的报告》，北京：人民出版社，2022年，第76页。

的共同问题提供的中国智慧、中国方案、中国力量和全新选择。就中国式现代化和人类文明新形态关系而言，从语言表述的严谨性和递进逻辑分析，中国式现代化创造了人类文明新形态，人类文明新形态是"五大文明"协调发展的文明样态，是中国式现代化的结果。中国式现代化和人类文明新形态相互型塑、同构共生于中国特色社会主义，是中国特色社会主义的重大成果。

一、中国式现代化的渐进发展及本质属性

（一）中国式现代化的渐进发展

中国式现代化理论的形成经历了从"一化"—"两化"—"三化"—"四化"—"中国式的现代化"—"中国式现代化"的渐进发展过程。1953年6月15日，毛泽东在中共中央政治局会议上说："从中华人民共和国成立，到社会主义改造基本完成，这是一个过渡时期。党在过渡时期的总路线和总任务，是要在十年到十五年或者更多一些时间内，基本上完成国家工业化和对农业、手工业、资本主义工商业的社会主义改造。"[1]这条总路线包括两部分性质："（一）工业化，工业在国民经济中的比重要超过农业。（二）社会主义改造，即对农业、手工业、资本主义工商业的社会主义改造"[2]，这是工业化指称现代化的阶段。1954年6月14日，毛泽东在中央人民政府委员会第三十次会议上作关于中华人民共和国宪法草案的讲话。他说："我们是一个六亿人口的大国，要实现社会主义工业化，要实现农业的社会主义化、机械化。"[3]在这里，他把"国家工业化"修改为"社会主

---

① 《建国以来重要文献选编》（第四册），北京：中央文献出版社，1993年，第348页。

② 《毛泽东年谱(1949—1976)》（第二卷），北京：中央文献出版社，2013年，第116页。

③ 《毛泽东文集》（第六卷），北京：人民出版社，1999年，第329页。

义工业化"，同时加上了"农业的社会主义化、机械化"，从而构成"为建设一个伟大的社会主义国家"的两大工作重心，二者是紧密联系、相互促进的关系。毛泽东强调指出："社会主义工业化是不能离开农业合作化而孤立地去进行的"①，"对于工业和农业、社会主义工业化和农业改造这样两件事，决不可以分割起来和互相孤立起来去看，决不可以只强调一方面，减弱另一方面"②。

1957年2月，毛泽东在最高国务会议第十一次（扩大）会议作题为《正确处理人民内部的矛盾》的讲话，指出："专政的目的是为了保卫全体人民进行和平劳动，将我国建设成为一个具有现代工业、现代农业和现代科学文化的社会主义国家。"③在这里，"现代科学文化"的提出，意味着我们已经认识到"现代化对精神文明建设的要求"，也是对科技进步在推动国家和社会发展进步中作用的充分肯定。1964年12月21日，根据毛泽东的建议，周恩来在第三届全国人民代表大会一次会议正式宣布："要在不太长的历史时期内，把我国建设成为一个对现代农业、现代工业、现代国防和现代科学技术的社会主义强国。"④初步构建了"四个现代化"的理论雏形。1979年12月5日，日本首相大平正芳访问中国，邓小平在会见大平正芳时指出："我们要实现的四个现代化，是中国式的四个现代化。我们的四个现代化的概念，不是像你们那样的现代化的概念，而是'小康之家'。"⑤之所以说是"中国式"，是因为中国所说的现代化同西方既有的现代化概念不同。这是邓小平根据我国经济发展的实际情况，第一次提出"小康"的概念，并逐渐形成了在20世纪末我国达到小康社会的伟大构想。"中国式现代化"的表述最早见

---

① 《毛泽东文集》（第六卷），北京：人民出版社，1999年，第431页。
② 《毛泽东文集》（第六卷），北京：人民出版社，1999年，第432页。
③ 《毛泽东文集》（第七卷），北京：人民出版社，1999年，第207页。
④ 《周恩来选集》（下卷），北京：人民出版社，1984年，第439页。
⑤ 《邓小平思想年谱（1975—1997）》，北京：中央文献出版社，1998年，第139页。

于习近平在党的十八届五中全会第二次全体会议上的讲话，他指出："改革开放之初，邓小平同志首先用小康来诠释中国式现代化，明确提出到20世纪末'在中国建立一个小康社会'的奋斗目标。"[①]在这一阶段，是对邓小平"中国式的现代化"的再阐释，"中国式现代化"仍然是"小康社会"的奋斗目标。2020年10月，在党的十九届五中全会上，习近平首次阐述了中国式现代化的五个特征，即"我国现代化是人口规模巨大的现代化，是全体人民共同富裕的现代化，是物质文明和精神文明相协调的现代化，是人与自然和谐共生的现代化，是走和平发展道路的现代化"[②]。

2021年，习近平在"七一讲话"中指出："我们坚持和发展中国特色社会主义，推动物质文明、政治文明、精神文明、社会文明、生态文明协调发展，创造了中国式现代化新道路，创造了人类文明新形态。"[③]这是"中国式现代化新道路"的首次表达。党的十九届六中全会历史决议总结了党的百年奋斗的历史意义，指出："党的百年奋斗深刻影响了世界历史进程，党领导人民成功走出中国式现代化道路，创造了人类文明新形态，拓展了发展中国家走向现代化的途径。"[④]这是立足世界视野对中国式现代化世界意义的揭示。党的二十大报告中对"中国式现代化"作出了全面系统阐释，指出："在新中国成立特别是改革开放以来长期探索和实践基础上，经过十八大以来在理论和实践上的创新突破，我们党成功推进和拓

① 《习近平谈治国理政》（第二卷），北京：外文出版社，2017年，第71页。
② 《习近平谈治国理政》（第四卷），北京：外文出版社，2022年，第164页。
③ 《习近平重要讲话单行本（2021年合订本）》，北京：人民出版社，2022年，第94页。
④ 《中国共产党第十九届中央委员会第六次全体会议公报》，北京：人民出版社，2021年，第14页。

展了中国式现代化。"①从而将"中国式现代化"的历程划分为"四个现代化"的
初步探索（1949—1978 年）、"中国式的现代化"的凯歌行进（1979—2011 年）、
"中国式现代化"的成功开辟（2012 年至今）三个时期。同时，党的二十大报告深
刻阐释了中国式现代化的中国特色、本质要求、重大原则等内容，形成了内涵丰
富的中国式现代化理论体系。由此可见，"中国式现代化"经历了从指代"小康社
会"到"中国式现代化五个特征"到"中国式现代化道路"再到"中国式现代化
理论"的认识深化和思想跃升。

（二）中国式现代化的双重属性

中国式现代化是中国共产党领导的社会主义现代化，明确了现代化的社会性
质和意识形态根本属性。习近平在党的二十大报告中指出："中国式现代化，是中
国共产党领导的社会主义现代化，既有各国现代化的共同特征，更有基于自己国
情的中国特色。"②这句话除了常讲的"共同特征"和"中国特色"外，它的前半
句就是明确了中国式现代化的社会主义性质和政党主导逻辑。邓小平指出："我们
搞的现代化，是中国式的现代化。我们建设的社会主义，是有中国特色的社会主
义。"③这个最大特色和最大优势就是中国共产党的领导，是区别于西方现代化的
重要标志。中国式现代化没有走西方现代化殖民扩张和对外掠夺的老路，也没有
走苏联现代化改旗易帜的邪路。而是在世界上最大的马克思主义执政党的领导下，
通过不断解放和发展社会生产力，充分发挥社会主义制度的优越性，走出了一条

---

① 《高举中国特色社会主义伟大旗帜 为全面建设社会主义现代化国家而团结奋
斗——在中国共产党第二十次全国代表大会上的报告》，北京：人民出版社，2022 年，
第 22 页。

② 《高举中国特色社会主义伟大旗帜 为全面建设社会主义现代化国家而团结奋
斗——在中国共产党第二十次全国代表大会上的报告》，北京：人民出版社，2022 年，
第 22 页。

③ 《邓小平文选》（第三卷），北京：人民出版社，1993 年，第 29 页。

有别于西方现代化的新道路。这条道路之所以成功，最根本的在于有中国共产党的坚强领导，坚持把党的领导、人民当家作主和依法治国有机统一起来。

中国式现代化的本质是人的现代化，具体而言就是以人民为中心的现代化，明确了现代化的价值属性。促进人的全面发展是社会主义社会发展的目标，也是中国式现代化的价值遵循。邓小平指出："我们搞的现代化不是西方的现代化，是中国式的现代化，就是小康社会的现代化。"①改革开放之初，邓小平首先用小康来诠释中国式现代化，明确提出到20世纪末"在中国建立一个小康社会"的奋斗目标。在建党100周年之际，我们党庄严宣告实现了全面建成小康社会的第一个百年奋斗目标，正在朝着第二个百年奋斗目标奋进的新征程。现代化是中国共产党人不懈的追求，不论是党的基本理论、基本路线、基本纲领，还是对于社会主要矛盾三次转化的判断，都聚焦于不断满足人民日益增长的美好生活需要，不断增强人民群众的获得感、幸福感、安全感。习近平指出："现代化的本质是人的现代化，真正使农民变为市民并不断提高素质，需要长期努力，不可能一蹴而就。"②在推进中国式现代化的进程中，要凝聚起14亿多人民的磅礴力量，发挥好中国式现代化的人口规模优势。同时，既要统筹好中国式现代化的总体目标，也要兼顾中国式现代化的协调性、均衡性，更要突出现代化方向的人民性，不断以实际举措更好回应人民各方面诉求和多层次需要，切实维护人民群众的切身利益。

（三）中国式现代化的内在规定性

中国式现代化是整体性现代化逻辑，最终目的是实现全体人民共同富裕，摆脱了单向度追求资本扩张增殖逻辑的窠臼。习近平指出："推进中国式现代化是一

---

① 《邓小平思想年谱（1975—1997）》，北京：中央文献出版社，2011年，第413页。

② 习近平：《论坚持全面深化改革》，北京：人民出版社，2018年，第68页。

个系统工程。"①我们坚持和发展的中国式现代化，是物质文明、政治文明、精神文明、社会文明、生态文明相协调的现代化。西方发达资本主义国家的现代化在发展的过程中，都伴随着社会内部不同程度的贫富两极分化、政治动荡、精神空虚、社会分裂和生态恶化等问题。中国式现代化则以其鲜明的社会主义属性，追求高质量发展、全过程人民民主、人民精神世界丰富、全体人民共同富裕、人与自然和谐共生、人类命运共同体等本质要求，创造了人类文明新形态，丰富了人类社会走向现代化的路径与选择。

中国式现代化符合人类社会现代化发展的必然趋势，更有基于自己国情的丰富内涵。一个国家在探索自己现代化道路的过程中，必须对自己国家的最大实际有清醒而充分的认识。一个国家选择什么样的发展道路，应该由这个国家的人民从客观实际出发作出选择。一个国家的发展道路合不合适，只有这个国家的人民最有发言权。亦步亦趋跟随别国道路，邯郸学步效仿别国道路，都是没有出路的。正如习近平在党的二十大报告中指出："中国式现代化，是中国共产党领导的社会主义现代化，既有各国现代化的共同特征，更有基于自己国情的中国特色。"②从矛盾的普遍性和特殊性关系来看，这里的"共同特征"是指"中国式现代化"符合各国现代化的一般趋势即经济模式的快速发展、政治文明的适应调整、社会文化的转变等。这里的"中国特色"则指的是在与各国现代化的对比中彰显出"中国式现代化"的独特优势，同时又有适合自己国情的中国特色，即中国式现代化是人口规模巨大的现代化、全体人民共同富裕的现代化、物质文明和精神文明相协调的现代化、人与自然和谐共生的现代化、走和平发展道路的现代化。

---

① 习近平：《推进中国式现代化需要处理好若干重大关系》，《求是》，2023年第10期。

② 《高举中国特色社会主义伟大旗帜 为全面建设社会主义现代化国家而团结奋斗——在中国共产党第二十次全国代表大会上的报告》，北京：人民出版社，2022年，第22页。

二、中国式现代化为人类实现现代化提供了全新选择

（一）中国式现代化经历从被动接受到主动探索的历史转变

"自从中国人学会了马克思列宁主义以后，中国人在精神上就由被动转入主动。"①近代以降，中国在西方殖民列强的坚船利炮下，被迫打开国门迎接浩浩荡荡的世界近代化浪潮。在被帝国主义瓜分撕裂的中国版图上，是国家蒙辱、人民蒙难、文明蒙尘的一片残破景象。无数仁人志士进行了不懈的尝试，试图挽救凋零衰败的旧中国，从"师夷长技以制夷"学习器物，到"自强""求富"口号下"中体西用"学习制度，再到"变法图强""救亡图存"口号下轰轰烈烈的学习思想。这些实践都深刻地证明，由于各国的历史文化传统、社会制度、现实国情不同，照抄照搬别国的发展模式行不通，亦步亦趋跟随别国道路更无法取得成功。

中国共产党成立以后，坚持以马克思主义为指导，独立自主地探索适合中国具体国情的革命道路，实现了民族独立和人民解放，为中国式现代化和人类文明新形态的开创提供了根本社会条件。党的二十大报告指出："在新中国成立特别是改革开放以来长期探索和实践基础上，经过十八大以来在理论和实践上的创新突破，我们党成功推进和拓展了中国式现代化。"②新中国成立以后，尤其是社会主义改造期间，我们党独立探索一条有别于苏联的社会主义工业化道路，摆脱了苏联工业化模式的影响，形成了以工业为主导，以农轻重为序发展国民经济的总方针，以及一整套"两条腿走路"的工业化发展思路，确立了较为完整的工业体系。这些都为中国式现代化和人类文明新形态提供了根本的政治前提和制度基础。邓小平指出："我们搞的现代化不是西方的现代化，是中国式的现代化，就是小康社

---

① 《毛泽东选集》（第四卷），北京：人民出版社，1991年，第1516页。

② 《高举中国特色社会主义伟大旗帜　为全面建设社会主义现代化国家而团结奋斗——在中国共产党第二十次全国代表大会上的报告》，北京：人民出版社，2022年，第22页。

会的现代化。"①改革开放以来，我们党对社会主义初级阶段的清醒判断、社会主义本质的深刻揭示、把"解放和发展生产力"作为社会主义根本任务的深刻认知、"三步走"战略发展目标的科学规划等，为中国式现代化和人类文明新形态提供了强有力的支撑。新时代以来，我们党统筹推进"五位一体"总体布局、协调推进"四个全面"战略布局，统揽伟大斗争、伟大工程、伟大事业、伟大梦想，取得了一系列历史性成就、产生了一系列历史性变革，为中国式现代化和人类文明新形态的历史性生成提供了前所未有的条件和机遇。

（二）中国式现代化理论是科学社会主义最新重大成果

习近平在学习贯彻党的二十大精神研讨班开班式上发表重要讲话强调："概括提出并深入阐述中国式现代化理论，是党的二十大的一个重大理论创新，是科学社会主义的最新重大成果。"②深刻把握这一重大判断，需要从中国式现代化的方法论指引、现实镜鉴、路径选择等方面来理解。马克思主义世界观和方法论即辩证唯物主义、历史唯物主义及其中国化时代化表达——习近平新时代中国特色社会主义思想的世界观和方法论。坚持人民至上、坚持自信自立、坚持守正创新、坚持问题导向、坚持系统观念、坚持胸怀天下，是中国式现代化的方法论基础。马克思的现代性批判和西方现代化实践为中国式现代化提供了现实镜鉴。尽管"资产阶级在它的不到一百年的阶级统治中所创造的生产力，比过去一切世代创造的全部生产力还要多，还要大"③。但是"它无情地斩断了把人们束缚于天然尊长的形形色色的封建羁绊，它使人和人之间除了赤裸裸的利害关系，除了冷酷无情的

---

① 《邓小平思想年谱（1975—1997）》，北京：中央文献出版社，2011年，第413页。

② 《习近平在学习贯彻党的二十大精神研讨班开班式上发表重要讲话》，新华社，2023年2月7日。

③ 《马克思恩格斯文集》（第二卷），北京：人民出版社，2009年，第36页。

'现金交易'，就再也没有任何别的联系了"①。中国式现代化克服了诸如经济危机频发、物质主义膨胀、贫富两极分化、对自然资源竭泽而渔、对外掠夺扩张等西方现代化发展中的弊病。马克思对社会主义道路多样性的揭示以及跨越资本主义"卡夫丁峡谷"的理论为中国式现代化提供了有益启示。中国式现代化成功地解决了经济文化比较落后的国家如何实现现代化的重大难题。实践证明，世界上既不存在定于一尊的现代化模式，也不存在放之四海而皆准的现代化标准，不同国家、不同地区也可以形成自身各具特色的现代化道路。马克思指出："凡是民族作为民族所做的事情，都是他们为人类社会而做的事情。"②中国式现代化打破了"现代化=西方化"的迷思，描绘了现代化发展的另一幅图景，拓展了发展中国家走向现代化的路径选择，为人类探索更好的社会制度提供了中国方案。实践表明，中国式现代化既切合中国实际，体现了社会主义建设规律，也体现了人类社会发展规律。

（三）中国式现代化为实现中华民族伟大复兴奠定坚实物质基础

"当代中国的伟大社会变革，不是简单延续我国历史文化的母版，不是简单套用马克思主义经典作家设想的模板，不是其他国家社会主义实践的再版，也不是国外现代化发展的翻版"③，而是基于自己国情在长期理论和实践探索的基础上，形成的具有中国特色、符合实际的最佳选择。这一现代化全新选择坚持中国共产党的领导，指明了正确方向、制定了不同阶段的奋斗目标、开辟了符合中国实际的发展道路，彰显了中国式现代化的领导力量和本质属性，体现了其与西方现代化的本质区别。这一现代化全新选择具有人口规模巨大的特点，没有现成的模式可供遵循，没有成熟的经验可供借鉴，没有外部力量可以依靠，由此带来的艰巨

---

① 《马克思恩格斯文集》（第二卷），北京：人民出版社，2009年，第34页。
② 《马克思恩格斯全集》（第42卷），北京：人民出版社，1979年，第257页。
③ 《习近平谈治国理政》（第二卷），北京：外文出版社，2017年，第344页。

性和复杂性前所未有。这一现代化全新选择坚持全体人民共同富裕的价值取向和政治立场，着力维护和促进社会公平正义，不断满足人民日益增长的美好生活需要。这一现代化全新选择坚持物质文明和精神文明相协调的根本要求，物质富足、精神富有是社会主义现代化的根本要求，西方那种离开精神文明进步的单一物质文明发展，不符合社会全面进步的要求。这一现代化全新选择坚持人与自然和谐共生的发展路径，摆脱了西方现代化对自然资源掠夺式、肆意破坏的发展方式，探索出了一条生产发展、生活富裕、生态良好的文明发展道路。这一现代化的全新选择坚持走和平发展道路，拒斥战争、殖民等充满血腥罪恶的西方现代化老路，打破了国强必霸的"修昔底德陷阱"，高举和平、发展、合作、共赢旗帜。正是在中国式现代化道路的引领下，我们仅用几十年的时间走完了西方发达国家几百年走过的工业化道路，创造了经济快速发展、社会长期稳定两大奇迹。

党的十八大以来，我们党团结带领人民解决了许多长期想解决而没有解决的难题，办成了许多想办而没有办成的大事，推动经济社会生活发生了根本性调整和变化。比如，全面从严治党取得阶段性胜利、坚决打赢脱贫攻坚战、如期全面建成小康社会、克服突如其来的新冠肺炎疫情，我们建成世界上规模最大的教育体系、社会保障体系、医疗卫生体系，人民生活全方位改善，获得感、幸福感、安全感全面提升。在中国式现代化的推动下，我国实现了从站起来、富起来到强起来的伟大飞跃，为实现中华民族伟大复兴奠定了坚实的物质基础，中华民族伟大复兴从此进入不可逆转的历史进程，我们比历史上任何时期都更接近实现中华民族伟大复兴的宏伟目标。

三、人类文明新形态擘画了人类文明发展的新图景

（一）人类文明新形态是一种摒弃单向度文明的整体性文明

西方在追求现代化过程中形成的文明类型是一种以资本增殖为逻辑，片面追求物质增长和财富增加的单向度文明形态，忽视了人与自然的关系、人与人的关系、人与自我的关系，其结果是生态破坏、社会撕裂、两极分化、精神空虚等病症。而中国式现代化创造的人类文明新形态，遵循整体性文明逻辑，是物质文明、政治文明、精神文明、社会文明、生态文明协调发展的文明新形态。在物质文明方面，坚持社会主义市场经济体制、坚持改革开放，不断解放和发展社会生产力，促进经济高质量发展；在政治文明方面，坚持人民代表大会制度的根本政治制度、坚持中国特色社会主义法律体系、坚持全过程人民民主；在精神文明方面，坚持以丰富人民精神世界为方向、建设社会主义文化强国，坚持以"第二个结合"激活中华文明的活力；在社会文明方面，以实现全体人民共同富裕为方向，坚持构建共建共治共享的社会治理格局，不断促进人的自由而全面发展；在生态文明方面，坚持以人与自然和谐共生为方向，牢固树立绿水青山就是金山银山理念，建设美丽中国。人类文明新形态是整体性文明的又一重要依据，就是参照系和比较视域，"新"是相较于中华文明、资本主义文明和社会主义文明三者而言。人类文明新形态是对中华优秀传统文化的创造性转化和创新性发展，超越了"资本是资产阶级社会的支配一切的经济权力"的窠臼，改变了"使未开化和半开化的国家从属于文明的国家，使农民的民族从属于资产阶级的民族，使东方从属于西方"的世界历史进程和方向。人类文明新形态坚持开放包容的姿态，坚持马克思主义中国化时代化，传承发展中华优秀传统文化，促进外来文化本土化，不断培育和创造新时代中国特色社会主义文化。

（二）人类文明新形态以"全人类共同价值"为价值共识

马克思指出："无论哪一个社会形态，在它所能容纳的全部生产力发挥出来以前，是决不会灭亡的；而新的更高的生产关系，在它的物质存在条件在旧社会的胎胞里成熟以前，是决不会出现的。"①人类文明新形态作为中国式现代化的必然结果，是建立在生产力和生产关系的矛盾运动基础之上的，也是经济基础发展的必然产物。这种文明形态只能存在于社会主义社会，其性质是由现有的物质基础和条件决定的。"人们自己创造自己的历史，但是他们并不是随心所欲地创造，并不是在他们自己选定的条件下创造，而是在直接碰到的、既定的、从过去承继下来的条件下创造。"②人类文明新形态是在中国式现代化的进程中创造的，其主导力量是中国共产党。中国共产党是以为人民谋幸福、为民族谋复兴、为世界谋大同、为人类谋进步的政党，这种胸怀天下的情怀和世界向度，也必然会影响人类文明的形成。"过去的一切运动都是少数人的，或者为少数人谋利益的运动。无产阶级的运动是绝大多数人的，为绝大多数人谋利益的独立的运动。"③因此，从物质条件基础和主导力量来看，都赋予了人类文明新形态的世界意义。和平、发展、公平、正义、民主、自由的全人类共同价值，是人类文明新形态内含的价值共识，也体现了人类文明新形态的世界向度。人类文明新形态倡导尊重世界文明多样性，以文明交流超越文明隔阂、文明互鉴超越文明冲突、文明共存超越文明优越，共同应对各种全球性挑战，回答"中国之问""世界之问""人民之问""时代之问"。人类文明新形态坚持文明平等、互鉴、对话、包容，不将自己的模式强加于人，不搞意识形态对抗，鼓励世界各国平等对话，推动各国优秀传统文化在现代化进程中实现创造性转化、创新性发展，共同推动人类文明发展进步。

---

① 《马克思恩格斯文集》（第二卷），北京：人民出版社，2009年，第592页。
② 《马克思恩格斯文集》（第二卷），北京：人民出版社，2009年，第470页。
③ 《马克思恩格斯选集》（第一卷），北京：人民出版社，2012年，第411页。

四、中国式现代化与人类文明新形态同构共生

（一）中国式现代化和人类文明新形态相互型塑、同构共生于中国特色社会主义，是中国特色社会主义创造了中国式现代化和人类文明新形态

习近平指出："中国式现代化，深深植根于中华优秀传统文化，体现科学社会主义的先进本质，借鉴吸收一切人类优秀文明成果，代表人类文明进步的发展方向，展现了不同于西方现代化模式的新图景，是一种全新的人类文明形态。"[①]中国式现代化正在创造着人类文明新形态，而且其本身与西方现代化相区别，就是一种人类文明新形态。从互构-共生理论视角来看，中国特色社会主义创造了中国式现代化和人类文明新形态，中国式现代化和人类文明新形态相互型塑、同构共生于中国特色社会主义。中国特色社会主义不仅是一个理论命题，即中国特色社会主义道路、理论、制度和文化的有机统一，更是一个实践命题，即中国特色社会主义伟大实践。我们党对"中国特色社会主义"的认识经历了从"有中国特色的社会主义"到"建设有中国特色社会主义"再到"中国特色社会主义"的渐进和深化过程，这符合认识规律的反复性和无限性，也符合实践和认识交促互补辩证发展规律。中国特色社会主义是科学社会主义的理论逻辑、我们党领导人民进行革命建设改革的历史逻辑和中国社会发展实践逻辑的统一，是实现社会主义现代化的必由之路。中国共产党百年来团结带领人民所进行的一切奋斗、一切牺牲、一切创造，就是为了把我国建设成为社会主义现代化强国，实现中华民族伟大复兴。在这个过程中，党对中国特色社会主义的认识不断深化、思想不断成熟、战略不断完善，理论上从新中国成立初期"四个现代化"到改革开放初"中国式的现代化"再到中国式现代化理论的系统出场，实践上从"五年计划"到"三步走战略"到党的十九大"全面建成社会主义现代化强国的两步走战略安排"。理论和

① 习近平：《正确理解和大力推进中国式现代化》，《人民日报》，2023年2月8日。

实践证明，正是在中国特色社会主义的不断发展和进步中，才孕育和生成了中国式现代化道路，才逐渐显现出人类文明的崭新形态。换言之，中国式现代化道路和人类文明新形态，必然奠立在中国特色社会主义不断创新发展的基础之上。

（二）人类文明新形态内生于中国式现代化，在不断推进中国式现代化的进程中，派生出人类文明新形态

马克思说过：在改造世界的生产活动中，"生产者也改变着，他炼出新的品质，通过生产而发展和改造着自身，造成新的力量和新的观念，造成新的交往方式，新的需要和新的语言"①。人类文明新形态是中国共产党独立自主探索适合中国具体国情和实际的中国式现代化道路的产物，它经历了历史性的递进发展。党的十二大报告将改造自然界和人类社会的成果分别概括为物质文明和精神文明，认为两种文明的建设互为条件，又互为目的。报告中指出："在建设高度物质文明的同时，一定要努力建设高度的社会主义精神文明，这是建设社会主义的一个战略方针问题。"②党的十三大报告提出社会主义初级阶段基本路线是把"富强、民主、文明"作为社会主义现代化国家的奋斗目标，并认为社会主义民主政治和社会主义精神文明是社会主义的重要特征。党的十四大报告指出"物质文明和精神文明都搞好，才是有中国特色的社会主义。精神文明建设必须紧紧围绕经济建设这个中心，为经济建设和改革开放提供强大的精神动力和智力支持"③。党的十五大报告提出"坚持物质文明和精神文明两手抓、两手都要硬的方针""只有经济、政治、文化协调发展，只有两个文明都搞好，才是有中国特色社会主义"④。党的十六大报告指出："发展社会主义民主政治，建设社会主义政治文明，是全面建设

① 《马克思恩格斯文集》（第八卷），北京：人民出版社，2009年，第145页。
② 《邓小平思想评传（1977—1997）》，北京：人民出版社，2010年，第213页。
③ 《十四大以来重要文献选编》（上），北京：人民出版社，1996年，第31页。
④ 《高举邓小平理论伟大旗帜，把建设有中国特色社会主义事业全面推向二十一世纪》，北京：人民出版社，1997年，第39页。

小康社会的重要目标。"①从而形成物质文明、精神文明、政治文明"三位一体"的文明范式。党的十七大报告强调坚持生产发展、生活富裕、生态良好的文明发展道路，并把"生态文明"作为全面建设小康社会的奋斗目标之一。党的十八大报告正式提出"经济建设、政治建设、文化建设、社会建设、生态文明建设五位一体总体布局"，拓展了文明范畴的内涵和外延，形成了全方位、整体性的文明类型。党的十九大报告进一步强调五大文明协调发展的总体布局，认为到21世纪中叶，我国物质文明、政治文明、精神文明、社会文明、生态文明将全面提升，实现国家治理体系和治理能力现代化。党的二十大报告将"创造人类文明新形态"作为中国式现代化的本质要求，凸显中国式现代化道路在孕育和生成人类文明新形态过程中的主体性和主动性作用。党的二十大报告指出："紧紧围绕这个社会主要矛盾推进各项工作，不断丰富和发展人类文明新形态"，这也说明，人类文明新形态并不是一个完成时和静止的状态，而是随着中国式现代化实践的拓展而不断展现其丰富内涵的开放型文明形态。

"理论在一个国家实现的程度，总是取决于理论满足这个国家的需要的程度。"②而任何具有生命力的理论，都不能是僵化停滞不前的，而应是不断回应时代之问结合现实发展的。"中国式现代化""人类文明新形态"等重大命题，正是习近平不断开辟马克思主义中国化时代化新境界进程中的理论成果。从"七一讲话"开创"中国式现代化新道路"、提出"人类文明新形态"，到党的十九届六中全会《中共中央关于党的百年奋斗重大成就和历史经验的决议》将"中国式现代化道路""人类文明新形态"作为党百年奋斗的重大成果，再到二十大报告对"中国式现代化"理论全面系统阐释，将"创造人类文明新形态"作为中国式现代化

---

① 《全面建设小康社会　开创中国特色社会主义事业新局面》，北京：人民出版社，2002年，第31页。

② 《马克思恩格斯文集》（第一卷），北京：人民出版社，2009年，第12页。

的本质要求，体现了我们对"中国式现代化""人类文明新形态"的认识和理解在不断深化。发展着的科学理论指导发展着的实践，并为丰富和发展理论不断注入新内容。毛泽东在纪念孙中山先生诞辰90周年时指出："中国应当对于人类有较大的贡献。"①邓小平说："国家总的力量就大了，可以为人类做更多的事情，在解决南北问题方面可以尽更多的力量。我们就是有这么一个雄心壮志。"②中国式现代化为人类实现现代化提供了新的选择，为解决人类面临的共同问题提供了中国智慧、中国方案、中国力量，就是新时代的中国为人类作出的巨大贡献。习近平指出："推进中国式现代化，是一项前无古人的开创性事业，必然会遇到各种可以预料和难以预料的风险挑战、艰难险阻甚至惊涛骇浪。"③中国特色社会主义迈上新征程，为有效应对这些挑战和风险，我们必须牢牢坚持和加强党的全面领导、坚持中国特色社会主义道路、坚持以人民为中心的发展思想、坚持深化改革开放、坚持发扬斗争精神，自觉增强"四个意识"、坚定"四个自信"、做到"两个维护"，不断推进和拓展中国式现代化，不断夺取全面建设社会主义现代化国家的新胜利。

---

① 《毛泽东文集》（第七卷），北京：人民出版社，1999年，第157页。
② 《邓小平文选》（第三卷），北京：人民出版社，1993年，第233页。
③ 习近平：《正确理解和大力推进中国式现代化》，《人民日报》，2023年2月8日。

主要参考文献

一、著作

1.《马克思恩格斯文集》（第一卷），北京：人民出版社，2009年。

2.《马克思恩格斯文集》（第二卷），北京：人民出版社，2009年。

3.《马克思恩格斯选集》（第一卷），北京：人民出版社，2012年。

4.《毛泽东年谱（一九四九—一九七六）》（第二卷），北京：中央文献出版社，2013年。

5.《毛泽东文集》（第三卷），北京：人民出版社，1996年。

6.《毛泽东文集》（第六卷），北京：人民出版社，1999年。

7.《毛泽东文集》（第七卷），北京：人民出版社，1999年。

8.《毛泽东文集》（第八卷），北京：人民出版社，1999年。

9.《毛泽东选集》（第四卷），北京：人民出版社，1991年。

10.《邓小平文选》（第二卷），北京：人民出版社，1994年。

11.《邓小平年谱（一九七五—一九九七）》（上），北京：中央文献出版社，2004年。

12.《邓小平年谱(一九七五—一九九七)》（下），北京：中央文献出版社，2004年。

13.《习近平谈治国理政》（第三卷），北京：外文出版社，2020年。

14.《习近平谈治国理政》（第四卷），北京：外文出版社，2022年。

15.《习近平关于社会主义政治建设论述摘编》，北京：中央文献出版社，2017年。

16.《习近平关于社会主义生态文明建设论述摘编》，北京：中央文献出版社，2017年。

17.《习近平新时代中国特色社会主义思想学习问答》，北京：学习出版社、人民出版社，2021年。

18. 习近平：《高举中国特色社会主义伟大旗帜 为全面建设社会主义现代化国家而团结奋斗——在中国共产党第二十次全国代表大会上的报告》，北京:人民出版社，2022年。

19.《中共中央关于党的百年奋斗重大成就和历史经验的决议》，北京：人民出版社，2021年。

20. 习近平：《在庆祝中国共产党成立100周年大会上的讲话》，北京：人民出版社2021年。

21.《建国以来重要文献选编》（第十一册），北京：中央文献出版社，1995年。

22.《十三大以来重要文献选编》(上)，北京：中央文献出版社，2011年。

23.《十四大以来重要文献选编》（中），北京：人民出版社，1997年。

24.《十五大以来重要文献选编》（上），北京：中央文献出版社，2011年。

25.《十六大以来重要文献选编》（上），北京：中央文献出版社，2011年。

26.《十七大以来重要文献选编》（上），北京：中央文献出版社，2009年。

27.《十八大以来重要文献选编》（上），北京：中央文献出版社，2014年。

28. 罗荣渠：《现代化新论：世界与中国的现代化进程》（增订本），北京：商务印书馆，2009年。

29. [德]于尔根·哈贝马斯：《现代性的哲学话语》，曹卫东译，南京：译林出版社，2011年。

30. [美]本尼迪克特·安德森：《想象的共同体——民族主义的起源与散步》，吴叡人译，上海：上海人民出版社，2003年。

31. [德]马克斯·韦伯：《新教伦理与资本主义精神》，于晓、陈维纲等译，上海：上海三联书店，1987年。

32. [美]西里尔·E.布莱克编：《比较现代化》，上海：上海译文出版社，1996年。

33. [英]安东尼·吉登斯：《现代性与自我认同：现代晚期的自我与社会》，赵旭东、方文、王铭铭译，北京：生活·读书·新知三联书店，1998年。

34. [英]厄内斯特·盖尔纳：《民族与民族主义》，韩红译，北京：中央编译出版社，2002年。

35. 陈嘉明：《现代性与后现代性十五讲》，北京：北京大学出版社，2006年。

36. 戴木才：《实现人民美好生活之道: 中国式现代化道路》，北京：人民出版社，2022年。

37. 杜艳华、董慧：《中国特色社会主义现代化模式研究》，上海：学林出版社，2008年。

38. 李秀林、李准春、陈晏清等：《中国现代化之哲学探讨》，北京：人民出版社，1990年。

39. 刘守英：《中国式现代化》，北京：中国人民大学出版社，2022年。

40. 刘小枫：《现代性社会理论绪论：现代性与现代中国》，上海：上海三联书店，1998年。

41. 罗荣渠主编：《各国现代化比较研究》，西安：陕西人民出版社，1993年。

42. 石仲泉：《我观毛泽东》，北京：中共党史出版社，2004年。

43. 汪民安：《现代性》，南京：南京大学出版社，2020年。

44. 尹保云：《现代化通病》，天津：天津人民出版社，1999年。

45. 中共中央宣传部理论局：《中国式现代化面对面》，北京：学习出版社，2023年。

二、期刊报纸

1. 习近平：《正确理解和大力推进中国式现代化》，《人民日报》，2023年2月8日。

2. 习近平：《为实现党的二十大确定的目标任务而团结奋斗》，《求是》，2023年第1期。

3. 陈金龙、钟文苑：《全面建设社会主义现代化国家的内涵、方位与功能》，《思想理论教育》，2021年第1期。

4. 程恩富：《全面开启建设社会主义现代化国家的若干重点解析》，《当代经济研究》，2021年第1期。

5. 刘雪璟：《论中国式现代化的文化逻辑》，《理论视野》，2023年第5期。

6. 田鹏颖、谭言：《中国式现代化是解决社会主要矛盾的时代选择》，《河南师范大学学报》（哲学社会科学版），2023年第3期。

7. 王炳林：《新发展理念与中国式现代化》，《教学与研究》，2022年第10期。

8. 颜晓峰、任倚步：《中国式现代化视域中马克思主义基本原理同中华优秀传统文化相结合的学理探析》，《思想教育研究》，2023年第6期。

9. 颜晓峰：《论中国式现代化的理论体系》，《中共中央党校（国家行政学院）学报》，2023年第3期。

10. 俞懿春等：《为人类走向现代化探索新路径——国际人士积极评价中国全面建成小康社会》，《人民日报》，2021年10月1日。

11. 赵义良：《中国式现代化与中国道路的现代性特征》，《中国社会科学》，2023年第3期。

后 记

实现现代化是人类社会发展的共同趋向，是世界各国人民共同追求的目标。工业革命以来，西方国家率先步入了人类文明现代化的征程，走出了"马尔萨斯陷阱"的桎梏，建立了恢宏的物质文明成果。但是看似文明的西方式现代化道路却肇始于野蛮的掠夺和资本的殖民扩张，今天西方发达国家之所以能够取得这样的现代化成就，一个重要原因就是它们占据了那个时代发展的先机，这是西方发达国家在推行自己的现代化道路话语体系时极力避免却又无法遮蔽的事实，这种源起注定了西方式现代化道路的实质是一条非文明的现代化道路，同时也无法为广大发展中国家所应用。因此，这也不难理解为何当今世界试图复刻西方现代化道路的发展中国家无不陷入了"中等收入陷阱""资源匮乏"的泥潭之中。

一个国家走向现代化，既要遵循现代化的一般规律，更要符合本国实际，具有本国特色。这种现代化的需求恰好与马克思主义历经一个多世纪以来的胜利与挫折、发展与停滞、碰撞与较量之后所面临的深层要求不谋而合：理论不能长久地满足于已经得出的个别结论，必定要随着实践的深入而发展。这正是当代坚持和发展中国特色社会主义，坚持以实践为导向的中国式现代化道路的应有之义。党的二十大报告明确指出："中国式现代化，是中国共产党领导的社会主义现代化，既有各国现代化的共同特征，更有基于自己国情的中国特色。"①从历史源起来看，中国式现代化是党领导人民长期探索和实践的重大成果，它立足发展中国家的最大实际，不是通过扩张与侵略，而是通过和平与发展实现的现代化，这种现代化道路不仅符合中国实际、反映中国人民意愿、顺应时代发展要求，同时也体现了社会主义建设规律，体现了人类社会发展规律，是强国建设、民族复兴的康庄大道。

---

① 习近平：《高举中国特色社会主义伟大旗帜 为全面建设社会主义现代化国家而团结奋斗——在中国共产党第二十次全国代表大会上的报告》，北京：人民出版社，2022年，第22页。

新中国成立特别是改革开放以来，我国用几十年时间走完西方发达国家几百年走过的工业化历程，创造了经济快速发展和社会长期稳定的奇迹，为中华民族伟大复兴开辟了广阔前景。中国式现代化坚持独立自主、自力更生，依靠全体人民的辛勤劳动和创新创造发展壮大自己，通过激发内生动力与和平利用外部资源相结合的方式来实现国家发展，不以任何形式压迫其他民族、掠夺他国的资源财富，而是为广大发展中国家提供力所能及的支持和帮助。历史与实践已经证明，中国式现代化走得通、行得稳，是强国建设、民族复兴的唯一正确道路，也是人类文明通往现代化的最优选择。在这一时代语境下，读懂中国式现代化就显得尤为重要，如何帮助读者读懂中国式现代化，梳理中国式现代化的历史征程，弄清为何中国式现代化是回答世纪之问的最优解答，这也是本书编写出版的目的与动力。

本书从现代性和现代化的概念切入，将中国式现代化蕴含的独特世界观、价值观、历史观、文明观、民主观、生态观贯穿其中，其中世界观体现在第一章、第三章第一节和第六章，历史观体现在第二章，文明观、民主观、生态观体现在第五章。本书介绍了世界各国现代化的主要模式、中国现代化从被动向主动的转型历程及其经验启示；分析了在中国共产党领导下中国式现代化道路的成功开辟和发展逻辑；解构了中国式现代化的内涵和特征、制度安排、生动实践；探讨了中国式现代化的本质属性即社会主义意识形态属性和人民价值属性，及其对于中华民族伟大复兴、世界和人类社会发展的功能意义；从讲好中国故事的叙事学话语出发，揭示了中国式现代化与生态文明、中国式现代化与人类文明新形态、中国式现代化与全过程人民民主的内在关联；引进了国外共产党、媒体、学界对于中国式现代化的最新评介。从以上六个方面全方位、多层次地为读者呈现了现代化的中国范式、中国表达，帮助读者更好地了解中国式现代化，读懂中国式现代化。

本书是集体智慧的结晶，能够付梓离不开武建臣编辑选题策划的指导，离不开各位老师撰写稿件的日夜辛勤付出，更离不开天津人民出版社的大力支持。我拟定章节框架、写作思路和每章的具体题目，撰写了其中一节，并负责统稿、定稿、组织协调工作，郭建宁教授撰写序言并担任本书第一主编。在编写过程中，得到一些知名专家、诸多青年学者的响应和支持，参与本书撰写的有：北京大学马克思主义学院博士闫欣彤、江西师范大学马克思主义学院教授王钰鑫和研究生康琪、河南师范大学马克思主义学院讲师张迪、上海政法学院刘旭光、贵州财经大学马克思主义学院副院长和思鹏、天津师范大学马克思主义学院博士吉瑞霞、闽江学院副教授张宇晶、温州商学院马克思主义学院助教姬思彤、黑龙江大学马克思主义学院教授李琳琳、中国石油大学（华东）马克思主义学院博士毛宁、中国矿业大学马克思主义学院讲师魏凌云、武汉工程大学教授操菊华、浙江大学马克思主义学院博士田源、北京语言大学讲师宋鑫、东北师范大学博士孙海钰、中国社会科学院博士朱丽萍，北京邮电大学研究生周炜杰、《长江日报》编辑秦孟婷、南阳医学高等专科学校李雪。最后要特别感谢中共中央党校韩庆祥教授、复旦大学陈学明教授、北京师范大学王炳林教授、天津大学颜晓峰教授、东北大学田鹏颖教授给予的热情支持和帮助，他们撰写的推荐语使本书增辉颇多！

本书初步完成了其编写的目的与初衷，从历史演进、结构分析、功能价值、叙事方式、国外研究评析等方面为读者较为全面地展示了中国式现代化的相关内容，值得社会各界人士阅读。但由于编写者能力和水平所限，难免存在疏漏之处，敬请方家批评指正，提出宝贵意见，以待时机成熟之际再版或者修订时有所改善。

王富军

谨识于 2023 年 8 月 30 日

喧寂斋